Florian T. Furtak

Die Europäische Union

Eine Einführung

Florian T. Furtak
Hochschule für Wirtschaft und Recht
Berlin, Deutschland

ISSN 2627-2903 ISSN 2627-2911 (electronic)
Elemente der Politik
ISBN 978-3-658-45026-7 ISBN 978-3-658-45027-4 (eBook)
https://doi.org/10.1007/978-3-658-45027-4

Die Deutsche Nationalbibliothek verzeichnet diese Publikation in der Deutschen Nationalbibliografie; detaillierte bibliografische Daten sind im Internet über https://portal.dnb.de abrufbar.

© Der/die Herausgeber bzw. der/die Autor(en), exklusiv lizenziert an Springer Fachmedien Wiesbaden GmbH, ein Teil von Springer Nature 2025

Das Werk einschließlich aller seiner Teile ist urheberrechtlich geschützt. Jede Verwertung, die nicht ausdrücklich vom Urheberrechtsgesetz zugelassen ist, bedarf der vorherigen Zustimmung des Verlags. Das gilt insbesondere für Vervielfältigungen, Bearbeitungen, Übersetzungen, Mikroverfilmungen und die Einspeicherung und Verarbeitung in elektronischen Systemen.
Die Wiedergabe von allgemein beschreibenden Bezeichnungen, Marken, Unternehmensnamen etc. in diesem Werk bedeutet nicht, dass diese frei durch jede Person benutzt werden dürfen. Die Berechtigung zur Benutzung unterliegt, auch ohne gesonderten Hinweis hierzu, den Regeln des Markenrechts. Die Rechte des/der jeweiligen Zeicheninhaber*in sind zu beachten.
Der Verlag, die Autor*innen und die Herausgeber*innen gehen davon aus, dass die Angaben und Informationen in diesem Werk zum Zeitpunkt der Veröffentlichung vollständig und korrekt sind. Weder der Verlag noch die Autor*innen oder die Herausgeber*innen übernehmen, ausdrücklich oder implizit, Gewähr für den Inhalt des Werkes, etwaige Fehler oder Äußerungen. Der Verlag bleibt im Hinblick auf geografische Zuordnungen und Gebietsbezeichnungen in veröffentlichten Karten und Institutionsadressen neutral.

Planung/Lektorat: Jan Treibel
Springer VS ist ein Imprint der eingetragenen Gesellschaft Springer Fachmedien Wiesbaden GmbH und ist ein Teil von Springer Nature.
Die Anschrift der Gesellschaft ist: Abraham-Lincoln-Str. 46, 65189 Wiesbaden, Germany

Wenn Sie dieses Produkt entsorgen, geben Sie das Papier bitte zum Recycling.

Die ELEMENTE DER POLITIK sind eine politikwissenschaftliche Lehrbuchreihe. Ausgewiesene Expert*innen informieren über wichtige Themen und Grundbegriffe der Politikwissenschaft und stellen sie auf knappem Raum fundiert und verständlich dar. Die einzelnen Titel der ELEMENTE dienen somit Studierenden und Lehrenden der Politikwissenschaft und benachbarter Fächer als Einführung und erste Orientierung zum Gebrauch in Seminaren und Vorlesungen, bieten aber auch politisch Interessierten einen soliden Überblick zum Thema.

Elemente der Politik

Reihe herausgegeben von

Hartmut Aden, Hochschule für Wirtschaft
und Recht Berlin
Berlin, Deutschland

Sonja Blum, Fakultät für Soziologie
Universität Bielefeld
Bielefeld, Deutschland

Hendrik Hegemann, Institut für Friedensforschung
und Sicherheitspolitik an der Universität Hamburg
Hamburg, Deutschland

Sven T. Siefken, Hochschule des Bundes
für öffentliche Verwaltung
Brühl, Deutschland

Vorwort

„Die EU ist ein Weltwunder der Neuzeit", so Heribert Prantl in einem Beitrag in der Süddeutschen Zeitung (SZ) vom 05.–07. Januar 2024. Doch auch Weltwunder können, worauf Prantl hinweist, bedroht und zerstört werden, so wie in der Antike der Koloss von Rhodos und der Leuchtturm auf Pharos. Als Weltwunder kann die Europäische Union am ehesten deshalb bezeichnet werden, weil sie den Grundstein für rund 75 Jahre Frieden und relativen Wohlstand in Europa gelegt hat. Doch sowohl Frieden als auch Wohlstand sind nicht selbstverständlich und müssen immer wieder beschützt und verteidigt werden. Gegenwärtig ist die EU bedroht von außen – durch den russischen Angriffskrieg in der Ukraine – und von innen – durch das Erstarken rechtspopulistischer Parteien nach der Europawahl im Juni 2024.

Um das zu beschützen und zu verteidigen, was einem wichtig ist, muss man es zunächst kennen und verstehen. Dieser Band der Reihe „Elemente der Politik" zielt deshalb darauf ab, Studierende und Lehrende der Politikwissenschaft sowie verwandter Fächer mit dem politischen System der Europäischen Union vertraut zu machen und so das Verständnis dafür zu vertiefen, wie dieser Staatenverbund politisch und rechtlich funktioniert. Als Lehrbuch verwendet es diverse didaktische Elemente, um die Leserführung zu unterstützen und wichtige Informationen hervorzuheben. Dazu zählen farblich hervorgehobene Abschnitte wie Hintergrund, Zusammenfassung, Fazit, Praxisbeispiel und Infobox.

Ein solcher Band gelingt nicht ohne Unterstützung. Ich danke Benita Rothe, M.A., für die Beschaffung von Literatur, Korrektur-Lesen und Erstellen der Abbildungen. Mein Dank geht auch an Christine Tiedemann, BA-Studierende in einer meiner Europa-Lehrveranstaltungen im Sommersemester 2024, die akribisch Korrektur gelesen und nützliche Anregungen aus der Perspektive der Studierenden beigetragen hat. Den größten Dank schulde ich meinem Kollegen und Büro-Nachbarn Prof. Dr. Stephan Bröchler, der trotz seiner fordernden und intensiven Tätigkeit als Landeswahlleiter von Berlin die Zeit gefunden hat, das Manuskript inhaltlich kritisch zu begleiten, Korrektur zu lesen und darüber hinaus wertvolle Anregungen und Tipps zu geben. Danken möchte ich auch dem Mitherausgeber der Elemente-Reihe, meinem HWR-Kollegen Prof. Dr. Hartmut Aden, sowie Britta Laufer und Dr. Jan Treibel vom Verlag Springer VS für die gute Zusammenarbeit.

Dieser Band ist meinem im April 2022 verstorbenen Vater, Prof. Dr. Robert K. Furtak, gewidmet. Dies ist mein erstes Buch, bei dem ich auf seinen wertvollen Rat und seine Unterstützung verzichten musste. Ich hoffe sehr, dass ihm das nun vorliegende Ergebnis gefallen hätte.

Karlsruhe/Berlin, Deutschland Florian T. Furtak
im Frühjahr 2025

Inhaltsverzeichnis

1 **Einführung**   1
   1.1 Bedeutung und wissenschaftliche Rezeption der EU   1
   1.2 Politikwissenschaftliche und staatsrechtliche Einordnungen der EU   8
   1.3 Theorien der europäischen Integration   14

2 **Entwicklungsphasen der europäischen Integration**   29
   2.1 Europäische Einigungsversuche seit Anfang des 20. Jahrhunderts   29
   2.2 Gründung der Europäischen Gemeinschaften   43
   2.3 Europäische Zusammenarbeit zwischen Aufbau, Konflikt und Konsolidierung   50
   2.4 Gründung der EU und Vertiefung der Integration   55
   2.5 Entwicklungen und Krisen seit dem Vertrag von Lissabon   66

3 Werte, Prinzipien und Grundpfeiler der EU 81
3.1 Die EU als Werte- und Rechtsgemeinschaft 81
3.2 Kernprinzipien der EU 91
3.3 Zuständigkeitsverteilung zwischen EU und Mitgliedstaaten 94
3.4 Grundfreiheiten und Grundrechte der EU 98
3.5 Erweiterung der EU 106
3.6 Finanzverfassung der EU 115

4 Das institutionelle System der EU 123
4.1 Europäisches Parlament als Stimme der Unionsbürger 126
4.2 Europäischer Rat als Lenkungsorgan 135
4.3 Rat als Interessenvertreter der Mitgliedstaaten 139
4.4 Europäische Kommission als Motor der Integration 145
4.5 Europäischer Gerichtshof als Wächter des Unionsrechts 154
4.6 Weitere Organe und beratende Einrichtungen 156
4.7 EU-Agenturen 160

5 Das Rechtssystem der EU 163
5.1 Verhältnis zwischen EU-Recht und nationalem Recht 163
5.2 Rechtsquellen und Rechtsakte 169
5.3 Gesetzgebungsverfahren 178
5.4 Rechtsschutzverfahren 186
5.5 Vollzug des EU-Rechts 191

6 Governance im Mehrebenensystem der EU 195
- 6.1 Multilevel Governance 197
- 6.2 Kontrolle und Mitwirkung nationaler Parlamente 200
- 6.3 Bedeutung der Regionen und Kommunen 205
- 6.4 Einflussnahme von Interessengruppen 212

7 Demokratie in der EU, Reformvorschläge und Perspektiven 219
- 7.1 Die demokratische Legitimation der EU 219
- 7.2 Ansatzpunkte zum Abbau der Demokratiedefizite der EU 235
- 7.3 Szenarien und Reformideen für die EU 247
- 7.4 Differenzierte Integration als Zukunftsmodell der EU 264

8 Conclusio: Das Projekt EU endet nicht – es geht weiter! 279

Nachtrag (April 2025) 283

Kommentierte Literaturhinweise 285

Literatur 289

Abkürzungsverzeichnis

AdR	Ausschuss der Regionen
AStV	Ausschuss der Ständigen Vertreter
AEUV	Vertrag über die Arbeitsweise der Europäischen Union
ASEAN	Association of Southeast Asian Nations
AU	Afrikanische Union
BGH	Bundesgerichtshof
BIP	Bruttoinlandsprodukt
BNE	Bruttonationaleinkommen
BVerfG	Bundesverfassungsgericht
BVerfGE	Bundesverfassungsgerichtsentscheidung
EAG	Europäische Atomgemeinschaft
EBI	Europäische Bürgerinitiative
EFTA	European Free Trade Association
EG	Europäische Gemeinschaft
EGV	Vertrag zur Gründung der Europäischen Gemeinschaft
EGMR	Europäischer Gerichtshof für Menschenrechte
EGKS	Europäische Gemeinschaft für Kohle und Stahl

Abkürzungsverzeichnis

EMRK	Europäische Menschenrechtskonvention
EP	Europäisches Parlament
EPG	Europäische Politische Gemeinschaft
EPZ	Europäische Politische Zusammenarbeit
ESVP	Europäische Sicherheits- und Verteidigungspolitik
EU	Europäische Union
EuGH	Europäischer Gerichtshof
EUV	Vertrag über die Europäische Union
EUZBBG	Gesetz über die Zusammenarbeit von Bundesregierung und Deutschem Bundestag in Angelegenheiten der Europäischen Union
EUZBLG	Gesetz über die Zusammenarbeit von Bund und Ländern in Angelegenheiten der Europäischen Union
EVG	Europäische Verteidigungsgemeinschaft
EVP	Europäische Volkspartei
EWG	Europäische Wirtschaftsgemeinschaft
EWR	Europäischer Wirtschaftsraum
EZB	Europäische Zentralbank
GASP	Gemeinsame Außen- und Sicherheitspolitik
GG	Grundgesetz
GRC	Grundrechtecharta
GSVP	Gemeinsame Sicherheits- und Verteidigungspolitik
IPA	Instrument for Pre-Accession Assistence
IS	Terrororganisation „Islamischer Staat"
IntVG	Integrationsverantwortungsgesetz
MFR	Mehrjähriger Finanzrahmen
NATO	Nordatlantikpakt (North Atlantic Treaty Organisation)
NGEU	Next Generation Europe
OAS	Organisation Amerikanischer Staaten
PJZS	Polizeiliche und Justizielle Zusammenarbeit in Strafsachen
RFSR	Raum der Freiheit, Sicherheit und des Rechts
SAP	Stabilisierungs- und Assoziierungsprozess
SSZ	Ständig Strukturierte Zusammenarbeit

SZ	Süddeutsche Zeitung
VwVfG	Verwaltungsverfahrensgesetz
VZ	Verstärkte Zusammenarbeit
WSA	Wirtschafts- und Sozialausschuss
WWU	Wirtschafts- und Währungsunion
ZIJP	Zusammenarbeit in der Innen- und Justizpolitik

Abbildungsverzeichnis

Abb. 2.1	Drei-Säulen-Modell der EU nach dem Vertrag von Amsterdam	59
Abb. 2.2	Schichtmodell der EU nach dem Vertrag von Lissabon	63
Abb. 3.1	Zuständigkeitsverteilung zwischen EU und Mitgliedstaaten	95
Abb. 3.2	Grundfreiheiten des Binnenmarktes	99
Abb. 4.1	Organisationsstruktur der EU	124
Abb. 4.2	Sitzverteilung EP nach Fraktionen 2024–2029	130
Abb. 5.1	Institutionelles Dreieck der EU	179
Abb. 5.2	Ordentliches Gesetzgebungsverfahren	180
Abb. 5.3	Vollzug des EU-Rechts	191
Abb. 6.1	Mehrebenensystem der EU	196
Abb. 7.1	Europa der konzentrischen Kreise	268

Tabellenverzeichnis

Tab. 2.1	Leitbilder der europäischen Integration	40
Tab. 2.2	Wechselspiel von Vertiefung und Erweiterung der EU	66
Tab. 3.1	Erweiterungsrunden der EU	107
Tab. 3.2	Übersicht EU-Beitrittskandidaten	113
Tab. 3.3	EU-Haushalt: Mittel für Verpflichtungen 2021–2027	117
Tab. 3.4	EU-Haushalt: Mittel für Verpflichtungen 2025	120
Tab. 3.5	Zusammensetzung EU-Einnahmen	121
Tab. 4.1	Sitzverteilung EP nach Mitgliedstaaten 2024–2029	128
Tab. 4.2	Sitze und Fraktionszugehörigkeit deutscher Parteien im EP 2024–2029	132
Tab. 4.3	Ressortverteilung/Funktionen EU-Kommission 2024–2029	149
Tab. 4.4	Ausgewählte EU-Agenturen	162
Tab. 5.1	Rechtsakte der EU im Überblick	176
Tab. 5.2	Rechtsschutzverfahren im Überblick	190

1
Einführung

1.1 Bedeutung und wissenschaftliche Rezeption der EU

Die Europäische Union (EU) ist ein Zusammenschluss von 27 demokratisch und rechtsstaatlich verfassten europäischen Staaten mit dem Ziel der „Verwirklichung einer immer engeren Union der Völker Europas" (Art. 1 EUV).

Der Ursprung der EU liegt in der Gründung der Europäischen Gemeinschaft für Kohle und Stahl (EGKS) im Jahr 1951 sowie der Europäischen Wirtschaftsgemeinschaft (EWG) und der Europäischen Atomgemeinschaft (EAG) im Jahr 1957. Nach weiteren Integrationsschritten durch das Inkrafttreten der Einheitlichen Europäischen Akte (1987) sowie der (Reform)-Verträge von Maastricht (1993), Amsterdam (1997), Nizza (2003) und zuletzt Lissabon (2009) hat sie sich zu einem immer enger werdenden Staatenverbund entwickelt.

Zu Beginn des europäischen Integrationsprozesses, der historisch gesehen die Folge von zwei verheerenden Weltkriegen (1914–1918/1939–1945) war, stand die wirtschaftliche Zusammenarbeit mit dem Ziel der Schaffung einer Wirtschafts- und Währungsunion (WWU) einschließlich eines funktionierenden Binnenmarktes im Mittelpunkt. Ergänzt wurde diese wirtschaftliche Komponente später durch Formen der Zusammenarbeit in der Außen- und Sicherheitspolitik sowie in der Innen- und Justizpolitik. Die EU ist ein weltweit einzigartiges wirtschaftliches und politisches Bündnis. Die 27 Mitgliedstaaten haben große Teile ihrer nationalstaatlichen Souveränität auf gemeinsame EU-Organe übertragen und akzeptieren den Vorrang des EU-Rechts, das nicht nur auf die Mitgliedstaaten, sondern auch auf viele Lebensbereiche ihrer über 450 Mio. Bürgerinnen und Bürger Einfluss nimmt.[1] In den Worten von Wessels (2022, S. 14): „Trotz vieler politischer und wissenschaftlicher Kontroversen um die Europäische Union und deren institutionelle Architektur ist eine Erkenntnis Allgemeingut: Dieses häufig seltsam anmutende politische Gebilde ist für Regierungen, Parlamente sowie für Bürgerinnen und Bürger der Union von wachsender Bedeutung."

Die Bedeutung der EU lässt sich an folgenden Eckpunkten festmachen: Zunächst quantitativ mit Blick auf den sogenannten *80-Prozent-Mythos*. Damit ist die 1988 vom ehemaligen Präsidenten der Europäischen Kommission, Jacques Delors, geäußerte Prophezeiung gemeint, dass innerhalb von zehn Jahren 80 % der Wirtschaftsgesetzgebung – und vielleicht auch der steuerlichen und sozialen Gesetzgebung – gemeinschaftlichen Ursprungs sein werden (Joho 2009, S. 398). Mehrere Untersuchungen haben sich in der Vergangenheit am 80-Prozent-Mythos abgearbeitet.

---

[1] In einer vom Europäischen Parlament beauftragten Eurobarometer-Umfrage von Januar/Februar 2025 antworten 72 % der EU-weit befragten Bürgerinnen und Bürger, dass das Handeln der EU eine Auswirkung auf ihr tägliches Leben hat. In Deutschland waren es sogar 80 %. Siehe: https://europa.eu/eurobarometer/surveys/detail/3492, 08.04.2025.

Manche bezweifelten (Joho 2009), manche bestätigten ihn.[2] Zuletzt hat Anette Töller 2019 versucht, den Europäisierungsgrad deutscher Gesetzgebung, also den Anteil der Gesetzgebung des Bundes mit einem europäischen Impuls, in der 16., 17. und 18. Wahlperiode zu ermitteln. Sie konnte aufzeigen, dass der Anteil in den einzelnen Politikfeldern stark variiert. So lag er in der 18. Wahlperiode (2013–2017) in den Bereichen Landwirtschaft und Ernährung sowie Umwelt mit 90 % bzw. 70 % mit Abstand am höchsten, weil beide Politikfelder einen hohen Grad der Vergemeinschaftung aufweisen und damit die Kompetenzen zur Verabschiedung entsprechender Rechtsakte bei der EU liegen. Demgegenüber lagen die Europäisierungswerte bei Arbeit und Beschäftigung, Soziale Sicherung, Gesundheit und Innere Sicherheit lediglich um die 30 %, was mit ihrem vergleichsweise niedrigen Grad an Vergemeinschaftung zu erklären ist (Töller 2019, S. 8 f.). Der Einfluss des EU-Rechts, wie Töller zu Recht anmerkt, ist in der Realität wahrscheinlich sogar noch höher einzuschätzen, ergänzt man die Europäisierungswirkung europäischer Verordnungen, die keiner Umsetzung in der deutschen Gesetzgebung bedürfen und unmittelbar gelten (ebd., S. 6). Deshalb ist letztlich Sturm (2021, S. 78) zuzustimmen: „Auch, wenn es nicht gelingen kann, ganz exakt den europäisierten Anteil der deutschen Gesetzgebung zu bestimmen, ist von einer quantitativen Dominanz der europäisierten Gesetzgebung im Deutschen Bundestag auszugehen."

Untersucht man nicht nur die Bundesebene, sondern auch die kommunale Ebene im Hinblick auf den Europäisierungsgrad, so verstärkt sich der Befund, dass die EU und das von ihr gesetzte Recht von großer Bedeutung

---

[2] Siehe beispielhaft: Hölscheidt, Sven/Hoppe, Tilman: Der Mythos vom „europäischen Impuls" in der deutschen Gesetzgebungsstatistik, in: Zeitschrift für Parlamentsfragen (ZParl), 41. Jhg., Heft 3 (2010), S. 543–551.

sind. Denn die Kommunen sind von rund 75 % der EU-Rechtsakte tangiert und rund zwei Drittel der kommunalen Vorschriften haben einen Ursprung in der EU-Rechtsetzung (Reiners 2019, S. 4).[3]

Die Bedeutung der EU lässt sich auch qualitativ festmachen: Die EU bildet als WWU den weltweit drittgrößten Wirtschaftsraum nach den USA und China sowie den weltweit größten Binnenmarkt, der den Im- und Export von Waren und Gütern ohne Zölle und Kontrollen ermöglicht. Durch das Schengen-System gibt es offene Grenzen in Europa. Bürgerinnen und Bürger der EU-Mitgliedstaaten können aufgrund der garantierten Grundfreiheiten des Binnenmarktes ihren Wohn- und Arbeitsplatz in der EU frei wählen, Unternehmen können Zweigniederlassungen in anderen EU-Staaten gründen und damit kostengünstiger produzieren. Die gemeinsame Währung – der Euro – ist eine stabile und verlässliche Währung, die wirtschaftliche Vorteile für Bürgerinnen und Bürger, Unternehmen und Mitgliedstaaten gleichermaßen bringt. Die EU hat sich zum Ziel gesetzt, bis 2050 klimaneutral zu werden, investiert in Bildung (wie in das Erasmus-Programm für Studierende) und hat eine neue Migrationspolitik verabschiedet, die sich zum Ziel gesetzt hat, die Zahl der nach Europa kommenden Flüchtlinge zu verringern. Im Bereich Verbraucherschutz hat die EU zahlreiche Verbesserungen erzielt, die den Alltag der Bürgerinnen und Bürger (positiv) prägen, wie z. B. die Abschaffung der Roaming-Gebühren beim Telefonieren im EU-Ausland oder wie jüngst die europaweite Verpflichtung für einheitliche Ladekabel für z. B. Smartphones und Tablets. Durch die Covid-19-Krise und die EU-weite Beschaffung von Impfstoffen hat die EU nun auch eine gewachsene Bedeutung im Bereich des Gesundheitsschutzes. Und nicht zuletzt zeigt der russische

---

[3] Der Europäisierungsgrad der Gesetzgebung der 16 deutschen Bundesländer ist bislang nicht untersucht worden.

Angriffskrieg in der Ukraine, dass die EU für die Aufrechterhaltung von Sicherheit und Frieden in Europa wichtig ist.

Aus der Erkenntnis heraus, dass die EU sowohl nach innen gegenüber ihren Mitgliedstaaten und deren Bürgerinnen und Bürgern als auch nach außen gegenüber Drittstaaten und sonstigen internationalen Partnern von Bedeutung ist, erwächst die Notwendigkeit, ja sogar die Verpflichtung, sich mit der EU und ihrer institutionellen Architektur in der Forschung zu beschäftigen. Dabei gilt es, sich insbesondere mit ihren Formen des Regierens auseinanderzusetzen, also der Frage, wie die EU-Institutionen „verbindliche Entscheidungen vorbereiten, verabschieden, umsetzen und kontrollieren" (Wessels 2022, S. 12).

Die Debatte über die Bedeutung und Funktionsweise der EU ist auch Gegenstand der *Europäisierungsforschung*. Diese stellt ein seit dem Inkrafttreten des Vertrags von Maastricht 1993 intensiv verwendetes Analysekonzept der politikwissenschaftlichen Forschung zur europäischen Integration dar, welches sich konkret mit den Wechselwirkungen zwischen der nationalstaatlichen und der supranationalen Ebene der EU auseinandersetzt. Im Rahmen der Europäisierungsforschung werden sowohl Politikinhalte (policy) als auch politische Prozesse (politics) und die Rolle politischer Institutionen (polity) untersucht. Im Fokus steht dabei vor allem die sogenannte top-down Europäisierung, die analysiert, welche Auswirkungen die EU auf ihre Mitgliedstaaten hat und wie diese auf Vorgaben der EU reagieren. Dies umfasst die Untersuchung nationaler Anpassungsprozesse, die durch den Druck von der europäischen Ebene ausgelöst werden (Börzel und Panke 2015, S. 225; Brendler 2022, S. 820).

Eine besondere Wegmarke für die *politikwissenschaftliche Europaforschung* in der jüngeren Vergangenheit markiert der 2009 in Kraft getretene und bis heute gültige (Reform)-Vertrag von Lissabon, der die EU auf ein neues integrationspolitisches Niveau hob (s. Abschn. 2.4.3). Die neue institutionelle Architektur, Änderungen bei Entscheidungsverfahren, Schritte zur Stärkung der Handlungsfähigkeit und nicht zuletzt Instrumente zur Demokratisierung der EU durch das neue Vertragswerk sind in zahlreichen Publikationen aufgegriffen worden.[4] Weitere Studien mit den Titeln „Europäische Integration" (u. a. Adam und Meyer 2016; Burkard 2021), „Europäische Union" (u. a. Bieber et al. 2023; Weidenfeld 2020) und „Politisches System der EU" (u. a. Tömmel 2014; Wessels 2022) befassen sich mit dem Gemeinschaftsbündnis in seiner ganzen Bandbreite, teilweise inklusive einzelner Politikfelder. Zwei Sammelbände aus dem Jahr 2020 geben weitere Einblicke in den Forschungsgegenstand EU. Zum einen der von Peter-Christian Müller-Graff herausgegebene, 22 Beiträge umfassende 100. Band der Schriftenreihe des Arbeitskreises Europäische Integration mit dem Titel „Kernelemente der europäischen Integration". Zum anderen das von Peter Becker und Barbara Lippert herausgegebene 44 Einzelbeiträge umfassende „Handbuch Europäische Union".

Doch die europäische Integration hat sich in den vergangenen Jahren nicht als „one-way-ticket" erwiesen. Vielmehr zeigt sich in der Praxis, dass sich eine integrationsfördernde Politik und integrationshemmende Krisen parallel zu entwickeln vermögen. Und Krisen gibt es in der EU genug, wie finanz- und realwirtschaftliche Verwerfungen in der Eurozone, die Existenz EU-feindlicher Parteien im Europäischen Parlament (EP), Missachtung rechtsstaatlicher, demokratischer und liberaler Prinzipien durch Mitgliedstaaten, die Covid-19-Pandemie und nicht zuletzt der Ukraine-Krieg mit seinen militärischen, aber auch sozialen

---

[4] Siehe beispielhaft: Leiße, Olaf (Hrsg.): Die Europäische Union nach dem Vertrag von Maastricht, Wiesbaden 2010; Hummer, Waldemar: Der Vertrag von Lissabon, Baden-Baden 2009; Hellmann, Vanessa: Der Vertrag von Lissabon, Berlin/Heidelberg 2009; Lieb, Julia/Maurer, Andreas (Hrsg.): Der Vertrag von Lissabon. Kurzkommentar, Diskussionspapier der Stiftung Wissenschaft und Politik, 3. Aufl., Berlin 2009.

Folgen (Flüchtlingsströme) zeigen. Dass Integration und Desintegration also keine sich ausschließenden Phänomene sind, sondern dass es vielmehr eine Gleichzeitigkeit von Integrations- und Desintegrationsdynamiken gibt, ist Thema des von Andreas Grimmel 2020 herausgegebenen, 12 Beiträge umfassenden Sammelbandes „Die neue Europäische Union. Zwischen Integration und Desintegration".

Zur Überwindung der Poly-Krise der EU sollen neue Formen der Integration beitragen. Bislang wurde ein Modell der einheitlichen Integration praktiziert, das (mit Ausnahmen) geprägt war von einer schrittweisen für alle Mitgliedstaaten geltenden Ausweitung der Kompetenzen der Union. Ein neuer Ansatz einer differenzierten Integration soll der EU hingegen mehr Flexibilität ermöglichen, indem Integrationsschritte nicht von allen Mitgliedstaaten mitgegangen werden müssen und damit eine politikfeldspezifische sowie zeitlich und hinsichtlich der Mitgliedschaft flexible EU ermöglicht wird. Diesem Thema widmen sich u. a. Stratenschulte, Schimmelpfennig/Winzen sowie Radunz/Riedel.[5]

Die Zukunft der EU ist und bleibt offen. Zu viele Faktoren spielen eine Rolle, als dass man belastbare Prognosen abgeben könnte, wohin sich die Gemeinschaft entwickelt. Gerade deshalb ist es eine wichtige Aufgabe der Wissenschaft, sich mit dieser Thematik auseinanderzusetzen, was u. a. Gegenstand der Arbeiten von Müller/Obwexer/Schroeder und der Landeszentrale für Politische Bildung Baden-Württemberg ist.[6]

---

[5] Stratenschulte, Eckard: Der Anfang vom Ende? Formen differenzierter Integration und ihre Konsequenzen, Baden-Baden 2015; Schimmelpfennig, Frank/Winzen, Thomas: Ever Looser Union? Differentiated European Integration, Oxford 2020; Radunz, Alexander/Riedel, Rafal: Immer engere Union? Differenzierte europäische Integration in der Post-Brexit-Ära – deutsche und polnische Perspektiven, Göttingen 2023.
[6] Müller, Andreas Th./Obwexer, Walter/Schroeder, Werner: Die Zukunft der Europäischen Union. Reformen aus der Sicht von Innen und Außen, Baden-Baden 2019; Landeszentrale für Politische Bildung Baden-Württemberg (Hrsg.): Die Zukunft der Europäischen Union – Rückbau oder Vertiefung, 34. Jhg., Heft 73 (2017), Stuttgart.

So ungewiss die Zukunft der EU ist, so klar ist jedoch, dass sie weitreichender Reformen bedarf. Der Frage, wie man die EU neugestalten könnte, widmen sich Weber/Ottmann.[7] Ansätze, wie sie gar zu retten ist, zeigen Herr/Speer plakativ in ihren 95 Thesen auf.[8] Substanzielle Vorschläge zur Reform der EU, einschließlich der Instrumente zur Sicherung der Rechtsstaatlichkeit und zum EU-Erweiterungsprozess hat zudem eine 12-köpfige deutsch-französische Arbeitsgruppe von Expertinnen und Experten vorgelegt (Gruppe der Zwölf 2023).

1.2 Politikwissenschaftliche und staatsrechtliche Einordnungen der EU[9]

In der politikwissenschaftlichen und staatsrechtlichen Literatur besteht kein Konsens darüber, wie das Konstrukt der EU am treffendsten zu beschreiben ist, weil sich keine der herkömmlich bekannten Kategorien staatlicher Zusammenschlüsse oder politischer Organisationsformen als vollständig geeignet für die Charakterisierung der EU erweist. Der Grund hierfür liegt darin, dass es sich bei der EU um ein hybrides System handelt, das durch die „Kombination von intergouvernementalen und supranationalen Institutionen" (Tömmel 2014, S. 28) gekennzeichnet ist. So finden sich dann auch für die Charakterisierung der EU zum Teil kontroverse Begriffe, wie z. B. *internationale Orga-*

---

[7] Weber, Klaus/Ottmann, Henning: Neugestaltung der Europäischen Union, Baden-Baden 2019.
[8] Herr, Vincent-Immanuel/Speer, Martin: Europe for Future. 95 Thesen, die Europa retten – was jetzt geschehen muss, München 2021.
[9] Diesem Kapitel sind teilweise Ausführungen entnommen aus Furtak (2005, S. 51–60).

nisation (Rittberger 1995, S. 27), *an organization embedded in a regime* (Breckenridge 1997, S. 185), *less than a federation – more than a regime* (Wallace 1983), *partial polity*[10] (Wallace 2005, S. 494), *Zweckverband* (Giering 1997, S. 151), *a political System, but not a State* (Hix 2005, S. 2), *ein Modell des Regierens jenseits des Nationalstaates* (Weidenfeld 2022, S. 225), *Multi-Level Governance/Mehrebenensystem* (Hooghe und Marks 2001). Weitere Bezeichnungen sind: *Vereinigung offener Nationalstaaten* (Klein 1990, S. 389), *supranationale Föderation* (von Bogdandy 1999, S. 107 ff.), *supranationale Organisation* (Koch 2022, S. 130) und *Staatenverbund* (BVerfGE 89, 155–213). Diese doch sehr unterschiedlichen Kategorisierungen zeigen, dass es schwierig ist, dem besonderen Charakter der EU begrifflich gerecht zu werden.

1.2.1 Politikwissenschaftliche Einordnungen

Aus der Perspektive der politikwissenschaftlichen Teildisziplin Internationale Beziehungen handelt es sich bei der EU um eine *internationale Organisation*. Internationale Organisationen sind Zusammenschlüsse von Staaten, die auf Grundlage eines völkerrechtlichen Vertrages eine Zusammenarbeit in einem Politikfeld (oder mehreren Politikfeldern) vereinbart haben und mit eigenen Organen, Personal, Finanzen und Kompetenzen ausgestattet sind (Furtak 2015, S. 5). Zweifellos erfüllt die EU diese Definition einer internationalen Organisation, weil sie auf Basis der Gründungsverträge und des gegenwärtig gültigen Vertrages von Lissabon eigene Organe mit Personal in Brüssel, Straßburg und Luxemburg unterhält und auf Basis eines gemeinsamen Haushalts, dem Mehrjährigen Finanzrahmen (MFR), in

---

[10] Zu übersetzen mit partielles Staatswesen.

einer Vielzahl von Politikfeldern aufgrund der ihr von den Mitgliedstaaten übertragenen Kompetenzen gemeinsames Recht setzt.

Die Zusammenarbeit von Staaten in internationalen Organisationen kann entweder intergouvernemental oder supranational ausgestaltet sein. Die *intergouvernementale Zusammenarbeit* ist dadurch gekennzeichnet, dass bei der vereinbarten gemeinschaftlichen Behandlung politischer Angelegenheiten die Entscheidungskompetenz allein bei den Regierungen der Mitgliedstaaten verbleibt und die Beschlussfassung über gemeinsame politische Aktivitäten einstimmig erfolgt (Brunn 2020, S. 17; Weidenfeld 2020, S. 22). Ein Beispiel für diese Form der Zusammenarbeit ist das nordatlantische Verteidigungsbündnis, die NATO. Eine *supranationale Zusammenarbeit* hat demgegenüber zur Folge, dass die Politik nicht mehr von den Mitgliedstaaten in nationalstaatlicher Verantwortung entschieden und ausgeführt wird. Vielmehr kommt es zu einer Übertragung von Hoheitsrechten auf gemeinsame Organe einer übergeordneten Organisation, die verbindliche Beschlüsse auch gegen den Willen ihrer Mitgliedstaaten fassen kann (Brunn 2020, S. 17; Weidenfeld 2020, S. 22). Es gibt nur eine internationale Organisation, auf die diese Merkmale einer supranationalen Zusammenarbeit zutreffen – die EU. Mithin wird sie deshalb auch als *supranationale Organisation* bezeichnet.[11]

Aus der Perspektive einer weiteren Teildisziplin der Politikwissenschaft – der vergleichenden Regierungslehre – handelt es sich bei der EU um ein *politisches System*. Aufgrund der von den Mitgliedstaaten an die EU übertragenen Kompetenzen trifft das nach der grundlegenden Definition von David Easton für politische Systeme konstitutive Merk-

---

[11] Siehe hierzu vertiefend: Koch (2022, S. 129–133).

mal der „authoritative allocation of values" (1953, S. 129), also der Herstellung gesamtverbindlicher Entscheidungen über die Verteilung von Werten, Normen und Gütern, auf die EU zu (Furtak 2018, S. 31). Diese Verteilung erfolgt auch in der EU über ein stabiles Institutionssystem, das gesellschaftliche Forderungen (Inputs) in einen Output (z. B. Verordnungen und Richtlinien) transformiert, was zu Rückkopplungen der Gesellschaft (Feedback) und gegebenenfalls zu einem neuen Input führen kann (Furtak 2018, S. 31 f.; Tömmel 2014, S. 24 f.). Die verstärkte Tendenz in der Europaforschung, die EU als politisches System zu begreifen, ist Hrbek (2020, S. 26) zufolge darauf zurückzuführen, dass es im Vergleich zu früher, als die Erforschung der Faktoren für den Integrationsfortschritt stärker im Vordergrund stand, heute mehr um die konkret erfahrbare Politik der EU geht, die von den Regierungen der Mitgliedstaaten maßgeblich gestaltet wird.

Um der Eigenart des Regierens in der EU – jenseits des am Nationalstaat orientierten Verständnisses von Staatlichkeit – Rechnung zu tragen, wird die EU politikwissenschaftlich zudem als *Mehrebenensystem* charakterisiert. Diese Kennzeichnung stellt darauf ab, dass die Problembearbeitung auf drei Politikebenen stattfindet: der supranationalen (europäischen), nationalen (mitgliedstaatlichen) und subnationalen (regionalen und kommunalen). Diese drei Ebenen der EU haben zwar je eigene Funktionen, sind aber bei der Wahrnehmung ihrer Aufgaben miteinander verflochten. Auf jeder dieser Ebenen sind Akteure angesiedelt, die bei der Befassung mit EU-Politiken miteinander kooperieren oder konfligieren und Teil einer EU-Governance sind (Hrbek 2020, S. 28).[12]

---

[12] Zur Governance im Mehrebenensystem der EU siehe ausführlich Abschn. 6.1.

1.2.2 Staatsrechtliche Einordnungen

Eine eindeutige staatsrechtliche Einordnung der EU ist nicht möglich, weil sie sowohl Merkmale eines *Staatenbundes* (Konföderation) als auch eines *Bundesstaates* (Föderation) erfüllt. Ein Staatenbund wird, wie auch eine internationale Organisation, durch einen völkerrechtlichen Vertrag begründet, in dem die Mitgliedstaaten Aufgaben zur Erledigung an gemeinsame Organe übertragen haben. Der Staatenbund besitzt kein Staatsvolk und kein Staatsgebiet. Beim Bundesstaat hingegen besitzen sowohl der Bund als auch die Gliedstaaten Staatsqualität, aber nur der Gesamtstaat ist Subjekt des Völkerrechts. Die Aufgaben sind zwischen dem Bund und den Gliedstaaten unter Wahrung des Subsidiaritätsprinzips geregelt. Der Bundesstaat hat ein Staatsvolk – die Zugehörigkeit wird durch die Staatsangehörigkeit begründet.

Überträgt man die einen Staatenbund und einen Bundesstaat kennzeichnenden Merkmale auf die EU, so gleicht sie insofern einem Staatenbund, als es sich bei ihr um eine auf Völkerrecht beruhende Staatenverbindung handelt. Ihre Mitglieder sind Subjekte des Völkerrechts geblieben; sie hat kein Staatsvolk – die Union ist zur Achtung der nationalen Identität ihrer Mitgliedstaaten verpflichtet (Art. 6 Abs. 3 EUV). Die EU darf nur nach Maßgabe des Prinzips der begrenzten Einzelermächtigung (Art. 5 Abs. 2 EUV) tätig werden – sie besitzt demnach keine Kompetenz-Kompetenz, also die Befugnis, sich selbst weitere Kompetenzen zu übertragen.

Die EU weist jedoch auch strukturelle Merkmale eines (Bundes)-Staates auf. Im Unterschied zu einem Staat verfügt die EU zwar nicht über ein Staatsgebiet oder ein Staatsvolk (immerhin aber seit dem Vertrag von Maastricht über eine *Unionsbürgerschaft*), im begrenzten Ausmaß jedoch über eine Staatsgewalt – zumindest in den Bereichen, in denen sie nach dem Prinzip der begrenzten Einzelermächtigung nach Maßgabe der Verträge verbindliches Recht für die Mitgliedstaaten setzen kann. Bereits 1967 stellte das Bundesverfassungsgericht (BVerfG) diesbezüglich fest, dass die damalige Europäische Gemeinschaft (EG) von den Mitgliedstaaten bestimmte Hoheitsrechte übertragen bekommen hat, womit „eine neue öffentliche Gewalt" entstanden ist, „die gegenüber der Staatsgewalt der einzelnen Mitgliedstaaten selbständig und unabhängig ist" (BVerfGE 22, 239).

Die Ausführungen zeigen, dass konventionelle staats- bzw. völkerrechtliche Begriffe wie Staatenbund und Bundesstaat nur eingeschränkt auf die EU anwendbar sind. Die EU ist mehr als ein klassischer Staatenbund, aber (noch) kein Bundesstaat. In seinem Urteil zum Vertrag von Maastricht vom 12. Oktober 1993 (BVerfGE 89, 155–213) hat das BVerfG dieser Problematik Rechnung getragen und einen neuen, die EU charakterisierenden staatsrechtlichen Begriff eingeführt: „Der Unionsvertrag begründet einen *Staatenverbund* (Hervorhebung nicht im Original) zur Verwirklichung einer immer engeren Union der – staatlich organisierten – Völker Europas, keinen sich auf ein europäisches Staatsvolk stützenden Staat" (ebd., S. 156). Dieser Begriff, so Kirchhof (1995, S. 5), „grenzt die Union deutlich vom Bundesstaat ab, spricht andererseits die besondere Verbundenheit der Mitgliedstaaten in der Union im Willen zur gemeinsamen Wahrnehmung von Hoheitsgewalt ausdrücklich an". Oeter (2015, S. 736) merkt hierzu jedoch kritisch an: „So richtig die neue Kategorie ist, so wenig aussagekräftig ist sie zugleich (…)." Und problematisch darüber hinaus ist die begrenzte Anschlussfähigkeit in anderen Sprachen.

Den Begriff Staatenverbund griff das BVerfG in seinem Urteil zum Vertrag von Lissabon vom 30. Juni 2009 (BVerfGE 123, 267–437) wieder auf. Es wies darauf hin, dass Art. 23 des Grundgesetzes (GG) die Bundesrepublik Deutschland „zur Beteiligung und Entwicklung einer als Staatenverbund konzipierten Europäischen Union" ermächtigt. Und weiter führte das Gericht aus: „Der Begriff des Verbundes erfasst eine enge, auf Dauer angelegte Verbindung souverän bleibender Staaten, die auf vertraglicher Grundlage öffentliche Gewalt ausübt (…)."

Der Schwierigkeit, die EU eindeutig definitorisch zuzuordnen – sei es politikwissenschaftlich oder staatsrechtlich – lässt sich dadurch entgehen, dass man sie als *politisches System sui generis*, also ganz eigener Art, bezeichnet (Tömmel 2014, S. 24). Damit würde man auch der Tatsache Rechnung tragen, dass der Endzustand der EU (Finalität) nach wie vor offen ist und das Staatenbündnis sich regelmäßig fortentwickelt, was zur Folge hat, dass ein das Konstrukt EU charakterisierender Begriff stets nur vorübergehend Gültigkeit beanspruchen kann.

1.3 Theorien der europäischen Integration

Der Fokus von Integrationstheorien liegt auf dem Untersuchungsgegenstand europäische Integration. Die Gründe hierfür sind vielfältig: Zum einen haben sich viele Integrationstheorien gerade erst durch die Beschäftigung mit der EG/EU entwickelt. Zum anderen ist die europäische Integrationsentwicklung für eine theoretische Debatte aufgrund ihrer Dynamik besonders ergiebig (Bieling und Lerch 2012, S. 11). Denn Integration, verstanden als ein Prozess, „in dem bislang getrennte politische, ökonomische und/oder gesellschaftliche Einheiten enger zusammengeführt werden und ein größeres Ganzes bilden" (ebd.), ist am Beispiel der EU sehr gut zu studieren. Gleichwohl können Integrationstheorien auch auf den Entwicklungsprozess anderer regionaler Organisationen, wie z. B. der AU, der ASEAN oder der OAS, angewendet werden, was dem Diktum von Weidenfeld (2020, S. 47) entspricht: „Ganz allgemein sind Theorien als über den Einzelfall hinausweisende, verallgemeinernde Aussagen zu verstehen."

Die Theorien der europäischen Integration bieten unterschiedliche Erklärungsansätze für die Ursachen, Triebkräfte und Dynamiken des europäischen Integrationsprozesses. Zu den zentralen Fragen, auf die die Theorien teils unterschiedliche Antworten geben, zählen Hofmann (2023b, S. 409 f.) zufolge:

- Wie lässt sich die Entwicklung von einem eng begrenzten Bereich der Zusammenarbeit im Rahmen der EGKS hin zu einer umfassenden Zusammenarbeit in politischer, wirtschaftlicher und sicherheitspolitischer Hinsicht im Rahmen einer Union mit staatsähnlichen Aufgaben erklären?
- Warum haben souveräne Staaten zunehmend Kompetenzen auf die europäische Ebene übertragen und unabhängige Organe geschaffen, die verbindliche Entscheidungen treffen und damit nationalstaatliche Souveränität beschränken, teilweise sogar abschaffen?
- Welches sind die treibenden Akteure des Integrationsprozesses?
- Wie kann die territoriale Erweiterung der EU von einst sechs Mitgliedstaaten auf zwischenzeitlich 28 erklärt werden?
- Wie kann der Austritt eines Staates (Brexit) aus der EU erklärt werden?

Aufgrund der Ausdifferenzierung der Theorielandschaft seit den 1990er-Jahren gibt es mittlerweile eine Vielzahl von europäischen Integrationstheorien, wobei keine den Integrationsprozess in seiner Gesamtheit zu erklären vermag. Doch indem jede dieser Theorien unterschiedliche Erklärungsansätze formuliert, ergibt sich ein Gesamtbild zum besseren Verständnis über Ursache und Fortgang des europäischen Integrationsprozesses. Nachfolgend sollen hier in Anlehnung an Weidenfeld (2020, S. 49) die klassischen Theorien des Föderalismus, (Neo)-Funktionalismus und des Intergouvernementalismus vorgestellt werden. Dabei liegt der Anspruch nicht auf einer vollständigen Durchdringung der Theorien, sondern vielmehr darin, deren Grundannahmen über den europäischen Integrationsprozess aufzuzeigen.

1.3.1 Föderalismus

Der *Föderalismus* hat seine Wurzeln in der u. a. durch das Manifest von Ventotene (Spinelli) begründeten föderalistischen Bewegung (s. Abschn. 2.1), die nach dem Zweiten Weltkrieg an Einfluss gewann. Er geht davon aus, dass Frieden, Sicherheit und Demokratie in Europa nur durch die Überwindung der Nationalstaatlichkeit erreicht werden können, und zwar konkret durch die Schaffung eines europäischen Bundesstaates nach dem Vorbild der Vereinigten Staaten von Amerika. Ein solch föderal organisierter, supranationaler Staat, bei dem alle politischen Ebenen eigene Aufgaben haben (Subsidiarität), soll durch eine demokratisch legitimierte verfassungsgebende Versammlung gegründet werden (Schieder 2012, S. 74).

Das zentrale Prinzip der föderalistischen Theorie lautet *function follows form*, d. h. in einem ersten Schritt ist ein institutioneller Rahmen (Verfassung, supranationale Institutionen) zu schaffen, der in einem zweiten Schritt mit politischen Inhalten und Funktionen zu füllen ist. Das bedeutet, dass die Funktionen die Folgen der Entscheidung für eine bestimmte politische Form sind. Wenn sich also Staaten auf ein weitreichend integriertes politisches System mit föderativen Merkmalen einigen, dann ergibt sich in der Folge eine funktionale Zusammenarbeit in unterschiedlichen Politikfeldern (Brückner 2011, S. 34). Beispielhaft erwähnt sei hier die durch die Reformverträge von Maastricht, Amsterdam, Nizza und Lissabon geschaffenen (supranationalen) Institutionen und damit die Schaffung eines institutionellen Rahmens, dem die Ausfüllung mit politischen Inhalten und Funktionen gefolgt ist.

Vorgeworfen wurde dem Föderalismus, dass seine Idee vom europäischen Bundesstaat im Prinzip nur eine Utopie darstellen würde und er darüber hinaus keine Theorie im eigentlichen Sinne, sondern vielmehr nur ein politisches Programm sei. Ferner wurde seine Staatszentriertheit kritisiert, weil er zwar einerseits die Abschaffung der Nationalstaaten einforderte, andererseits aber die Schaffung eines supranationalen (Bundes)-Staates befürwortete (Große Hüttmann und Fischer 2012, S. 45 f.). Damit würde die föderalistische Idee, zumindest in der Überzeugung der Funktionalisten, den Weg „vom nationalen Regen in die supranationale Traufe" (ebd., S. 46) gehen. Das Hauptaugenmerk des Föderalismus liegt eindeutig auf der Finalität der europäischen Integration in Form eines europäischen Bundesstaates. Welche Triebkräfte für die Erreichung dieses Endzustands der Integration relevant sind, spielen bei ihm nur eine untergeordnete Rolle.

1.3.2 (Neo)-Funktionalismus

Der *Funktionalismus* geht zurück auf David Mitrany und sein 1943 erschienenes Buch „A Working Peace System", das sich nicht speziell mit der Situation in Europa befasste, sondern generell den Aufbau einer internationalen Friedensordnung zum Thema hatte. Damit verfolgte der Funktionalismus eine ähnliche Zielsetzung wie der Föderalismus, der sich ebenso zum Ziel gesetzt hatte, die Kriege auf dem Kontinent zu beenden und eine friedliche Nachkriegsordnung aufzubauen. Doch, anders als der Föderalismus, der eine politische Einigung Europas in Form der Gründung eines europäischen Bundesstaates in den Vordergrund stellte, setzte der von Mitrany entwickelte Funktionalismus auf eine enge technische bzw. sektorenspezifische Kooperation zwischen den Staaten, um so schrittweise einen dauerhaften Frieden zu erreichen (Hofmann 2023b, S. 411). Diese Kooperation sah konkret die Schaffung eines Netzwerks von überstaatlichen Institutionen vor, die miteinander verflochten sind und in funktionalen Teilbereichen zusammenarbeiten (Brückner 2011, S. 34).

Die Integration wird im Funktionalismus nicht wie im Föderalismus quasi mit einem verfassungsgebenden Sprung erreicht, sondern sie stellt einen Prozess dar, der durch die schrittweise Ausdehnung der technischen Kooperation auf funktionale Gebiete zu einer Entspannung von Konflikten zwischen den Staaten und damit schrittweise zum Frieden führt. Diese Verzweigung in immer mehr funktionalen Gebieten führt dann zu einem immer engmaschigeren Netz von Institutionen, wodurch ein Sog zu immer mehr Integration erzeugt wird, der schließlich zu einem unaufhaltsamen Kompetenz- und Souveränitätstransfer und dem Verlust nationalstaatlicher Souveränität führt (Weidenfeld

2020, S. 55 f.). Zusammenfassend lautete daher das zentrale Prinzip der Funktionalisten *form follows function*, d. h. zunächst treibt man eine immer engere Zusammenarbeit in wirtschaftlichen oder technischen Bereichen voran, wodurch es fast zwangsläufig zur Herausbildung funktionsspezifischer Institutionen kommt (Brückner 2011, S. 25). Beispiel hierfür ist die aus der vereinbarten Zusammenarbeit bei Kohle und Stahl 1951 hervorgegangene EGKS, die zur Gründung der Entscheidungsbefugnis besitzenden Hohen Behörde und weiterer europäischer Institutionen führte (s. Abschn. 2.2.1).

Der *Neofunktionalismus* wurde in den 1950er-Jahren durch den deutsch-amerikanischen Politikwissenschaftler Ernst B. Haas und sein Werk „The Uniting of Europe" (1958) begründet. Haas arbeitete die erste empirisch-analytische Theorie zur europäischen Integration im Unterschied zur normativ geprägten Theorie des Föderalismus heraus. Doch auch vom Funktionalismus, auf welchem er durch die Übernahme von Mitranys Konzept der funktionalen Verzweigung aufbaut, unterscheidet er sich. Denn anders als der Funktionalismus, der die Integration zwischen Staaten auf die Zusammenarbeit in technischen oder wirtschaftlichen Fragen begrenzt sieht, argumentiert der Neofunktionalismus, dass die Zusammenarbeit in einem funktionalen Bereich auch andere (politische) Bereiche beeinflussen kann. Oder mit anderen Worten: Die erfolgreiche Zusammenarbeit und Integration in einem Politikfeld führt aufgrund funktionaler Verknüpfungen auch zur Zusammenarbeit und Integration in anderen Politikbereichen, wodurch schrittweise eine anfangs auf technische oder wirtschaftliche Aspekte ausgerichtete Integration zu einer politischen Integration führen kann. Dieser Vorgang, der als *Spill-over-Effekt* bezeichnet wird, besitzt eine „inhärent expansive Logik" (Wolf 2012, S. 60) und wird damit zum Motor der Integration (Hofmann 2023b, S. 411; Saurugger 2023, S. 444; Weidenfeld 2020, S. 56 f.; Wolf 2012, S. 55). Integrationsfortschritte in einem Politikbereich setzen aufgrund des Spill-over-Effekts politische Entscheidungsträger unter Druck, in benachbarten Politikfeldern ebenfalls die Integration voranzutreiben, weil anderenfalls mit nicht realisierten Zusatznutzen oder gar mit negativen Effekten zu rechnen ist (Bernauer et al. 2018, S. 481).

> **Praxisbeispiele: Spill-over-Effekt**
> - Die Errichtung eines gemeinsamen Binnenmarktes 1993 führte fast zwangsläufig zur Schaffung der WWU 1999, weil nur so die Vorteile des Binnenmarktes voll ausgeschöpft werden konnten. Die Schaffung der WWU führte wiederum fast zwangsläufig zur Einführung einer gemeinsamen Währung, dem Euro 2002, weil nur so ihre Vorteile voll zur Geltung kommen konnten.
> - Das Schengen-Abkommen von 1985 beseitigte die Grenzkontrollen in Europa zwischen den teilnehmenden Ländern und erleichterte damit die Personen- und Warenverkehrsfreiheit. Dies führte zu einem Spill-over-Effekt im Bereich der inneren Sicherheit, denn im 1993 in Kraft getretenen Vertrag von Maastricht wurde eine Zusammenarbeit im Bereich der organisierten Kriminalität vereinbart, die mit dem Vertrag von Lissabon 2009 in die Kompetenz der EU überführt wurde.

Haas (1958, S. 16) definiert sein Verständnis von europäischer Integration als „the process whereby political actors in several distinct national settings are persuaded to shift their loyalties, expectations and political activities toward a new centre, whose institutions possess or demand jurisdiction over the pre-existing national states". Diese Umorientierung von Loyalitäten, Erwartungen und politischen Aktivitäten auf die supranationale Ebene sowie die Schaffung von supranationalen Organisationen wird durch das Konzept des Spill-Overs erklärt (Schieder 2012, S. 79). Als Endpunkt dieses so inkrementell organisierten Integrationsprozesses steht die Herausbildung einer politischen Gemeinschaft. In den Worten von Haas (1958, S. 16): „the end result of a process of political integration is a new political community, super-imposed over the pre-existing ones."

Der Neofunktionalismus identifiziert die Triebkräfte des europäischen Integrationsprozesses in erster Linie in den supranationalen Institutionen, wie der Europäischen Kommission. Gleichzeitig berücksichtigt er auch politische, gesellschaftliche und wirtschaftliche Akteure, die sowohl auf europäischer als auch auf nationaler Ebene agieren, wie beispielsweise Unternehmerverbände (Saurugger 2023, S. 445).

Die vom Neofunktionalismus postulierte Eigendynamik der europäischen Integration kann jedoch auch in eine andere Richtung – zur Desintegration – führen. Dies kann dann der Fall sein, wenn der Integrationsfortschritt Integrationsverlierer produziert, die versuchen weitere Integrationsschritte zu verhindern, oder wenn nationale Parteien als Integrationsbremser auftreten (Schimmelpfennig 2020, S. 6 ff.). Diese Entwicklung ist das zentrale Thema des *Postfunktionalismus*, der hier jedoch nicht weiter behandelt wird.

1.3.3 Intergouvernementalismus

Der *Intergouvernementalismus* klassischer Prägung hat seinen Ursprung in der realistischen Theorie der Internationalen Beziehungen;[13] seine Grundgedanken über

---

[13] Der Wegbereiter des klassischen Realismus war der deutsch-amerikanische Politikwissenschaftler Hans Morgenthau mit seinem 1948 in New York erschienenen Werk „Politics among Nations. The Struggle for Power and Peace".

die Zusammenarbeit der europäischen Staaten wurden bereits von den Unionisten bzw. Intergouvernementalisten (s. Abschn. 2.1) geteilt. Entwickelt wurde er Mitte der 1960er-Jahre von Stanley Hoffmann,[14] der mit seinen Grundannahmen zur Entwicklung der europäischen Integration die klassische Gegenposition sowohl zum Föderalismus als auch insbesondere zum Neofunktionalismus einnahm: Im Unterschied zum Föderalismus formulierte er als Ziel die Herausbildung eines Staatenbundes bzw. einer Konföderation in einem Europa der Nationen. Im Unterschied zum Neofunktionalismus, der von einer durch Spill-over-Effekte verursachten eigendynamischen Entwicklung des Integrationsprozesses ausging, war er der Ansicht, dass die Mitgliedstaaten bzw. ihre Regierungen Ziele, Ausmaß und Resultate des Integrationsprozesses eigenständig festlegen. Supranationalen Institutionen, wie der Europäischen Kommission, wird nur eine untergeordnete Rolle zugeschrieben. Der Integrationsprozess wird als eine zeitlich begrenzte Vereinbarung zwischen souverän bleibenden Nationalstaaten verstanden. Die Zusammenarbeit ist nur Mittel zum Zweck, um unter den Bedingungen von internationaler Interdependenz, die eine Nachfrage nach internationaler Kooperation schafft, u. a. Transaktionskosten zu reduzieren, Kooperationsgewinne zu erzielen bzw. Nachteile zu vermeiden und damit den eigenen Handlungsspielraum zu erweitern (Brückner 2011,

---

Morgenthau ging von einer anarchischen Struktur des internationalen Systems aus, in dem die Nationalstaaten die einzig wichtigen Akteure sind, rational handeln und vordringlich nach (militärischer) Macht und Sicherheit streben. Weiterentwickelt wurde diese Theorie durch Kenneth Waltz 1979 mit „Theory of International Politics". Darin geht Waltz ebenfalls von einem internationalen System ohne zentralisierte Instanz aus, bestätigt mithin dessen anarchischen Charakter. Im Unterschied zu Morgenthau bestimmen für ihn jedoch nicht Akteure, sondern Strukturen die Ergebnisse von Politik, weshalb Waltz zum Begründer des strukturellen Realismus wurde.

[14] Hoffmann, Stanley: Obstinate or Obsolete: The Fate of the Nation-State and the Case of Western Europe, in: Daedalus 9. Jhg., Heft 3 (1966), S. 826–915.

S. 43). Das hat zur Folge, dass bei Vorliegen eines gemeinsamen Interesses, Integrationserfolge erzielt werden können, die jedoch immer von den Staaten gesteuert und kontrolliert werden. Ein Souveränitätsverlust quasi durch die Hintertür, wie von den Neofunktionalisten angenommen, ist damit ausgeschlossen (Saurugger 2023, S. 445; Schimmelpfennig 2020, S. 6 ff.; Weidenfeld 2020, S. 61). Ein Beispiel hierfür ist die gemeinsame Beschaffung von Impfstoff durch die Europäische Kommission für alle Mitgliedstaaten während der Covid-19-Pandemie, ohne dass nationalstaatliche Kompetenzen an die EU im Bereich der Gesundheitspolitik abgegeben wurden.

Der *liberale Intergouvernementalismus* ist eine von Andrew Moravcik[15] auf der Basis des klassischen Intergouvernementalismus überarbeitete Integrationstheorie. Moravcik übernimmt die Grundannahme von Hoffmann, dass die Staaten die zentralen Akteure sind und Fortschritte im Integrationsprozess Ergebnis zwischenstaatlicher Verhandlungen sind. Weil jedoch die Wirtschaftspolitik zentraler Ankerpunkt der Integration ist bzw. die EU zuvörderst eine Wirtschaftsgemeinschaft darstellt, spielen auch gesellschaftliche Gruppen, die ökonomische Interessen vertreten, eine bedeutende Rolle. So bedeutet „liberal" für Moravcik, dass die innergesellschaftliche Willensbildung in die Analyse des Integrationsprozesses miteinbezogen werden muss (Schwarz 2022, S. 251).

Moravcik entwickelte ein 3-Phasen-Modell, mit dem er das Verhalten der Staaten im Integrationsprozess erklärt: In der ersten Phase werden staatliche Präferenzen in einem innerstaatlichen Aushandlungsprozess zwischen Regierungen und wirtschaftlichen Interessengruppen auf nationaler

---

[15] Moravcik, Andrew: Preferences and Power in the European Communities. A Liberal Intergouvernementalist Approach, in: Journal of Common Market Studies, 31. Jhg., Heft 4 (1993), S. 452–473.

Ebene gebildet, nach Überzeugung von Moravcik sogar von den relevanten wirtschaftlichen Interessengruppen bestimmt. In einer zweiten Phase gehen die Regierungen der Mitgliedstaaten auf Basis der zuvor innerstaatlich ausgehandelten nationalen Interessen in die Verhandlungen auf europäischer Ebene. In einer dritten Phase geben die Staaten Kompetenzen und damit Souveränität an die europäische Ebene ab, damit deren Institutionen die Verhandlungsergebnisse umsetzen und deren Einhaltung kontrollieren und damit letztlich dem Zugriff der Staaten entziehen (Rittberger et al. 2022, S. 11 f.; Saurugger 2023, S. 445; Weidenfeld 2020, S. 65). Als Beispiel kann hier die Schaffung einer gemeinsamen europäischen Währung, des Euro, angeführt werden. Die teilnehmenden Mitgliedstaaten waren bereit, in Erwartung positiver wirtschaftlicher und politischer Effekte einer WWU auf ihre währungs- und wirtschaftspolitische Autonomie zu verzichten (Brückner 2011, S. 44).

Die innerstaatliche Präferenzbildung in der ersten Phase kann jedoch auch zur Integrationsbremse werden. So weisen Niemann and Bergmann (2013, S. 64) darauf hin, dass die Handlungsfreiheit von Regierungen durch den Druck verschiedener nationaler Akteure wie Oppositionsparteien, Interessengruppen und Medien eingeschränkt werden kann. Eine hohe Divergenz der integrationspolitischen Präferenzen auf nationalstaatlicher Ebene kann dazu führen, dass in der zweiten Phase der Verhandlungsspielraum von Regierungen mit den anderen Mitgliedstaaten auf europäischer Ebene gering ist. Der Beschluss von integrationsfördernden Maßnahmen wird somit weitaus weniger wahrscheinlich, weil die Rücksichtnahme auf innenpolitische Hemmnisse oder Wahlen einzelne Regierungen dazu bewegen könnte, ein Veto gegen einstimmig zu fassende Beschlüsse einzulegen oder Verhandlungsergebnisse nur auf der Basis des kleinsten gemeinsamen Nenners zu ermöglichen. Reagiert wurde darauf mit dem vermehrten Übergang zu Mehrheitsentscheidungen.

Der *Neue Intergouvernementalismus* ist eine weitere modifizierte Form des klassischen Intergouvernementalismus. Maßgebliche Vertreter dieser neuen Denkschule sind Christopher J. Bickerton, Dermot Hodson und Uwe Puetter mit ihrem 2015 erschienenen Werk „The New Intergovernmentalism: States and Supranational Actors in the Post-Maastricht Era". Ein zentrales Ergebnis ihrer Studie ist die Erkenntnis, dass sich ein neuer Modus der europäischen Politikgestaltung entwickelt, der den Integrationsprozess und die Schaffung neuer Institutionen auch ohne supranationale Mechanismen vorantreibt. Diese Entwicklung sei seit dem Inkrafttreten des Vertrages von Lissabon zu beobachten. Als zentrales Beispiel für ihre Argumentation führen sie die Euro-Krise 2009 an, die nicht zu einer Stärkung von Supranationalität, sondern zu einer Institutionalisierung von Deliberation, also gemeinsamer Beratschlagung, in den intergouvernementalen Organen Europäischer Rat und Rat und darüber hinaus zu tagespolitischen Entscheidungen der Eurogruppe und dem Rat für Wirtschaft und Finanzen (ECOFIN) geführt hat. Die Zunahme von solch (deliberativ) erzielter Integration ohne Souveränitätsübertragung auf supranationale Institutionen bezeichnen Bickerton et al. als „Integrationsparadox" (Windwehr und Wäschle 2017, S. 301 f.).

Die Euro-Krise ist zwar nach Überzeugung des neuen Intergouvernementalismus exemplarisch für die neue Governance-Struktur der EU, gleichwohl bildet sie nur den Auftakt für das Einsetzen einer Poly-Krise, in der der Europäische Rat und der Rat ihren Einfluss zulasten der supranationalen Akteure, wie der Europäischen Kommission, ausbauen konnten (Rüger 2023, S. 21). Windwehr und

Wäschle (2017, S. 302) fassen den Kern dieser Theorie wie folgt zusammen: „Wenn europäische Lösungen dringend erforderlich sind, aber keine Bereitschaft zur (formalen) Kompetenzübertragung besteht oder diese den nationalen Öffentlichkeiten nicht vermittelbar erscheint, kommt es zu einer Reorganisation der Entscheidungsstrukturen, die maßgeblich durch Exekutivlastigkeit und großen Einfluss nationaler Interessen geprägt wird."

Gegen das Argument der Exekutivlastigkeit der intergouvernementalen Organe und anderer Entscheidungsstrukturen durch die Vertreter des Neuen Intergouvernementalismus wurde vielfach Stellung bezogen. Die Kritik machte sich insbesondere daran fest, dass in den Krisen, die von der EU ab 2009 zu bewältigen waren, die Europäische Kommission als supranationale Institution sowohl in der Wirtschafts- und Finanzpolitik als auch im souveränitätssensiblen Bereich der Sicherheitspolitik durchaus an Statur und Einfluss gewonnen hat (Rüger 2023, S. 21). Zu ergänzen ist dieses Argument durch den Hinweis auf die starke Rolle, welche die Kommission im Rahmen der Bewältigung der Covid-19-Pandenie gespielt hat. Doch nicht nur die Kommission ging durch die Krisen gestärkt hervor. Eine weitere Supranationalisierung erfolgte durch eine Ausweitung von Mehrheitsentscheidungen im Rat und die sukzessive Stärkung des EP (Windwehr und Wäschle 2017, S. 303).

Zusammenfassend lässt sich mit Blick auf die verschiedenen Integrationstheorien Folgendes feststellen: Einerseits konkurrieren die Theorien mit ihren unterschiedlichen Annahmen darum, welche von ihnen Ursachen, Entwicklung und Perspektiven des europäischen Integrationsprozesses besser zu erklären vermag, andererseits sind sie komplementär, also sich wechselseitig ergänzend, weil sich jede Theorie auf die Erklärung einzelner Aspekte der Integration konzentriert (Schimmelpfennig 2020, S. 22). Betrachtet man die jeweiligen Reformverträge (Maastricht, Amsterdam, Nizza, Lissabon) wird erkennbar, dass es in ihrem Rahmen einerseits zur Stärkung von intergouvernementalen Verfahren und Institutionen, andererseits aber auch zum Transfer von Kompetenzen (Spill-over), zur Ausweitung des Mehrheitsprinzips, zur Stärkung des EP und zur schrittweisen Föderalisierung gekommen ist.

Damit kann, wie eingangs in diesem Kapitel bereits erwähnt, keine der Theorien den europäischen Integrationsprozess in seiner Gesamtheit erklären – alle haben Stärken und Schwächen. Der Föderalismus entwirft zwar ein klares Bild, in welche Richtung sich die EU entwickeln soll (Bundesstaat), er liefert jedoch nur wenige Hinweise über Motive und Verlauf des Integrationsprozesses. Der (Neo-)Funktionalismus trifft mit seinem Prinzip des Spill-overs zwar in vielen Fällen die Realität, das (End-)Ziel (Finalität) der Integration bleibt jedoch offen. Der (liberale) Intergouvernementalismus vermag zwar u. a. das Festhalten an der Nicht-Vergemeinschaftung der Außen-, Sicherheits- und Verteidigungspolitik sowie dem Beharren auf Einstimmigkeit bei einigen Politikbereichen gut zu erklären, bietet jedoch kaum Antworten auf die Vertiefung und Erweiterung sowie die Parlamentarisierung der EU. Der Neue Intergouvernementalismus wiederum verkennt zu Unrecht den Kompetenzzuwachs supranationaler Einrichtungen wie der Europäischen Kommission in Zeiten der Poly-Krise der EU.

Zusammenfassung: Integrationstheorien

Föderalismus: eine dauerhafte Friedenssicherung in Europa wird durch einen europäischen Bundesstaat erreicht, der entweder durch einen einmaligen Verfassungssprung oder durch eine schrittweise Föderalisierung geschaffen wird.

Funktionalismus: die Integration mit dem Ziel eines dauerhaften Friedens wird schrittweise durch eine enge technische Kooperation zwischen den europäischen Staaten in funktionalen Teilbereichen erreicht.

Neofunktionalismus: durch funktionale Verknüpfungen in einem Bereich wird eine eigendynamische Integrationsentwicklung ausgelöst, die zur Vergemeinschaftung weiterer Bereiche führt (Spill-over-Prozess).

Klassischer Intergouvernementalismus: die europäische Integration stellt keine eigendynamische Entwicklung dar, sondern sie wird von nationalstaatlichen Interessen dominiert und die Mitgliedstaaten bestimmen die Ziele und behalten die Kontrolle über die Ergebnisse des Integrationsprozesses.

Liberaler Intergouvernementalismus: die Regierungen bleiben die maßgeblichen Akteure des Integrationsprozesses, ihre Präferenzen und ihr Handlungsspielraum für einen Integrationsfortschritt werden jedoch stark durch wirtschaftliche Interessengruppen auf nationaler Ebene beeinflusst.

Neuer Intergouvernementalismus: durch die Poly-Krise der EU ändert sich ihre Governance-Struktur. In den intergouvernementalen Institutionen, wie dem Europäischen Rat und Rat, kommt es verstärkt zur Politikkoordination zwischen den Regierungen, ohne dass es zu einem Zuwachs an Supranationalisierung kommt.

2

Entwicklungsphasen der europäischen Integration

2.1 Europäische Einigungsversuche seit Anfang des 20. Jahrhunderts

Bereits lange vor dem 20. Jahrhundert gab es Ideen und Pläne für ein vereintes Europa (Majer und Höhne 2014; Mittag 2008; Ziegerhofer 2021). Doch erst nach dem Ende des Ersten Weltkrieges, besonders aber nach dem Zweiten Weltkrieg, nahm deren Umsetzung deutlich an Fahrt auf. Die Erfahrungen der beiden verheerenden Kriege führten zu der Einsicht, dass nur durch eine enge Zusammenarbeit der europäischen Staaten die jahrhundertelangen innereuropäischen Konflikte überwunden werden können. Frieden und Sicherheit in Europa mussten, unabhängig von der konkreten Form dieser Zusammenarbeit, das oberste Ziel der europäischen Einigung sein. Weitere Beweggründe für die europäische Einigung beinhalteten den Aufbau einer stabilen und international wettbewerbsfähigen Wirtschaftsordnung mit der Aussicht auf wirtschaftlichen Wohlstand, den Wunsch nach Freiheit und Mobilität, die Zugehörigkeit zu einer werteorientierten Gemeinschaft in einem demokratischen Europa sowie den Aufbau eines europäischen Machtzentrums als Gegenpol zur Sowjetunion (Mittag 2020, S. 30; Schmuck 2020b, S. 11; Weidenfeld 2020, S. 19 f.).

Die treibenden Kräfte hinter den Konzepten für eine europäische Einigung waren herausragende Persönlichkeiten, die oft als Europäische Gründerväter oder Pioniere der europäischen Integration bezeichnet werden. Sie entwickelten Visionen für die europäische Zusammenarbeit, aus denen sich politische Leitbilder formten (Jansen und Mahnke 1981; Duchhardt 2002; Große Hüttmann 2020). Einen entscheidenden Anstoß für Überlegungen zur zukünftigen Gestaltung der europäischen Zusammenarbeit nach dem Ersten Weltkrieg gab *Richard Graf Coudenhove-Kalergi* (1894–1972). Er gründete im Jahr 1922 die Paneuropa-Union. Ein Jahr später (1923) veröffentlichte der sein Buch *Pan-Europa,* dem in der Bewertung von Conze (2018, S. 16) eine „entscheidende Bedeutung für die Geschichte der europäischen Integration" zukommt. Im Jahr 2023 wurde auch das „Paneuropäische Manifest" veröffentlicht, das auf den Inhalten des Buches basiert. Coudenhove-Kalergi zeigte darin drei Katastrophen auf, die auf das politisch und wirtschaftlich zersplitterte Europa zukommen: ein neuer Weltkrieg, die Eroberung durch Sowjetrussland und ein wirtschaftlicher Ruin (zit. in Foerster 1963, S. 226 f.). Um diese Katastrophen abzuwenden, sah Coudenhove-Kalergi nur eine Möglichkeit: die Gründung von Paneuropa.

> **Hintergrund: Paneuropäisches Manifest 1923 (Auszug)**
>
> „Die einzige Rettung vor diesen drei Katastrophen ist: *Paneuropa* (Hervorhebung nicht im Original); der Zusammenschluss aller demokratischen Staaten Kontinentaleuropas zu einer internationalen Gruppe, zu einem politischen und wirtschaftlichen Zweckverband. Die Gefahr des europäischen Vernichtungskrieges kann nur gebannt werden durch einen paneuropäischen Schiedsvertrag; die Gefahr der russischen Herrschaft kann nur gebannt werden durch ein paneuropäisches Defensivbündnis; die Gefahr des wirtschaftlichen Ruins kann nur gebannt werden durch eine paneuropäische Zollunion. Der Schiedsvertrag sichert den Frieden – das Bündnis sichert die Freiheit – die Zollunion sichert die Wirtschaft" (zit. in Foerster 1963, S. 228).

Dem Konzept von Pan-Europa lag ein intergouvernementalistisches[1] Leitbild zugrunde. Coudenhove-Kalergis Vision eines Zusammenschlusses der europäischen Staaten zielte auf einen europäischen Staatenbund ab, inspiriert von dem Modell der Panamerikanischen Union.[2] Die von ihm vorgeschlagene Zollunion zielte darauf ab, die wirtschaftliche Wettbewerbsfähigkeit Paneuropas, insbesondere gegenüber den USA, zu sichern. Das Defensivbündnis sollte Schutz vor Sowjetrussland bieten. Weder Großbritannien noch Sowjetrussland waren als Mitglieder von Paneuropa vorgesehen. Als gleichberechtigte Weltmacht sollte Paneuropa vielmehr zusammen mit Amerika, Großbritannien, Russland und Ostasien einen neuen Völkerbund gründen (Foerster 1963, S. 229).

Coudenhove-Kalergis Ideen und Pläne wurden ganz unterschiedlich eingeordnet. In nationalistischen Kreisen

---

[1] Synonym: unionistisches.
[2] Die Panamerikanische Union wurde 1910 in Washington als Vereinigung von 21 amerikanischen Staaten gegründet und bestand bis 1948. Nachfolgeorganisation wurde die OAS. Zur OAS siehe ausführlich Furtak (2015, S. 209–242).

Europas, insbesondere dort, wo infolge unbefriedigender Ergebnisse des Ersten Weltkrieges revisionistische Ziele verfolgt wurden, wurde der Zukunftsentwurf zumeist abgelehnt – mit Ausnahme von Österreich. In proeuropäischen Kreisen, in denen sein Programm grundsätzlich begrüßt wurde, gab es dennoch die Besorgnis, dass die von Coudenhove-Kalergi vorgeschlagene Regionalisierung zu einer Schwächung des Völkerbundes führen würde. Kritisiert wurde zudem der Ausschluss Großbritanniens und Sowjetrusslands aus Paneuropa (Holl 2002, S. 21 f.).

Sieben Jahre später, im Jahr 1930, konkretisierte Coudenhove-Kalergi seine Ideen im „Entwurf für einen Paneuropäischen Pakt". Dieser hatte die Errichtung der *Vereinigten Staaten von Europa* zum Ziel. Angestrebt wurde ein europäischer Staatenbund, der die volle Souveränität der europäischen Staaten indes unberührt lassen sollte (zit. in Ziegerhofer 2021, S. 43 ff.). Für Coudenhove-Kalergi war ein europäischer Staatenbund indes nur der Startpunkt für eine weitere etappenweise Entwicklung. Als Höhepunkt der europäischen Einigung sah er die Verwirklichung der Vereinigten Staaten von Europa nach amerikanischem Vorbild in Form eines konstitutionellen Bundesstaates an. Nach Ende des Zweiten Weltkrieges rückte diese föderale Ordnung Europas immer mehr in den Fokus seiner Überlegungen. Er hielt eine solche Ordnung prinzipiell für möglich, wenn auch nicht in naher Zukunft (Schöndube 1981, S. 43).

Der erste amtierende Politiker, der konkrete Pläne für ein geeintes Europa vorstellte, war der französische Außenminister *Aristide Briand* (1862–1932). Er hatte 1927 die Ehrenpräsidentschaft der von Coudenhove-Kalergi gegründeten Paneuropa-Union übernommen. Am 05. September 1929 schlug Briand, der zu dieser Zeit sowohl Außen- als auch Premierminister Frankreichs war, in einer Rede vor dem Völkerbund eine Art *föderales Band* zwischen den europäischen Staaten vor. Dieses Modell sollte es den Staaten ermöglichen, sich über ihre wechselseitigen Interessen auszutauschen und gemeinsame Entscheidungen zu treffen (Mittag 2008, S. 44). Briands Vorschlag beruhte nicht nur auf der Überzeugung, dass eine institutionalisierte, auf Regeln basierende, enge europäischen Zusammenarbeit notwendig ist. Vielmehr ging es ihm nach dem Ende des Ersten Weltkrieges vordringlich um die Eindämmung Deutschlands, dessen wirtschaftliches Wiedererstarken und aufkommenden Revanchismus er fürchtete (Brunn 2020, S. 23).

Die Idee einer Art föderativen Verbindung zwischen den europäischen Staaten stieß auf eine große Resonanz, weshalb Briand von den europäischen Mitgliedern des Völkerbundes beauftragt wurde, ein Memorandum über die europäische Einigung auszuarbeiten. Im Mai 1930 wurde das Memorandum „L'organisation d'un régime d'union fédérale européenne" den 27 europäischen Regierungen zugeleitet (Schumann 1981, S. 84 f.). In dieser *Denkschrift über die Errichtung einer Europäischen Union*, dem ersten offiziellen Dokument für eine dauerhafte europäische Zusammenarbeit, sprach sich Briand für eine europäische Bundesorganisation bzw. für ein Bundesverhältnis im Einklang mit dem Völkerbund aus (zit. in Foerster 1963, S. 238). Die regelmäßigen Treffen der Regierungen, um gemeinsame Anliegen zu besprechen und Beschlüsse zu fassen, sollten im Rahmen einer Europäischen Konferenz mit Sekretariat und Ausschuss stattfinden (Meyer und Höhne 2014, S. 149).

Im Blick auf die künftige wirtschaftliche Kooperation favorisierte Briand die Erarbeitung einer gemeinsamen Zollpolitik und die Schaffung eines gemeinsamen Marktes. Beides war dem Ziel der nachhaltigen Friedenssicherung untergeordnet. In politischer Hinsicht sollte die Zusammenarbeit der europäischen Staaten „auf der Grundlage des Gedankens der Einigung, nicht der Einheit" (zit. in Foerster 1963, S. 242) aufgebaut sein:

> **Hintergrund: Denkschrift über die Errichtung einer Europäischen Union 1930 (Auszug)**
> „Endlich muss die uns vorliegende Frage mit aller Deutlichkeit dem leitenden Gedanken unterstellt werden, daß die Einführung eines erstrebten Bundesverhältnisses zwischen europäischen Regierungen keinesfalls und in keinem Maße irgendwie eins der souveränen Rechte beeinträchtigen kann, das den Mitgliedstaaten eines solchen Verbandes zusteht. Die Verständigung zwischen europäischen Staaten muss auf dem Boden *unbedingter Souveränität und völliger politischer Unabhängigkeit* (Hervorhebung nicht im Original) erfolgen" (zit. in Foerster 1963, S. 239 f.).

Mit der Forderung nach Beibehaltung von Souveränität und Unabhängigkeit der europäischen Staaten wollte Briand auf den weitverbreiteten Nationalismus in Europa Rücksicht nehmen und sprach sich deshalb letztlich, ebenso wie Coudenhove-Kalergi 1923 und 1930, für die Schaffung eines europäischen Staatenbundes aus (Majer und Höhne 2014, S. 150).

Briands Pläne für eine europäische Einigung scheiterten indes insbesondere an der Ablehnung durch Großbritannien und Deutschland. Die Briten wollten keine eigenständige, regionale europäische Organisation im Rahmen des Völkerbundes. Deutschland sperrte sich aufgrund der ab 1929 heraufziehenden Weltwirtschaftskrise gegen eine zu enge wirtschaftliche Verflechtung in Europa. Hinzu kam, dass der langjährige deutsche Außenminister Gustav Stresemann, mit dem Briand eng zusammengearbeitet und der seine Pläne unterstützt hatte, im Oktober 1929 verstorben war (Majer und Höhne 2014, S. 150 f.; Schumann 1981, S. 88 ff.).

Mit der Machtübernahme der Nationalsozialisten in Deutschland 1933, dem Erstarken des Nationalismus in Europa und dem Ausbruch des Zweiten Weltkrieges, wurden Pläne für ein vereintes Europa von der politischen Tagesordnung weggewischt. Pro-europäische Organisationen, wie die Paneuropa-Union, wurden im Dritten Reich verboten, jegliche öffentlichen pro-europäischen Debatten bereits im Keim erstickt. Dennoch erwuchsen im Widerstand und im Exil in Anbetracht der schrecklichen Folgen des Krieges, die noch weitaus verheerender ausfielen als im Ersten Weltkrieg, neue Konzepte für ein geeintes Europa in Frieden und Freiheit.

Das wohl bekannteste Konzept stellt das vom antifaschistischen Aktivisten *Altiero Spinelli* (1907–1986) zusammen mit Ernesto Rossi und Eugenio Colorni 1941 in Gefangenschaft auf der italienischen Insel Ventotene verfasste Manifest „Per un' Europa libera e unita" dar. In dem auch als *Manifest von Ventotene* bekannten Schriftstück[3] machten die Autoren weitreichende Vorschläge für ein freies und vereinigtes Europa, die teilweise sogar noch über das hinausgingen, was in der heutigen EU bislang erreicht wurde. Im Angesicht der zerstörerischen Kraft des Zweiten Weltkrieges forderten sie, die Idee der Nation und des daraus zwangsläufig resultierenden Nationalismus, der die Ursache permanenter Expansionsbestrebungen und Kriege darstellte, zu überwinden.

Hintergrund: Manifest von Ventotene 1941 (Auszug)

„Die erste Aufgabe, die angepackt werden muss und ohne deren Lösung jeglicher Fortschritt auf dem Papier bleibt, ist die *endgültige Beseitigung der Grenzen, die Europa in souveräne Staaten aufteilen* (Hervorhebung nicht im Original). Die Tatsache, dass ein großer Teil der europäischen Staaten von der deutschen Walze erfasst worden ist, hat ihr Geschick bereits zu einem gemeinsamen gemacht. Entweder geraten sie alle unter das Hitlerregime, oder aber - falls dieses fällt - in eine revolutionäre Krise, die ein Erstarren in aufgeteilte staatliche Strukturen nicht zulässt. Schon heute sind sie weit mehr als früher einer föderalistischen Reorganisation Europas zugänglich" (zit. in Charbonneaux 2019, S. 69).

---

[3] Einer Erzählung zufolge soll das auf Zigarettenpapier geschriebene Manifest im Bauch eines Brathähnchens von Ursula Hirschmann, der Ehefrau von Eugenio Colorni, auf das italienische Festland geschmuggelt und dort verbreitet worden sein.

Das Prinzip der Nichteinmischung, „wonach es jedem Volk freigestellt sein soll, sich nach Belieben eine despotische Regierung zu geben" (zit. in Charbonneaux 2019, S. 71), sollte nach Überzeugung Spinellis und seiner Mitstreiter verworfen werden. Denn, so die (insbesondere vor dem Hintergrund aktueller Diskussionen über Demokratie und Rechtsstaatlichkeit in Europa) bemerkenswerte Begründung: „Als ob die innere Verfassung eines Staates nicht von vitaler Bedeutung für alle anderen europäischen Länder wäre!" (ebd.).

Den Völkerbund sahen Spinelli und seine Mitstreiter sehr kritisch. Während er für Coudenhove-Kalergi erneuerungsbedürftig und für Briand erhaltungswürdig war, sahen sie dessen „Nutzlosigkeit, ja Gefährlichkeit" (ebd., S. 69) als erwiesen an, weil er aufgrund des von ihm postulierten Nichteinmischungs- und Souveränitätsprinzips den Zweiten Weltkrieg nicht hatte verhindern können.

Im Hinblick auf die künftige europäische Zusammenarbeit und der damit einhergehenden politischen Organisationsform ließ das Manifest an Klarheit nichts zu wünschen übrig. Der Weg zur europäischen Einheit wurde sogar als revolutionärer Akt begriffen. Gefordert wurde nicht weniger als die Gründung einer europäischen Föderation und einer europäischen Armee: „Es gilt einen *Bundesstaat* (Hervorhebung nicht im Original) zu schaffen, der auf festen Füßen steht und anstelle nationaler Heere über eine europäische Streitmacht verfügt" (ebd., S. 75). Gleichzeitig war jedoch nicht beabsichtigt, die Einzelstaaten abzuschaffen, sondern ihnen sollte „jene Autonomie belassen werden, die eine flexible Gliederung und die Entwicklung eines politischen Lebens gemäß den besonderen Wesensmerkmalen der verschiedenen Völker gestattet" (ebd.).

Auch im Hinblick auf die wirtschaftliche Zusammenarbeit in Europa wurden im Manifest weitreichende Forderungen artikuliert, so. z. B. die Abschaffung der wirtschaftlichen Autarkien der Mitgliedstaaten, „weil sie das Rückgrat der totalitären Regime bilden" (ebd.). In diesem Zusammenhang enthielt das Manifest Gedankenansätze zur Verstaatlichung bestimmter Wirtschaftszweige, wie z. B. Stromerzeugung, Banken, Schwer- und Rüstungsindustrie.

Spinelli gilt mit seiner Forderung nach der Herausbildung eines europäischen Bundesstaates als Begründer des klassischen europäischen Föderalismus (Große Hüttmann und Fischer 2012, S. 47). Zeit seines Lebens setzte er sich für dessen Verwirklichung in Europa ein. 1970 wurde er Mitglied der Europäischen Kommission, 1976 des EP.

Nach Ende des Zweiten Weltkrieges, der rund 50 Mio. Menschen das Leben gekostet hatte, gab es ein großes Bedürfnis, kriegerische Auseinandersetzungen hinter sich zu lassen und zu einem friedlichen Zusammenleben der Völker Europas zu finden (Adam und Meyer 2016, S. 22). Als erster Politiker von Rang und Namen skizzierte der ehemalige britische Premierminister *Winston Churchill* (1874–1965) seine Idee von der künftigen Zusammenarbeit der europäischen Staaten. Nach der Wahlniederlage seiner Konservativen Partei im Juli 1945, worauf ihm der Labour-Politiker Clement Attlee im Amt des Premierministers folgte, setzte er sich als Oppositionsführer für eine deutsch-französische Aussöhnung ein und machte sich auf seinen Reisen für einen geeinten europäischen Kontinent stark. In einer aufsehenerregenden Rede in Fulton (Missouri) zeichnet er das düstere Bild eines „Eisernen Vorhanges" zwischen Ost und West und der drohenden Gefahr einer sowjetischen Expansion (Loth 2020, S. 11). Seine *Europa-Rede* vor Studierenden an der Universität Zürich am 19. September 1946 markierte den Ausgangspunkt für die Herausbildung zahlreicher Initiativen für eine europäische Einigung.

> **Hintergrund: Europa-Rede von Winston Churchill 1946 in Zürich (Auszug)**
>
> „Doch gibt es ein Heilmittel, das, allenthalben und aus freien Stücken angewandt, wie durch ein Wunder die ganze Szene verwandeln und innerhalb weniger Jahre ganz Europa, oder wenigstens dessen größeren Teil, ebenso frei und glücklich machen könnte, wie es die Schweiz heute ist. Worin besteht dieses Allheilmittel? Darin, dass man die europäische Familie, oder doch einen möglichst großen Teil davon, wiederaufrichtet und ihr eine Ordnung gibt unter der sie in Frieden, Sicherheit und Freiheit leben kann. *Wir müssen eine Art Vereinigte Staaten von Europa schaffen* (Hervorhebung nicht im Original). (…). Große Vorarbeit ist in dieser Hinsicht durch die Anstrengungen der Paneuropa-Union geleistet worden, die dem Grafen Coudenhove-Kalergi so viel zu verdanken hat und die Unterstützung des berühmten französischen Patrioten und Staatsmannes Aristide Briand fand. (…) Ich möchte jetzt etwas sagen, was Sie in Erstaunen setzen wird. Der erste Schritt zur Neubildung der europäischen Familie muss eine Partnerschaft Deutschlands und Frankreichs sein. (…) Es wird keine Erneuerung Europas geben ohne ein geistig großes Frankreich und ein geistig großes Deutschland (…) Wenn wir die Vereinigten Staaten von Europa schaffen wollen, oder wie sie auch immer heißen, welche Form sie auch immer annehmen mögen, dann müssen wir jetzt beginnen. (…) Als erster Schritt dahin muss ein Europarat gegründet werden" (zit. in Foerster 1963, S. 253 ff.).

Churchills Idee im Hinblick auf die Form der künftigen europäischen Zusammenarbeit orientierte sich an den Konzepten von Coudenhove-Kalergi und von Briand. Er favorisierte nicht die Schaffung der Vereinigten Staaten von Europa, also eines europäischen Bundesstaates nach dem Vorbild der USA, sondern eben nur eine Art Vereinigte Staaten von Europa. Damit gab er, wenn auch etwas verklausuliert, zum Ausdruck, dass die europäischen Staaten sich zu einem Staatenbund zusammenschließen sollten, was ja dann auch der späteren Organisationsform des von Churchill in seiner Europa-Rede geforderten Europarates entsprach (Mittag 2008, S. 62). Großbritannien selbst sah er nicht als Mitglied des europäischen Einigungswerkes, seine Rolle beschrieb

Churchill wie folgt: „Großbritannien, das British Commonwealth of Nations, das mächtige Amerika und, ich hoffe es zuversichtlich, Sowjetrussland (…) müssen die Freunde und Förderer des neuen Europa sein und für sein Recht auf Leben und Wohlstand eintreten" (zit. in Foerster 1963, S. 257).

Als Reaktion auf Churchills Rede bildeten sich zwei Lager: die Föderalisten und die Unionisten. Im Dezember 1946 gründeten die Anhänger der föderalistischen Idee die „Europäische Union der Föderalisten" (Union Européenne des Fédéralists – UEF) als Dachverband für die nationalen föderalistischen Vereinigungen. Die *Föderalisten*, deren geistiger Urheber insbesondere Spinelli mit dem Manifest von Ventotene war, orientierten sich am Vorbild der Vereinigten Staaten von Amerika und favorisierten deshalb einen europäischen Bundesstaat. Wie Tab. 2.1 zeigt, beruhte ihre Idee auf der Vorstellung einer Vereinigung souveräner Nationalstaaten, deren Mitglieder unter Wahrung des Subsidiaritätsprinzips im Wege einer supranationalen Zusammenarbeit politische, wirtschaftliche und militärische Souveränitätsrechte auf gemeinsame

Tab. 2.1 Leitbilder der europäischen Integration

Leitbilder	Föderalistisch	Intergouvernementalistisch
Vorbild	USA	-
Ziel	Europäischer Bundesstaat	Europäischer Staatenbund
Organisation	Übertragung politischer, wirtschaftlicher und militärischer Kompetenzen unter Wahrung des Subsidiaritätsprinzips	Souveränität der Mitgliedstaaten bleibt weitestgehend unberührt
Grundlage der Kooperation	Europäische Verfassung	Abkommen und Vereinbarungen bzw. völkerrechtliche Verträge

Quelle: Eigene Darstellung auf der Basis von Mittag (2008, S. 60)

Organe, wie eine gewählte Regierung, ein Parlament sowie einen Gerichtshof, übertragen. Die Legitimation sollte der Bundesstaat durch eine vom Volk verabschiedete europäische Verfassung erhalten (Mittag 2008, S. 60).

Im Gegenzug gründeten die *Unionisten* unter Führung von Churchill und dessen Schwiegersohn Duncan Sandys im Mai 1947 mit dem „United Europe Movement" (UEM) eine europäische Bewegung, die sich für einen europäischen Staatenbund aussprach, in dem die Souveränität der Nationalstaaten weitgehend unangetastet bleibt. Tab. 2.1 verdeutlicht, dass die Unionisten bzw. Intergouvernementalisten eine enge zwischenstaatliche Zusammenarbeit der nationalen Regierungen in politischer und wirtschaftlicher Hinsicht anstrebten, die auf Abkommen und Vereinbarungen bzw. völkerrechtlichen Verträgen und nicht auf einer gemeinsamen Verfassung basiert (Mittag 2008, S. 60; Schmuck 2020b, S. 14 ff.). Letztlich stellte sich Churchill das vereinigte Europa als ein Gebilde vor, in dem die Völker Menschenrechte und Demokratie genießen können. Die Abschaffung der bestehenden Ordnung mit der weitgehenden Entmachtung der Nationalstaaten kam für ihn bzw. die Unionisten nicht in Frage (Brunn 2020, S. 55; Robbins 2002, S. 163).

Auf dem *Haager Kongress* vom 07.–10. Mai 1948, an dem 722 Delegierte, darunter der spätere französische Präsident Mitterand und der spätere deutsche Bundeskanzler Adenauer, teilnahmen, vereinbarten Föderalisten und Unionisten trotz ihrer unterschiedlichen Konzeptionen im Hinblick auf „die Frage des Souveränitätsverzichtes der nationalen zu Gunsten der europäischen Ebene" (Weidenfeld 2020, S. 69) eine enge Zusammenarbeit. Beide einte das gemeinsame Ziel, dauerhaft Frieden auf dem europäischen Kontinent zu schaffen. Am 25. Oktober 1948 einigte man sich schließlich auf Initiative von Duncan Sandys darauf, die unterschiedlichen Europa-Verbände unter dem Dach einer gemeinsamen „Europäischen Bewegung" zusammenzufassen (Loth 2020, S. 25).

Nach dem Haager Kongress wurden verschiedene Formen einer europäischen Zusammenarbeit diskutiert. Während sich Frankreich dafür aussprach, dass die Parlamentarier der Mitgliedstaaten als Keimzelle eines föderativen Europas Entscheidungsvollmachten haben sollten, drängte Großbritannien darauf, dass die Entscheidungsbefugnis bei einem Ministerrat und damit bei den Regierungen verbleibt – einer Abgabe von nationalstaatlichen Kompetenzen erteilte es eine klare Absage (Ziegerhofer 2021, S. 87).

Letztlich konnten sich Großbritannien sowie die skandinavischen Staaten insbesondere gegen Widerstände Frankreichs durchsetzen. Am 05. Mai 1949 kam es auf britischen Vorschlag zur Gründung eines Europarates mit einer Beratenden Versammlung als Vertretung nationaler Parlamentarier und einem Ministerrat als Staatenvertretung. Der aus zehn Mitgliedstaaten bestehende *Europarat* war die erste europäische Organisation der Nachkriegszeit und war ganz nach den Vorstellungen Churchills und der Unionisten eine intergouvernementale Organisation, also ein europäischer Staatenbund ohne Abgabe von Souveränitätsrechten seiner Mitglieder (Brunn 2020, S. 62 ff.; Burkard 2021, S. 8 f.; Mittag 2008, S. 69 ff.).

> **Infobox: Europarat**
>
> Der Europarat besteht gegenwärtig aus 46 Mitgliedstaaten[4] und setzt sich für Demokratie, Rechtsstaatlichkeit und Menschenrechte in Europa ein. Bekannt ist er für seine operative Rolle im Bereich der Wahlbeobachtung. Seine 170 Konventionen und Abkommen, darunter die vom Europäischen Gerichtshof für Menschenrechte (EGMR) überwachte Europäische Menschenrechtskonvention (EMRK) von 1950, sind rechtlich verbindlich. Die Organe des Europarates sind das Ministerkomitee und die Parlamentarische Versammlung, deren Mit-

---

[4] Russland wurde am 16. März 2022 wegen des Überfalls auf die Ukraine als Mitglied ausgeschlossen.

> glieder von den nationalen Parlamenten ernannt werden. Beide haben, wie der EGMR, ihren Sitz in Straßburg. Der Europarat ist eine eigenständige intergouvernementale Organisation, nicht zu verwechseln mit der EU bzw. den Institutionen der EU.[5]

In der Literatur wird die Bedeutung der vorgestellten Persönlichkeiten für die europäische Integration wie folgt eingeschätzt: *Coudenhove-Kalergi* (Paneuropäisches Manifest 1923) gilt „zu Recht als ein wichtiger Wegbereiter und Vordenker der europäischen Integration" (Große Hüttmann 2020, S. 55). *Briand* (Denkschrift über die Errichtung einer Europäischen Union 1930) „war die dominierende Figur unter den Staatsmännern, die nach dem Ersten Weltkrieg für einen friedlichen und dauerhaften Interessenausgleich zwischen den Staaten eintraten" (Schumann 1981, S. 91 f.). *Spinellis* Manifest von Ventotene 1941 zählt „zu den wichtigsten Grundlagentexten der europäischen Einigung im 20. Jahrhundert" (Mittag 2008, S. 45 f.). *Churchills* Reden (insbesondere die Europa-Rede 1946 in Zürich) bleiben „zu Recht in Erinnerung als Beweis für eine Inspiration, die dazu beitrug, die Integration Europas voranzubringen (…)" (Morgan 1981, S. 135).

> **Zusammenfassung: Leitbilder und Pioniere der europäischen Integration**
>
> Die europäischen Gründungsväter bzw. Pioniere der europäischen Integration hatten sowohl gemeinsame als auch unterschiedliche Ansichten über die politische Gestalt eines vereinten Europas bzw. die Form der europäischen politischen Zusammenarbeit. Doch gleichwohl welches Leitbild

---

[5] Ausführlich zum Europarat siehe Furtak (2015, S. 243–270).

sie favorisierten, den Wunsch nach einem dauerhaften europäischen Frieden teilten sie alle. Während die Befürworter eines europäischen Staatenbundes eine intergouvernementale Zusammenarbeit der Regierungen unter Wahrung der nationalstaatlichen Souveränität und des Einstimmigkeitsprinzips befürworteten (Churchill und – mit einigen Abstrichen – Briand), sprachen sich die Anhänger der föderalistischen Idee, also eines europäischen Bundesstaates (allen voran Spinelli), für die Übertragung nationalstaatlicher Souveränitätsrechte auf gemeinschaftliche Institutionen und damit für eine supranationale Zusammenarbeit aus.

Coudenhove-Kalergi ist nicht ganz so eindeutig zu verorten, weil er mit der Veröffentlichung von Pan-Europa 1923 zunächst einen europäischen Staatenbund favorisierte und erst nach dem Zweiten Weltkrieg die Vorteile eines europäischen Bundesstaates propagierte. Darüber hinaus verwandte er „wahlweise und ständig wechselnd die Begriffe Konföderation, Föderation, Bund, Staatenbund, Union, Vereinigte Staaten von Europa oder Paneuropa" (Conze 2018, S. 17 f.), womit er über die Jahre hinweg in seinen Schriften sein Schwanken zwischen einem Staatenbund und einem Bundesstaat für das vereinte Europa dokumentierte.

2.2 Gründung der Europäischen Gemeinschaften[6]

Am 17. März 1948 unterzeichneten Frankreich, Großbritannien und die Beneluxländer den *Brüsseler Pakt* (Westunion) zur militärischen, sozialen und kulturellen Zusammenarbeit. Dies geschah vor dem Hintergrund einer verschärften sicherheitspolitischen Lage durch sowjetische Aktivitäten zwischen 1947 und 1949, wie die Unterstützung der Kommunisten in Griechenland beim Versuch die Monarchie zu stürzen, die Unterstützung der Machtübernahme durch die Kommunisten

---

[6] Die Ausführungen in den Abschn. 2.2 bis einschließlich 2.4 stammen zum Teil aus Furtak (2015, S. 153–164).

in der Tschechoslowakei und insbesondere die Blockade der Westsektoren Berlins durch sowjetische Truppen am 24. Juni 1948. Aus dem Brüsseler Pakt, erweitert durch die Bundesrepublik Deutschland und Italien, ging im Jahre 1954 die *Westeuropäische Union* (WEU) hervor.

Im April 1948 einigten sich 17 westeuropäische Staaten auf einen Vertrag zur Gründung der *OEEC* (Organization for European Economic Cooperation – Organisation für Wirtschaftliche Zusammenarbeit in Europa) mit dem Ziel, den wirtschaftlichen Wiederaufbau Europas voranzubringen.[7]

Der Brüsseler Pakt von 1948 stellte indes nach Überzeugung der Westeuropäer keinen wirksamen (militärischen) Schutz gegen eine potenzielle Aggression der Sowjetunion dar. Die USA, die sich nicht nur wirtschaftlich und sozial in Europa engagieren wollten, sondern auch militärisch, griffen diese Besorgnis auf. Auf ihre Initiative hin – vorausgegangen war ein Beschluss des Senats, der den Weg für Verhandlungen der USA zum Abschluss von militärischen Beistandsverpflichtungen in Friedenszeiten ebnete – fanden entsprechende Verhandlungen statt, die in die Gründung des Nordatlantikpaktes (North Atlantic Treaty Organization – *NATO*) am 04. April 1949 mündete, dem neben den USA und Kanada zehn europäische Staaten beitraten (Furtak 2015, S. 271 f.; Giegerich 2012, S. 10 f.; Ziegerhofer 2021, S. 81 f.).

2.2.1 Schuman-Plan/Gründung der EGKS

Ende der 1940er-Jahre kämpften die europäischen Staaten noch immer mit den verheerenden Folgen des erst 1945 beendeten Zweiten Weltkrieges. Frankreich, das ein Anhänger

---

[7] 1961 wurde aus der OEEC die OECD – Organization for European Cooperation and Development: Organisation für wirtschaftliche Zusammenarbeit und Entwicklung in Europa.

der föderalistischen Europa-Idee gewesen war, konnte sich bei der Ausrichtung des im Mai 1949 gegründeten Europarates gegenüber Großbritannien, wie bereits ausgeführt, nicht durchsetzen. Doch rund ein Jahr später, am 09. Mai 1950, präsentierte der französische Außenminister Robert Schuman in einer Regierungserklärung seinen (eigentlich auf Jean Monnet, dem Leiter des französischen Planungsamts zurückgehenden) Plan für die Gründung einer *Europäischen Gemeinschaft für Kohle und Stahl* (EGKS). Die Rede Schumans wird heute als Geburtsstunde der EU angesehen, die am 09. Mai als Europatag gefeiert wird. Die von Schuman vorgeschlagene EGKS „weist, wenn auch zunächst nur für ein begrenztes Politikfeld, föderale Elemente auf und bildet die ‚erste Etappe' einer künftigen europäischen Föderation" (Burkard 2021, S. 12).

Hintergrund: Schuman-Plan vom 09. Mai 1950 (Auszug)

„Die französische Regierung schlägt vor, die Gesamtheit der französisch-deutschen Kohle- und Stahlproduktion einer *gemeinsamen Hohen Behörde* (Hervorhebung nicht im Original) zu unterstellen, in einer Organisation, die den anderen europäischen Ländern zum Beitritt offensteht. Die Zusammenlegung der Kohle- und Stahlproduktion wird sofort die Schaffung gemeinsamer Grundlagen für die wirtschaftliche Entwicklung sichern – die erste Etappe der *europäischen Föderation* (Hervorhebung nicht im Original) – und die Bestimmung jener Gebiete ändern, die lange Zeit der Herstellung von Waffen gewidmet waren, deren sicherste Opfer sie gewesen sind. Die Solidarität der Produktion, die so geschaffen wird, wird bekunden, dass jeder Krieg zwischen Frankreich und Deutschland nicht nur undenkbar, sondern materiell unmöglich ist. (…) Durch die Zusammenlegung der Grundindustrien und die Errichtung einer neuen Hohen Behörde, deren Entscheidungen für Frankreich, Deutschland und die anderen teilnehmenden Länder *bindend* (Hervorhebung nicht im Original) sein werden, wird dieser Vorschlag den ersten Grundstein einer europäischen Föderation bilden, die zur Bewahrung des Friedens unerlässlich ist" (zit. in Ziegerhofer 2021, S. 104).

Schumans Plan sah vor, die gesamte Kohle- und Stahlproduktion in Deutschland und Frankreich, und damit die für den wirtschaftlichen Wiederaufbau sowie für die Rüstungsindustrie wichtigen Sektoren der Kontrolle und Planung, einer gemeinsamen obersten Aufsichtsbehörde zu unterstellen. Die Motive Frankreichs für diesen weitreichenden Vorschlag waren facettenreich: Deutschland, das über eine große Kohle- und Stahlproduktion verfügte, sollte die Möglichkeit zur Wiederaufrüstung und zum Aufbau einer neuen Militärmacht genommen werden. Darüber hinaus sollte Deutschland als gleichberechtigtes Mitglied in den europäischen Integrationsprozess eingebunden und schließlich die Erbfeindschaft zwischen Frankreich und Deutschland, die zu drei Kriegen (1870/1871, 1914–1918, 1939–1945) geführt hatte, überwunden werden (Brunn 2020, S. 70 f.; Mittag 2008, S. 56 f.). Schuman und Monnet verbanden mit ihrem Plan eine „Instrumentalisierung der Europapolitik für nationale Zwecke" (Brunn 2020, S. 75 f.), oder anders formuliert: „Er war eine Fortsetzung der nationalen Politik mit europäischen Mitteln" (ebd., S. 76). Zum politischen Inhalt des Schuman-Plans vermerkte Monnet in seinen Memoiren: „Dieser Vorschlag hat eine wesentliche politische Bedeutung: in die Wälle der nationalen Souveränität eine Bresche zu schlagen, die so begrenzt ist, dass sie die Zustimmung erlangen kann, aber tief genug, um die Staaten zu der für den Frieden notwendigen Einheit zu bewegen" (Monnet 1978, S. 378).

Deutschland versprach sich durch den Beitritt zur EGKS u. a. ein Ende der Isolation und damit verbunden eine Rückgewinnung von Vertrauen, internationaler Akzeptanz und Handlungsfähigkeit, die Möglichkeit, die Sonderkontrollen über das Ruhrgebiet abzuschaffen[8] und den Aufbau einer

---

[8] Das Ruhrgebiet stand unter Kontrolle der Internationalen Ruhrbehörde. Durch den EGKS-Vertrag sollte die Ruhrbehörde aufgelöst werden und alle Beschränkungen der Alliierten für die westdeutsche Produktion von Kohle und Stahl entfallen.

deutsch-französischen Verständigung (Brunn 2020, S. 79). Der EGKS-Vertrag war damit eine Win-win-Situation für beide Länder oder in den Worten von Brunn (2020, S. 15): „Die Montanunion diente Frankreich dazu, die Bundesrepublik Deutschland, speziell deren Schwerindustrie, zu kontrollieren, und der Bundesrepublik diente sie als Einlasskarte in die westeuropäische Staatengemeinschaft."

Großbritannien hingegen blieb seiner anti-föderalistischen Linie treu und lehnte den Schuman-Plan ab, nachdem es vorab vergeblich versucht hatte, die supranationalen Elemente der EGKS zu verhindern und sie eher nach dem intergouvernementalen Vorbild des Europarates zu entwickeln (Brunn 2020, S. 80; Loth 2020, S. 37; Weidenfeld 2020, S. 71). Das Ende des Europa-Engagements von Großbritannien bedeutete gleichzeitig die Übernahme der Führungsrolle im europäischen Integrationsprozess durch Frankreich (Ziegerhofer 2021, S. 103).

Mit dem Schuman-Plan wurde einer der prägendsten Begriffe des europäischen Einigungsprozesses in die politische Diskussion eingeführt: Die *Monnet-Methode* (auch Gemeinschaftsmethode genannt). Sie beinhaltete eine Methode der kleinen Schritte, d. h. die europäische Einigung sollte nicht mit einem, wie von den Föderalisten bevorzugt, einmaligen Verfassungssprung ein klar definiertes Endziel der Integration erreichen, sondern sollte, nach den Vorstellungen der Neofunktionalisten, langsam in inkrementeller, funktionalistischer, technischer und wirtschaftlich-bürokratischer Weise voranschreiten und den Integrationsprozess über die Zeit hinweg auf nicht-wirtschaftliche Sachbereiche ausdehnen (ebd.).

Auch Italien, Belgien, die Niederlande und Luxemburg signalisierten Zustimmung zur Gründung einer EGKS. Am 20. Juni 1950 wurden diesbezügliche Gespräche aufgenommen, die am 18. April 1951 in eine Vertragsunterzeichnung mündeten. Nach der Ratifizierung durch die sechs Gründungsstaaten trat der EGKS-Vertrag am 23. Juli 1952 in Kraft. Er sah die Schaffung von vier Behörden vor: einer Hohen Behörde (Vorläufer der heutigen Europäischen Kommission) mit weitgehenden Regelungs- und Entscheidungsbefugnissen in Bezug auf beide Sektoren, eines Ministerrats (Vorläufer des heutigen Rates der EU) als Kontrollorgan, einer Gemeinsamen Versammlung (Vorläufer des heutigen EP) als Beratungs- und begrenztes Kontrollorgan sowie eines Gerichtshofs (Vorläufer des heutigen Europäischen Gerichtshofs – EuGH) zur Klärung juristischer Fragen (Adam und Meyer 2016, S. 28; Tömmel 2014, S. 37). Mit der auch als *Montanunion* bezeichneten EGKS wurden erstmals – wenn auch nur auf die Bereiche Kohle und Stahl beschränkt – nationale Souveränitätsrechte auf eine supranationale Behörde übertragen.

Ein weiterer integrationspolitischer Schritt wurde indes abgelehnt: Auf französische Initiative unterzeichneten die sechs EGKS-Mitglieder am 27. Mai 1952 einen Vertrag zur Gründung einer *Europäischen Verteidigungsgemeinschaft* (EVG) mit dem Ziel der späteren Schaffung einer Europäischen Politischen Zusammenarbeit (EPZ). Nachdem es jedoch die französische Nationalversammlung am 30. August 1954 ablehnte, sich mit der Ratifizierung des EVG-Vertrages zu befassen, war nicht nur die EVG gescheitert, sondern auch der EPZ die Grundlage entzogen (Bieber et al. 2023, S. 41, Rn. 15; Ziegerhofer 2021, S. 112 f.).

2.2.2 Gründung der EWG/EAG

Mit der Gründung der EGKS beschleunigte sich der weitere Integrationsverlauf. Die Konferenz von Messina vom 01. bis 03. Juni 1955 machte den Auftakt für weitere Beratungen und Annäherungen zwischen den sechs EGKS-Partnern im Hinblick auf die Schaffung u. a. eines gemeinsamen Marktes und die friedliche Nutzung der Kernenergie (Brunn 2020, S. 106; Ziegerhofer 2021, S. 117 f.). Schließlich wurden in

Rom am 25. März 1957 die Verträge zur Gründung einer *Europäischen Wirtschaftsgemeinschaft* (EWG) und einer *Europäischen Atomgemeinschaft* (Euratom, auch EAG abgekürzt) unterzeichnet.

Der EWG-Vertrag sah die Errichtung eines gemeinsamen Marktes, die schrittweise Annäherung der Wirtschaftspolitiken der Mitgliedstaaten sowie die Abschaffung der Zölle und mengenmäßigen Beschränkungen bei der innereuropäischen Ein- und Ausfuhr von Waren vor. De facto wurde eine Zollunion, ergänzt durch einen gemeinsamen Außenzoll, geschaffen. Darüber hinaus enthielt der EWG-Vertrag Festlegungen hinsichtlich der Schaffung eines gemeinsamen Marktes mit freiem Personen-, Dienstleistungs- und Kapitalverkehr (der Binnenmarkt mit den sogenannten Grundfreiheiten trat jedoch erst 1993 in Kraft).

Ziel des EAG-Vertrags war die zivile Nutzung der Atomenergie, die als unentbehrlich für die Entwicklung und Belebung der Wirtschaft angesehen wurde. Beide – auch als *Römische Verträge* bezeichneten – Abkommen traten am 01. Januar 1958 in Kraft und waren ebenfalls supranational ausgerichtet. Im Fusionsvertrag vom 8. April 1965, der am 01. Juli 1967 in Kraft trat, wurden einheitliche Organe (Ministerrat, Kommission, Parlament) für alle drei Europäischen Gemeinschaften (EGKS, EWG und EAG) geschaffen (Adam und Meyer 2016, S. 28; Mittag 2008, S. 107 f.; Weidenfeld 2020, S. 73 f.).

> **Fazit: Gründung der Europäische Gemeinschaften**
>
> Die aus dem Schuman-Plan hervorgegangene *EGKS* gab Frankreich einerseits eine Sicherheitsgarantie gegenüber einem militärischen Wiedererstarken Deutschlands nach dem Zweiten Weltkrieg, andererseits war sie die Chance für Deutschland, Vertrauen zurückzugewinnen und wieder ein hoffähiger und akzeptierter Partner in Europa zu werden. Und sie „stellte mit der teilweisen Verlagerung nationalstaatlicher Souveränitätsrechte auf supranationale Entscheidungsinstanzen eine histo-

> risch völlig neuartige Form politisch-ökonomischer Integration dar" (Burkard 2021, S. 14). Die *EWG* ebnete den Weg zur weiteren wirtschaftlichen Integration durch die Schaffung eines gemeinsamen Marktes für Waren, Kapital und Arbeit und die schrittweise Annäherung der Wirtschaftspolitik der Mitgliedstaaten auf der Grundlage einer Zollunion. Mit ihr „legten die Gründungsväter das tragfähige Fundament auf dem das erstaunliche und in der europäischen Geschichte beispiellose Einigungswerk errichtet werden konnte" (Brunn 2020, S. 118). Die *EAG* schließlich sollte einen Rahmen für die friedliche Nutzung der Kernenergie bilden. Zusammengefasst: „Ende der 50er-Jahre war mit EGKS, EWG und Euratom ein architektonischer Dreiklang geschaffen, der wichtige Weichenstellungen für die wirtschaftliche Integration der Mitgliedstaaten in zentralen Politikfeldern vornahm" (Weidenfeld 2020, S. 74).

2.3 Europäische Zusammenarbeit zwischen Aufbau, Konflikt und Konsolidierung

Erwartungsgemäß lehnte Großbritannien auch den Beitritt zu den EWG- und EAG-Verträgen ab. Stattdessen gründete es 1960 zusammen mit Dänemark, Norwegen, Österreich, Portugal, der Schweiz und Schweden die *Europäische Freihandelszone* (European Free Trade Association – EFTA), die eine enge wirtschaftliche Zusammenarbeit zwischen den Mitgliedern durch den Abbau der Binnenzölle beinhaltete. Die Regelung der Außenzölle hingegen blieb den Mitgliedstaaten selbst überlassen. Eine Abgabe von nationaler Souveränität war mit einer Mitgliedschaft in der EFTA nicht verbunden. Damit etablierten sich zum Ende der 1950er-Jahre zwei konkurrierende Systeme wirtschaftlicher Integration in Europa (Adam und Meyer 2016, S. 32; Burkard 2021, S. 27; Ziegerhofer 2021, S. 119).

Die britische Ablehnung eines wirtschaftspolitischen Zusammenschlusses mit Kontinentaleuropa währte indes nicht lange. Der britischen Regierung wurde schnell klar, dass die politischen und wirtschaftlichen Vorteile einer Mitgliedschaft in der EWG diejenigen in der EFTA bei weitem übertreffen. Ausschlaggebend waren jedoch insbesondere die politischen Motive, wurde sich London doch bewusst, dass es seine Stellung in der internationalen Politik und seinen Weltmachtanspruch nur als Teil eines sich immer stärker integrierenden Europas durchzusetzen vermag (Brunn 2020, S. 149). So stellten dann sowohl Premierminister Harold MacMillan 1961 als auch sein Nachfolger Harold Wilson 1967 Beitrittsanträge zur EWG, die jedoch am Widerstand Frankreichs in Person von Staatspräsident Charles de Gaulle scheiterten.

Erstmalig in eine Krise geriet die europäische Zusammenarbeit durch die sogenannte *Politik des leeren Stuhls*: Frankreich boykottierte vom 01. Juli 1965 bis 30. Januar 1966 die Sitzungen im Ministerrat aufgrund von Meinungsverschiedenheiten u. a. über die Finanzierung der gemeinsamen Agrarpolitik und über den Abstimmungsmodus im Ministerrat (Frankreich lehnte das Mehrheitsprinzip ab). Die Folge war, dass die EWG beschlussunfähig wurde. Beigelegt wurde der Konflikt erst durch den *Luxemburger Kompromiss* vom 29. Januar 1966, als sich die sechs Mitgliedstaaten darauf einigten, dass bei Verhandlungen im Ministerrat, die von vitalem Interesse für ein oder mehrere Mitgliedstaaten sind, grundsätzlich ein Konsens, d. h. Einstimmigkeit erzielt werden muss. Sollte dieser nicht herbeizuführen sein, ging Frankeich von der Existenz eines Vetorechts aus (Loth 2020, S. 141; Weidenfeld 2020, S. 76; Ziegerhofer 2021, S. 131).

Erst George Pompidou, der de Gaulle ab dem 15. Juni 1969 im Amt des französischen Staatspräsidenten nachfolgte, änderte die Haltung Frankreichs zu einem Beitritt Großbritanniens. So fürchtete Pompidou weniger als sein Vorgänger die Führungsrolle in der Gemeinschaft an Großbritannien zu verlieren und schätzte gleichzeitig die Bedeutung einer erweiterten EWG für eine Modernisierung der französischen Wirtschaft stärker ein (Loth 2020, S. 163). Diese neue Sicht Frankreichs ebnete den Weg zu einer Einigung, sodass zwischen 1970 und 1972 Beitrittsverhandlungen sowohl mit Großbritannien als auch mit Dänemark, Irland und Norwegen geführt wurden, die 1973 in die Aufnahme dieser Länder (ohne Norwegen, das in einem Referendum den Beitritt ablehnte) mündeten. Mit dem Zuwachs auf neun Mitglieder war die erste Erweiterungsrunde abgeschlossen.[9]

1974 wurden auf Initiative von Bundeskanzler Helmut Schmidt und des französischen Staatspräsidenten Valéry Giscard d'Estaing die regelmäßigen Treffen der Staats- und Regierungschefs der neun Mitgliedstaaten in Form der Gründung eines *Europäischen Rates* (erhielt erst 2009 mit dem Vertrag von Lissabon den Status eines EU-Organs) institutionalisiert. Er fungierte fortan als wichtigstes Lenkungs- und Entscheidungsgremium, was zu einer Stärkung des intergouvernementalen Entscheidungsprozesses innerhalb der Gemeinschaft führte.

Vom 07. bis 10. Juni 1979 fanden erstmals Direktwahlen zum EP statt, das am 30. März 1962 von der ursprünglichen Gemeinsamen Versammlung in *Europäisches Parlament* umbenannt wurde. Mit den Direktwahlen konnten die Bürgerinnen und Bürger der Mitgliedstaaten erstmals direkt Einfluss auf die Zusammensetzung des EP und damit der EU-Politik nehmen. Allerdings wurden dem EP trotz Legitimierung durch direkte Wahlen zunächst lediglich Anhörungs- und keine Mitentscheidungsrechte eingeräumt.

Zwischen 1973 und 1984 war eine Phase des Stillstands und des Rückschritts zu beobachten, die mit dem Begriff *Eurosklerose* (von griech. Sklerose = Verhärtung) einherging.

---

[9] Für eine Übersicht aller sieben Erweiterungsrunden inclusive dem Brexit siehe Abschn. 3.5.

Nicht mehr das Zusammenspiel in der Wirtschafts- und Währungspolitik stand im Vordergrund, sondern protektionistische Maßnahmen und das Suchen nach dem eigenen Vorteil im Wettstreit um die Verteilung von Mitteln aus dem Gemeinschaftshaushalt. Sichtbar wurden die Verteilungskämpfe bei der Diskussion um die Reduzierung des britischen Beitrags zum Haushalt, dem sogenannten Britenrabatt, der von der damaligen britischen Premierministerin Margaret Thatcher eisern gegen den Rest der Mitglieder durchgefochten wurde (Brunn 2020, S. 230 ff.).

Trotz dieser schwierigen Phase entwickelte die EWG in den Folgejahren immer mehr an Attraktivität und Anziehungskraft. Nach der Norderweiterung von 1973 erfolgte die *Süderweiterung* mit den Beitritten Griechenlands (1981) sowie Spaniens und Portugals (1986). Alle drei Staaten hatten sich erst Mitte der 1970er-Jahre von ihren faschistischen und autoritären Regimen befreit und sich zur Demokratie hingewandt. Der Beitritt sollte deshalb weniger der wirtschaftlichen Stärkung der Gemeinschaft als vielmehr der Konsolidierung der demokratischen Strukturen in diesen Ländern dienen (Tömmel 2014, S. 43 f.).

Mitte der 1980er-Jahre war die schwierige Phase für die auf 12 Mitgliedstaaten angewachsene Gemeinschaft überstanden. Es kam wieder Dynamik in den Integrationsprozess, insbesondere durch die Unterzeichnung des *Schengener Abkommens* am 14. Juni 1985. Dieses sah den schrittweisen Abbau der Personenkontrollen an den Binnengrenzen und verstärkte Kontrollen an den EU-Außengrenzen vor sowie die gegenseitige Anerkennung von Visa und die Einführung eines einheitlichen Visums. Schengen bildete damit den Startpunkt für das heute selbstverständliche freie Reisen innerhalb Europas.[10]

---

[10] Obwohl sie nicht Mitglieder der EU sind, gehören Länder wie Norwegen, Island, die Schweiz und Liechtenstein ebenfalls zum Schengen-Raum, der seit dem 01. Januar 2025 insgesamt 29 Staaten umfasst.

Ein weiteres Ergebnis der überwundenen Krise markierte die erste umfassende Änderung der Gründungsverträge von EGKS, EWG und EAG durch die Verabschiedung der *Einheitlichen Europäischen Akte* (EEA). Mit ihrem Inkrafttreten zum 01. Januar 1987 erfolgte ein wesentlicher Schritt zur Vertiefung der Integration. So terminierte sie die schrittweise Vollendung des Europäischen Binnenmarktes auf den 31. Dezember 1992 und sah eine Ausdehnung der Zuständigkeiten der Gemeinschaft auf weitere Politikfelder (z. B. Umweltpolitik), eine Stärkung der Rechte des EP und insbesondere die Einführung von (qualifizierten) Mehrheitsentscheidungen im Rat sowie die Orientierung der Gemeinschaft auf das Ziel der Gründung einer Europäischen Union vor (Brunn 2020, S. 246.).

Neuen Herausforderungen und Chancen für weitreichende Reformen und Erweiterungen sah sich die Gemeinschaft durch den Fall der Berliner Mauer im November 1989, der Wiedervereinigung Deutschlands im Oktober 1990 sowie dem (vorläufigen) Ende des Ost-Wests-Konflikts in Folge des Zusammenbruchs der Sowjetunion (1991) gegenüber. Gleichzeitig arbeitete insbesondere der damalige Kommissionspräsident Jaques Delors an der Vollendung des Binnenmarktes sowie der Schaffung einer WWU. Im Juni 1989 verständigte man sich auf den im April 1989 vorgelegten sogenannten Delors-Bericht, der einen drei Stufen-Plan für die Vollendung der WWU vorsah. In der ersten Stufe, die bis zum 01. Juli 1990 in Kraft treten sollte, sollten der Binnenmarkt der 12 Mitgliedstaaten durch Beseitigung aller Handelshemmnisse und Stärkung der Koordination der Wirtschafts- und Sozialpolitik vollendet sowie alle nationalen Währungen in ein Europäisches Währungssystem (EWS) eingebunden werden. In der zweiten Stufe bis 1994 sollte ein Europäisches System der Zentralbanken und eine Europäische Zentralbank errichtet werden. Die Vollendung der WWU (dritte Stufe) war zum 01.01.1999 geplant. Sie sah die Einführung des Euro als Buchgeld für diejenigen Mitgliedstaaten vor, die bestimmte im Vertrag von Maastricht vereinbarte Konvergenzkriterien erfüllen. Darüber hinaus sollten die Umrechnungskurse für die nationalen Währungen unwiderruflich festgelegt werden. Die Einführung der gemeinschaftlichen Währung, des Euro, war für den 01.01.2002 vorgesehen, was dann ja tatsächlich auch so umgesetzt wurde (Burkard 2021, S. 40; Loth 2020, S. 283; Ziegerhofer 2021, S. 156 f.).

2.4 Gründung der EU und Vertiefung der Integration

Im Zuge der Reformverträge von Maastricht, Amsterdam, Nizza und Lissabon kam es zur Vertiefung des europäischen Integrationsprozesses. Sie ist gekennzeichnet durch eine Ausweitung der Zuständigkeit der EU auf neue Politikbereiche, die Ausweitung der Befugnisse in bereits integrierten Politikfeldern sowie die Stärkung der Kompetenzen der EU-Organe.

2.4.1 Die Reformverträge von Maastricht, Amsterdam und Nizza

Bundeskanzler Helmut Kohl und der französische Staatspräsident Francois Mitterand befürworteten eine Ergänzung der wirtschaftlichen Union durch eine politische Union. Auf ihre Initiative hin wurde im Jahr 1990 eine Regierungskonferenz der Mitgliedstaaten einberufen – vom 09. bis 10. Dezember 1991 tagten die Staats- und Regierungschefs in Maastricht und einigten sich auf weitreichende Änderungen der Gründungsverträge für eine Vertiefung der Integration. Am 07. Februar 1992 schließlich unterzeichneten sie den *Vertrag von Maastricht*, der am 01. November 1993 in Kraft trat.

Darin gründeten die Mitgliedstaaten die EU, die in Form einer Drei-Säulen-Struktur aufgebaut war. Sie setzte sich somit aus der früheren EWG zusammen, die um zusätzliche Politikfelder erweitert und in Europäische Gemeinschaft (EG) umbenannt wurde, sowie aus der EGKS und der EAG als erste Säule. Hinzu kamen die *Gemeinsame Außen- und Sicherheitspolitik* (GASP) als zweite Säule und die *Zusammenarbeit in der Innen- und Justizpolitik* (ZIJP) als dritte Säule.

Die erste Säule war supranational ausgestaltet. Dies führte dazu, dass die Gemeinschaftsorgane in den ihnen übertragenen Politikbereichen überwiegend in der Lage waren, durch Mehrheitsentscheidungen verbindliches Recht für die Mitgliedstaaten zu erlassen. Der EuGH überwachte die Einhaltung des Gemeinschaftsrechts. Weil die Außen- und Sicherheitspolitik Kernbestandteil staatlicher Souveränität ist, erfolgte die Entscheidungsfindung in der zweiten Säule demgegenüber intergouvernemental, d. h. im Rahmen zwischenstaatlicher Zusammenarbeit. Entscheidungen konnten somit nur einstimmig gefasst werden. Verbindliche Rechtsakte waren nicht vorgesehen; dennoch existierten bestimmte Instrumente zur Kooperation und Koordination, wie Gemeinsame Standpunkte, Gemeinsame Aktionen und Gemeinsame Strategien. Diese fielen jedoch nicht unter die Rechtsprechung des EuGH. Die dritte Säule war ebenfalls intergouvernemental gestaltet. Die Bestimmungen sahen vor, dass die Polizei in den Mitgliedstaaten auf Basis einstimmig gefasster Beschlüsse zusammenarbeiten sollte, um u. a. Terrorismus, Drogenhandel, Menschenhandel und sonstige Formen der Kriminalität zu verhüten und zu bekämpfen.

Über die Gründung der EU und die Schaffung eines 3-Säulen-Modells hinaus sah der Vertrag u. a. eine Verankerung des Subsidiaritätsgrundsatzes sowie Kompetenzerweiterungen für das EP und die Einrichtung eines Ausschusses der Regionen (AdR) vor. Neu war auch die Einführung einer Unionsbürgerschaft. Sie umfasste ein Reise- und Aufenthaltsrecht in allen

Mitgliedstaaten, das aktive und passive Wahlrecht zum EP sowie diplomatischen und konsularischen Schutz in Staaten, in denen das Heimatland einer Bürgerin bzw. eines Bürgers nicht vertreten ist (Art. 8 EGV/Art. 20 AEUV). Nach einer langen und teils schwierigen Ratifizierungsphase (Dänemark brauchte ein zweites Referendum für seine Zustimmung, Großbritannien sicherte sich in Form von sogenannten opt-outs Ausnahmen, Frankreich stimmte nur knapp zu) trat der Vertrag von Maastricht zum 01. November 1993 in Kraft (Adam und Meyer 2016, S. 38 f.; Weidenfeld 2020, S. 90 f.; Ziegerhofer 2021, S. 160 ff.).

Mitte der 1990er-Jahre erweiterte sich die EU erneut. Mit dem Beitritt der ehemaligen EFTA-Mitglieder Finnland, Österreich und Schweden zum 01. Januar 1995 (in Norwegen fehlte indes erneut die notwendige Zustimmung durch eine Mehrheit der Bevölkerung) wuchs die Gemeinschaft auf 15 Mitgliedstaaten an. Diese widmeten sich bald einer weiteren Reform, da im Maastricht-Vertrag eine Regierungskonferenz für das Jahr 1996 zur Überprüfung und Revision des Vertrags vereinbart worden war. Einigkeit herrschte darüber, die Union weiterzuentwickeln, um die vielfältigen Herausforderungen wie Globalisierung, die Bekämpfung von Terrorismus und Kriminalität besser bewältigen zu können (Brunn 2020, S. 313).

Am 17. Juni 1997 unterzeichneten die Staats- und Regierungschefs den *Vertrag von Amsterdam*, der am 01. Mai 1999 in Kraft trat. Er sah eine Ausweitung der Rechte, Kompetenzen und Handlungsmöglichkeiten der einzelnen EU-Organe vor und brachte u. a. durch die Überführung der Asyl-, Visa- und Einwanderungspolitik sowie der justiziellen Zusammenarbeit in Zivilsachen von der dritten in die erste Säule – und damit in die Kompetenz der EU – den Integrationsprozess voran. Die polizeiliche und justizielle Zusammenarbeit in Strafsachen (PJZS) verblieb in der dritten Säule und damit weiterhin intergouvernemental ausgerichtet (Tömmel 2014, S. 62; Weidenfeld 2020, S. 93). Weitere Neuerungen waren:

die Verbesserung der außenpolitischen Handlungsfähigkeit der EU durch die Einrichtung des Amtes eines Hohen Beauftragten für die GASP, die Stärkung des EP (z. B. durch das Zustimmungsrecht zur Benennung des Präsidenten der Kommission) sowie die Schaffung des Prinzips der verstärkten Zusammenarbeit (und damit die Möglichkeit zur vertieften Integration einzelner Mitgliedstaaten ohne Blockade durch andere). Das Drei-Säulen-Modell der durch den Vertrag von Maastricht geschaffenen EU, ergänzt durch die Änderungen des Vertrages von Amsterdam, zeigt Abb. 2.1.

Der Vertrag von Amsterdam konnte indes nicht alle Hoffnungen erfüllen, die in ihn gesetzt wurden – so sollte er die EU institutionell auf die für 2004 geplante Aufnahme der osteuropäischen Staaten vorbereiten, mit denen seit Ende des Ost-West-Konflikts und dem Zusammenbruch der Sowjetunion Anfang der 1990er-Jahre über einen Beitritt verhandelt wurde. Deshalb berief man Anfang 2000 erneut eine Regierungskonferenz ein, um die noch bestehenden Probleme zu lösen. Am 11. Dezember 2000 einigten sich die 15 Staats- und Regierungschefs in Nizza auf eine erneute Änderung der Gründungsverträge – der *Vertrag von Nizza* wurde am 26. Februar 2001 unterzeichnet und trat am 01. Februar 2003 in Kraft. Er beinhaltete u. a. eine Neugewichtung der Stimmen im Ministerrat, eine Ausweitung von Mehrheitsentscheidungen sowie Änderungen in Größe und Zusammensetzung der Europäischen Kommission – Mitgliedstaaten konnten nur noch einen anstelle von zwei Kommissaren in das Gremium entsenden. Ferner sah er die rechtsunverbindliche Aufnahme einer *Grundrechtecharta* (GRC) in den Vertrag vor. Eine strukturelle Änderung der Drei-Säulen-Konstruktion der EU beinhaltete der neue Vertrag nicht (Weidenfeld 2020, S. 94 f.; Ziegerhofer 2021, S. 173 f.).

Europäische Union		
Erste Säule	**Zweite Säule**	**Dritte Säule**
Europäische Gemeinschaften (EG)	Gemeinsame Außen- und Sicherheitspolitik (GASP)	Polizeiliche und justizielle Zusammenarbeit in Strafsachen (PJZS)
EG (ehemals EWG): • Agrarpolitik • Zollunion, Binnenmarkt • Strukturpolitik • Handelspolitik • WWU • Unionsbürgerschaft • Bildungs- und Kulturpolitik • Forschung und Umweltpolitik • Transeuropäische Netze • Gesundheitswesen • Verbraucherschutz • Sozialpolitik • Visapolitik • Einwanderungspolitik • Asylpolitik • Schutz der Außengrenzen • Justizielle Zusammenarbeit in Zivilsachen **EURATOM:** Zusammenarbeit im Bereich Kernenergie **EGKS** (2002 ausgelaufen, aber in EG-Vertrag übernommen)	**Außenpolitik:** • Kooperation • Wahlbeobachter • Friedenserhaltung • Menschenrechte • Demokratie • Hilfe für Drittstaaten **Sicherheitspolitik:** • Gemeinsame Sicherheits- und Verteidigungspolitik (GSVP) • Abrüstung • EU-Eingreiftruppe • Wirtschaftliche Aspekte der Rüstung • Europäische Sicherheitsordnung	• Strafrechtsharmonisierung • Polizeizusammenarbeit • Justizielle Zusammenarbeit in Strafsachen
Entscheidungsverfahren: *(weitgehend)* **supranational**	*Entscheidungsverfahren:* **intergouvernemental**	*Entscheidungsverfahren:* **intergouvernemental**

Abb. 2.1 Drei-Säulen-Modell der EU nach dem Vertrag von Amsterdam. Quelle: Eigene Darstellung in Anlehnung an Furtak (2015, S. 157)

2.4.2 Der Verfassungsvertrag und sein Scheitern

Bereits bei ihrer Einigung zum Nizza-Vertrag hatten sich die Staats- und Regierungschefs darauf verständigt, Verhandlungen über eine weitere Vertragsreform aufzunehmen. Dieser Entschluss war der Erkenntnis geschuldet, dass die bisherigen Reformverträge von Maastricht, Amsterdam und Nizza die EU nicht ausreichend für eine Zukunft mit 27 oder noch mehr Mitgliedstaaten aufgestellt hatten – weder institutionell noch im Hinblick auf die Entscheidungsverfahren (Weidenfeld 2020, S. 96). Das EP sprach sich im Mai 2001 dafür aus, die hierfür notwendige Vorbereitung einer Regierungskonferenz in Form eines Konvents zu organisieren. Bundeskanzler Gerhard Schröder und Frankreichs Präsident Jaques Chirac unterstützten diese Idee und setzten sich mit ihrem Vorschlag zur Ausarbeitung einer europäischen Verfassung im Rahmen einer Konventsarbeit durch.

Auf seinem Gipfeltreffen im belgischen Laeken im Dezember 2001 verabschiedete der Europäische Rat die *Erklärung von Laeken*, mit der ein Konvent (bestehend nicht nur aus Vertretern der Mitgliedstaaten und der künftigen Beitrittsstaaten sowie der EU-Organe, sondern auch aus Vertretern der Zivilgesellschaft) zur Ausarbeitung eines Europäischen Verfassungsvertrags einberufen wurde. Am 18. Juli 2003 legte der Konventspräsident – der ehemalige französische Staatspräsident Valerie Giscard d`Estaing – einen Entwurf mit der Bezeichnung *Vertrag über eine Verfassung für Europa* vor, der strukturell die Auflösung der bisherigen Verträge und die Aufgabe der Drei-Säulen-Struktur von Maastricht zugunsten eines einheitlichen Vertrages vorsah (Loth 2020, S. 370 ff.) und damit eine „Totalrevision des erreichten Integrationsstandes" (Weidenfeld 2020, S. 96) darstellte. Am 29. Oktober 2004 unterzeichneten die Staats- und Regierungschefs der nach dem Beitritt von zehn mittel- und osteuropäischen Staaten im Mai 2004 auf 25 Mitglieder angewachsenen EU in Rom den Verfassungsvertrag. Der sich anschließende Ratifizierungsprozess gestaltete sich indes schwierig. Während Spanien noch im Februar 2005 mehrheitlich in einem Referendum zustimmte, sprachen sich die Franzosen am 29. Mai 2005 und die Niederländer wenige Tage später am 01. Juni 2005 in einem Referendum gegen den Verfassungsvertrag aus.

Die Ablehnung in Frankreich und den Niederlanden war gleichsam ein Paukenschlag, erfolgte sie doch in zwei der Gründungsstaaten der EG/EU, die als integrationsfreundlich galten. Als erste Reaktion beschlossen die Staats- und Regierungschefs im Juni 2005 das Ratifizierungsverfahren bis Mitte 2007 zu verlängern, um den Ländern für die Vermittlung des Vertragsinhalts mehr Zeit zu geben. Doch unter deutscher Ratspräsidentschaft im ersten Halbjahr 2007 setzte sich die Einsicht durch, dass der Verfassungsvertrag zum Scheitern verurteilt war, weil auch in weiteren Ländern (insbesondere in Großbritannien) mit einer Ablehnung gerechnet werden musste. Deshalb einigte man sich im Juni 2007 darauf, zur bewährten Praxis von Regierungskonferenzen zurückzukehren und den Verfassungsvertrag durch einen neuen Reformvertrag zu ersetzen.

2.4.3 Der Vertrag von Lissabon

Nachdem sich die 27 Mitglieder (Bulgarien und Rumänien waren am 01. Januar 2007 im Zuge der zweiten Osterweiterung beigetreten) am 18./19. Oktober 2007 auf einen endgültigen Vertragstext geeinigt hatten, unterzeichneten sie unter portugiesischer Ratspräsidentschaft am 13. Dezember 2007 den *Vertrag von Lissabon*. Dieser übernahm weite Teile des Verfassungsvertrages, insbesondere dessen wesentliche Fortschritte im Hinblick auf die Handlungsfähigkeit und die Demokratisierung der EU, verzichtete jedoch u. a. auf die Festlegung der Symbole der EU, auf die Umbenennung von Verordnungen und Richtlinien in Europäische Gesetze und auf die Schaffung des Amtes eines Europäischen Außenministers (Loth 2020, S. 388 ff.; Weidenfeld 2020, S. 99 ff.).

Der Vertrag von Lissabon umfasst zwei Verträge: Den *Vertrag über die Europäische Union* (EUV) und den *Vertrag über die Arbeitsweise der Europäischen Union* (AEUV), dem vormaligen Vertrag über die Europäische Gemeinschaft (EGV). Nach Art. 1 EUV stellt er „eine neue Stufe bei der Verwirklichung einer immer engeren Union der Völker Europas dar", weshalb er eine strukturelle Änderung vorsieht: Die Drei-Säulen-Konstruktion wurde aufgelöst, indem die dritte Säule mit der ersten Säule zusammengelegt und damit die PJZS ebenfalls vergemeinschaftet, d. h. in die weitgehend supranationale Regelungskompetenz der EU überführt wurde. Die GASP blieb indessen weiterhin intergouvernemental ausgestaltet. Die *GRC,* auf die man sich während der Verhandlungen zum Vertrag von Nizza geeinigt hatte, wurde als verbindlicher Bestandteil in den Vertrag (Primärrecht) übernommen. Der Begriff *Gemeinschaft* wurde durch *Union* ersetzt.

Weitere wichtige Neuerungen des Vertrages von Lissabon waren: Die Einrichtung einer klaren Kompetenzverteilung zwischen EU und Mitgliedstaaten (s. Abschn. 3.3); die Schaffung der Position eines auf zweieinhalb Jahre gewählten Präsidenten des Europäischen Rates; die Bestellung eines Hohen Vertreters der Union für die Außen- und Sicherheitspolitik, der gleichzeitig das Amt des Vizepräsidenten der Europäischen Kommission bekleidet (ihm zugeordnet ist ein Europäischer Auswärtiger Dienst); die Wahl des Kommissionspräsidenten durch das EP nach vorherigem Vorschlag durch den Europäischen Rat; die Stärkung der nationalen Parlamente durch die Möglichkeit einer Subsidiaritätskontrolle bei EU-Gesetzesentwürfen (s. Abschn. 6.2); die Neufestsetzung der qualifizierten Mehrheit im Rat; die Stärkung des EP durch die Ausdehnung des Anwendungsbereichs des ordentlichen Gesetzgebungsverfahrens auf weitere Regelungsbereiche der EU; die Einführung eines Europäischen Bürgerbegehrens; die Verleihung der uneingeschränkten Rechtspersönlichkeit an die EU, wodurch sie in die Lage versetzt wird, im Bereich der ihr zugewiesenen Befugnisse internationale Verträge zu unterzeichnen und internationalen Organisationen beizutreten.

Mit dem Vertrag von Lissabon wurde die EU, wie Abb. 2.2 zeigt, von einer Säulenkonstruktion in ein *Schichtmodell* überführt. Die untere Ebene (Schicht) umfasst diejenigen Politikfelder der ehemaligen zweiten Säule, in denen lediglich eine intergouvernementale, also zwischenstaatliche Zusammenarbeit, stattfindet und die Mitgliedstaaten keine Souveränitätsrechte an die EU abgegeben haben, womit Einstimmigkeit für Beschlüsse erforderlich ist. Die obere Ebene (Schicht) umfasst die Politikbereiche der ehemaligen ersten und dritten Säule, die weitgehend supranational ausgestaltet sind, d. h. in der Rechtsetzungskompetenz der EU stehen und damit in der Regel Mehrheitsentscheidungen und der Rechtsprechung durch den EuGH unterliegen.

Abb. 2.2 Schichtmodell der EU nach dem Vertrag von Lissabon. Quelle: Eigene Darstellung in Anlehnung an Furtak (2015, S. 160)

Hoffnungen, dass der Ratifizierungsprozess nunmehr reibungslos verlaufen würde, erfüllten sich indes nicht. Im Juni 2008 stimmten die Bürgerinnen und Bürger Irlands in einem Referendum gegen den Vertrag. Nach einer kurzen Schockstarre wurden die Iren unter Druck gesetzt, so bald wie möglich ein zweites Referendum durchzuführen. Irland signalisierte seine Bereitschaft hierzu, allerdings nur unter bestimmten Voraussetzungen. Der Europäische Rat sicherte deshalb im Dezember 2008 der irischen Regierung zu, dass die Kommission nicht, wie im Vertrag vorgesehen, verkleinert wird, sondern dass jedes Land auch in Zukunft einen Kommissar in Brüssel stellen kann. Darüber hinaus erhielt Irland rechtliche Garantien in Bezug auf seine Steuerpolitik, seine Abtreibungsgesetzgebung sowie seine militärische Neutralität (Brunn 2020, S. 327; Tömmel 2014, S. 76 f.).

Auch in Deutschland stieß die Ratifizierung des Vertrages auf Probleme. Obwohl Bundestag und Bundesrat zugestimmt hatten, weigerte sich Bundespräsident Horst Köhler aufgrund von Verfassungsbeschwerden den Vertrag zu unterschreiben. Erst als das BVerfG am 30. Juni 2009 erklärte, dass der Vertrag von Lissabon nicht gegen das Grundgesetz verstößt, unterschrieb der Bundespräsident und Deutschland konnte die Ratifikationsurkunde hinterlegen. Gleichwohl winkte das BVerfG Lissabon nicht einfach durch, vielmehr forderte es unmissverständlich eine Stärkung der Mitwirkungsrechte von Bundestag und Bundesrat in europapolitischen Angelegenheiten ein, was durch das im September 2009 beschlossene „Gesetz über die Wahrnehmung der Integrationsverantwortung des Bundestages und des Bundesrates in Angelegenheiten der Europäischen Union" (Integrationsverantwortungsgesetz – IntVG) erfüllt wurde. Nachdem am 02. Oktober 2009 Irland dem Vertrag im zweiten Anlauf mehrheitlich zugestimmt hatte und auch in Polen und Tschechien die Präsidenten ihre Unterschrift unter das Vertragswerk gesetzt hatten, trat der Vertrag von Lissabon zum 01. Dezember 2009 in Kraft (Weidenfeld 2020,

Tab. 2.2 Wechselspiel von Vertiefung und Erweiterung der EU

Vertiefung	Jahr	Erweiterung
EGKS (Montanunion)	1952	
EWG und EAG (Römische Verträge)	1958	
	1973	Norderweiterung
Europäisches Währungssystem	1979	
	1981	1. Süderweiterung
	1986	2. Süderweiterung
Einheitliche Europäische Akte	1987	
Vertrag von Maastricht, Binnenmarkt	1993	
	1995	EFTA-Erweiterung
WWU, Vertrag von Amsterdam	1999	
Vertrag von Nizza	2003	
	2004	1. Osterweiterung
Verfassungsvertrag (gescheitert)	2005	
	2007	2. Osterweiterung
Vertrag von Lissabon	2009	

Quelle: Eigene Darstellung in Anlehnung an Furtak (2015, S. 206)

S. 101; Ziegerhofer 2021, S. 183 ff.). Mit diesem, dem vorerst letzten und derzeit gültigen Reformvertrag erreichte die Vertiefung der europäischen Integration ihren vorläufigen Höhepunkt. Wie Tab. 2.2 zeigt, befindet sich dieser Prozess in einem ständigen Wechselspiel mit Erweiterungsschritten.

Die bis hierhin geschriebene europäische Integrationsgeschichte ist ein einzigartiger historischer Prozess, der sich folgendermaßen beschreiben lässt:

> **Fazit: europäischer Integrationsprozess**
>
> Wenige Jahre nach Kriegsende, 1951, „schufen sechs Staaten mit der Europäischen Gemeinschaft für Kohle und Stahl (EGKS) so etwas wie eine europäische Kernfamilie, die sich entgegengesetzt zu heutigen Familientrends nach und nach zu einer Großfamilie erweiterte und zugleich ihre inneren Bindungen festigte. Mit dieser europäischen Großfamilie, seit dem Vertrag von Maastricht ‚Europäische Union' (EU) genannt, ist nach einem Prozess von mehr als fünfzig Jahren Dauer ein gemeinsamer Politik-, Wirtschafts- und Rechtsraum

Europa entstanden, in dem supranationale oder gemeinschaftliche europäische Institutionen (Europäischer Rat, Ministerrat, Parlament, Kommission, Gerichtshof) für alle Mitgliedstaaten verbindlich über eine immer größere Zahl politischer, wirtschaftlicher und gesellschaftlicher Angelegenheiten entscheiden. Die einstige Utopie eines Europa, in dem sich die Menschen, von Grenzen kaum behindert, frei bewegen und betätigen können, ist zu Beginn des einundzwanzigsten Jahrhunderts Realität, ja sogar Alltag geworden" (Brunn 2020, S. 10).

Die europäische Integration stützt sich maßgeblich auf zwei zentrale Säulen: Vertiefung und Erweiterung. Die Vertiefung der EU umfasst den durch Vertragsänderungen (EEA, Maastricht, Amsterdam, Nizza, Lissabon) vorangetriebenen Ausbau und die Intensivierung der Zusammenarbeit in verschiedenen Politikbereichen zwischen den Mitgliedstaaten. Dies beinhaltet eine engere Integration, die oft mit der Übertragung weiterer Befugnisse auf die EU-Ebene und der Stärkung bestehender Institutionen verbunden ist. Die Erweiterung der EU beschreibt den Prozess, bei dem neue Staaten der Union beitreten. Dieser Prozess erweitert die geografische, politische und wirtschaftliche Reichweite der EU und unterstützt die Förderung von Stabilität, Demokratie und Wohlstand in Europa. Die EU ist durch ein dynamisches Wechselspiel von Vertiefung und Erweiterung geprägt (s. Tab. 2.2). Auf Schritte zur Vertiefung folgten Erweiterungen, denen wiederum weitere Vertiefungsmaßnahmen folgten. Der Vertrag von Lissabon stellt den bisher letzten bedeutenden Schritt in der Vertiefung der europäischen Integration dar.

2.5 Entwicklungen und Krisen seit dem Vertrag von Lissabon

Hoffnungen, dass die EU mit dem Inkrafttreten des Vertrages von Lissabon in ruhigeres Fahrwasser kommen würde, erfüllten sich nicht. Ganz im Gegenteil: In den Folgejahren reihte sich eine Krise an die andere (Polykrise). Durch den Zusammenbruch der Lehmann Brothers Investment Bank

2008 brach eine Finanzkrise in den USA aus, die auch europäische Banken in große Schwierigkeiten brachte. Mit Hilfe von umfangreichen Finanzmitteln unterstützten die EU-Mitgliedstaaten ihre als systemrelevant eingestuften Banken, was indes den Schuldenstand der öffentlichen Haushalte stark ansteigen ließ. Ende 2009 erreichte die EU dann die *Eurokrise*. Auslöser war Griechenland, das im Oktober 2009 das ganze Ausmaß seiner Schuldenmisere offenlegte: eine Staatsverschuldung von rund 130 % sowie eine Neuverschuldung von rund 15 % des Bruttoinlandsprodukts. Erlaubt waren ein Schuldenstand von maximal 60 % sowie eine jährliche Neuverschuldung von maximal drei Prozent des Bruttoinlandsprodukts. Im Mai 2010 beschlossen die Euro-Länder und der Internationale Währungsfonds (IWF) ein Hilfspaket in Höhe von 110 Mrd. € für Griechenland auf den Weg zu bringen. Griechenland wurde im Gegenzug zu einem Reform- und Sparpaket verpflichtet, das u. a. Lohn- und Rentenkürzungen, Steuererhöhungen sowie Privatisierungen vorsah (Loth 2020, S. 400 ff.; Ziegerhofer 2021, S. 186).

Um den Euro zu stabilisieren und Spekulationen auf eine Zahlungsunfähigkeit weiterer verschuldeter Euro-Staaten zu stoppen, wurde ein temporärer „Rettungsschirm" für krisengeschüttelte Eurostaaten geschaffen. Dieser war auf drei Jahre angelegt und beinhaltete Kreditermächtigungen im Umfang von maximal 750 Mrd. €, an denen Deutschland mit 190 Mrd. € beteiligt war. Im Februar 2011 unterzeichneten die Euro-Länder den Vertrag zur Errichtung eines dauerhaften *Europäischen Stabilitätsmechanismus* (ESM), der den provisorischen Euro-Rettungsschirm ablöste. Darüber hinaus wurde ein zweites Hilfspaket für Griechenland und im Oktober 2011 ein Schuldenschnitt beschlossen, der private Gläubiger auf einen Verzicht von 50 % ihrer Forderungen (rund 100 Mrd. €) verpflichtete (Caesar 2012, S. 11 ff.).

Um die Mitgliedstaaten zu einer strengeren Haushaltsdisziplin zu verpflichten, unterzeichneten im Februar 2012 alle EU-Staaten (mit Ausnahme Tschechiens und Großbritanniens) den „Vertrag über Stabilität, Koordinierung und Steuerung in der Wirtschafts- und Währungsunion", auch *Fiskalpakt* genannt. Er sieht u. a. eine stärkere Koordinierung der Wirtschaftspolitiken, die Einführung einer Schuldenbremse sowie ein automatisches Defizitverfahren mit Sanktionen vor. Der Fiskalpakt trat zum 01. Januar 2013 in Kraft (Tömmel 2014, S. 78 f.).

Die Europawahl am 25. Mai 2014 stellte für die auf 28 Mitglieder angewachsene EU (im Juli 2013 war Kroatien beigetreten) einen Meilenstein dar. Denn erstmals schickten die großen Parteifamilien mit Jean-Claude Juncker und Martin Schulz Spitzenkandidaten für das Amt des Kommissionspräsidenten ins Rennen. Nachdem die konservative Europäische Volkspartei (EVP) europaweit die meisten Stimmen auf sich vereinigen konnte, wurde ihr Spitzenkandidat Juncker am 15. Juli 2014 vom EP mit großer Mehrheit gewählt. Mit der Wahl von Donald Tusk zum ersten Präsidenten des Europäischen Rates und der Ernennung von Federica Mogherini zur Hohen Vertreterin für die GASP war die personelle Neuaufstellung der EU nach der Europawahl abgeschlossen.

Ab März 2014 rückte der *Ukraine-Russland-Konflikt* in den Mittelpunkt: Ende 2013 hatten sich die Ereignisse in der Ukraine zugespitzt, nachdem die Regierung unter Präsident Janukowytsch die Unterzeichnung des Assoziierungsabkommens mit der EU verweigert hatte. Zunächst kam es nur zu Protesten für einen pro-europäischen Kurs. Später, im Januar 2014, folgten jedoch gewalttätige Auseinandersetzungen auf dem Kiewer Unabhängigkeitsplatz (Maidan), bei denen über 80 Menschen ums Leben kamen. Nachdem zunächst ein von Deutschland, Polen und Frankreich am 21. Februar 2014 gestarteter Vermittlungsversuch zur friedlichen Lösung des Konflikts kurzfristig erfolgreich war, setzte sich nur wenige Tage später Präsident Janukowytsch nach Russland ab. Daraufhin verabschiedete eine Übergangsregierung ein Gesetz, das Russisch als gleichberechtigte Amtssprache neben Ukrainisch abschaffte, was zu Protesten auf der Krim und im Donbass führte. Um die Protestaktionen der russischstämmigen oder russischsprachigen Ukrainer zu unterstützen, verstärkte Moskau am 27. Februar 2014 seine Militärpräsenz in Sewastopol und setzte verdeckt operierende Spezialkräfte ein (Loth 2020, S. 426 ff.). Die Ukraine-Krise hatte eine neue Dimension erreicht: Am 18. März 2014 annektierte Russland – auf Basis eines sogenannten Referendums vom 16. März – die zum Staatsgebiet der Ukraine gehörende Halbinsel Krim, womit erstmals nach dem Zweiten Weltkrieg auf dem europäischen Kontinent Grenzen willkürlich verschoben wurden. Die EU verurteilte die Annexion als völkerrechtswidrig und brachte Sanktionen gegen Russland auf den Weg.

Die EU versuchte gleichwohl parallel zur Verhängung von Sanktionen eine Verständigung zwischen Russland und der Ukraine zu erzielen. Im Herbst 2014 zeichnete sich der erste Erfolg der diplomatischen Bemühungen ab. Im sogenannten „Minsker Protokoll" vom 05. September einigten sich die Konfliktparteien auf einen Waffenstillstand. Ergänzt wurde „Minsk I" durch ein durch die Vermittlung Deutschlands und Frankreichs zustande gekommenes zweites Abkommen zwischen der Ukraine und Russland („Minsk II") vom 12. Februar 2015. Dieses sah u. a. eine Beendigung der Kämpfe, einen Abzug aller schweren Waffen und eine Überwachungsmission der Organisation für Sicherheit und Zusammenarbeit in Europa (OSZE) vor (Furtak 2023, S. 240 f.).

2014 und 2015 waren Jahre, in denen nicht nur die Ukraine-Krise die EU-Politik maßgeblich bestimmte, sondern auch der *Kampf gegen den Terrorismus*. Mitte August 2014 einigten sich die EU-Außenminister darauf, die Lieferung von Waffen an die Kurden im Nord-Irak für ihren Kampf gegen die Terrororganisation Islamischer Staat (IS) zu genehmigen. Nach den terroristischen Anschlägen des IS in Paris am

13. November 2015, bei denen 130 Menschen starben, beantragte die französische Regierung die Aktivierung der sogenannten Beistandsklausel nach Art. 42 Abs. 7 EUV. Diese sieht im Falle eines bewaffneten Angriffs auf das Hoheitsgebiet eines Mitgliedstaates vor, dass ihm die anderen Mitgliedstaaten alle in ihrer Macht stehende Hilfe und Unterstützung schulden. Auf das Ersuchen der Franzosen versicherten alle anderen Mitgliedstaaten ihre Solidarität. Zur Unterstützung Frankreichs beteiligte sich unter anderem Deutschland ab Dezember 2015 mit Aufklärungsflugzeugen an der Koalition zur Bekämpfung des IS in Syrien.

Das Jahr 2015 markierte auch den Beginn der *Flüchtlingskrise*, als sich Europa Flüchtlingsströmen nie bekannten Ausmaßes gegenübersah. Ursache hierfür war in erster Linie der seit 2011 andauernde Krieg in Syrien sowie der Ausbruch neuer oder das Aufflammen alter Konflikte, wie z. B. in Afghanistan, Burundi, der Demokratischen Republik Kongo, Mali, Somalia, Süd-Sudan und der Ukraine. Mehr als 60 Mio. Menschen waren nach Zählungen der Vereinten Nationen zum damaligen Zeitpunkt auf der Flucht – rund 1,3 Mio. von ihnen hatten Zuflucht in der EU gefunden, darunter knapp 900.000 Asylsuchende in Deutschland.[11] Die EU tat sich schwer eine gemeinsame Antwort auf diese einmalige Herausforderung zu finden, vielmehr dominierten nationalstaatliche Egoismen. Im September 2015 wurde auf EU-Ebene entschieden, 160.000 Flüchtlinge auf alle EU-Staaten zu verteilen. Doch einige osteuropäische Mitglieder, allen voran Tschechien, die Slowakei, Ungarn und Rumänien, verweigerten sich der europäischen Solidarität – die Slowakei und Ungarn klagten sogar vor dem EuGH.[12]

---

[11] https://ec.europa.eu/eurostat/statistics-explained/index.php?title=Asylum_statistics/de&oldid=336909; https://www.bmi.bund.de/SharedDocs/pressemitteilungen/DE/2016/09/asylsuchende-2015.html, 06.02.2024.

[12] Im September 2017 wies der EuGH die Klage zurück und entschied, dass beide Länder zur Aufnahme von Flüchtlingen verpflichtet sind.

Die Flüchtlingskrise offenbarte nicht nur die mangelnde Solidarität in der EU, sondern zeigte darüber hinaus, dass das 1990 in Kraft getretene Dubliner Übereinkommen, das die Prüfung des Asylantrages durch den Staat vorsieht, in dem ein Asylbewerber nachweislich zum ersten Mal in die EU einreist, gescheitert war (Brunn 2020, S. 336 f.; Ziegerhofer 2021, S. 189). Im März 2016 schloss die EU ein Abkommen mit der Türkei, mit dem die illegale Migration über die Türkei in die EU-Staaten, vor allem nach Griechenland, gestoppt und weitere Todesfälle in der Ägäis verhindert werden sollten. Die Türkei erklärte sich zur Rücknahme der irregulär auf den griechischen Inseln ankommenden Migranten bereit. Im Gegenzug sicherte die EU der Türkei eine Unterstützung in Höhe von 6 Mrd. € zu und stellte zudem Fortschritte bei der Visaliberalisierung für türkische Staatsbürgerinnen und Staatsbürger im EU-Beitrittsprozess in Aussicht. Historische Worte sprach Bundeskanzlerin Angela Merkel angesichts der Flüchtlingskrise und der damit verbundenen Belastung für Deutschland auf der Bundespressekonferenz am 31. August 2015: „Wir schaffen das."

Eine einschneidende Zäsur in der Geschichte der europäischen Integration stellte der Austritt Großbritanniens aus der EU *(Brexit)* dar (s. Abschn. 3.5). Am 23. Juni 2016 hatten 51,9 % der britischen Bevölkerung in einem Referendum für diesen Schritt gestimmt, der die EU in eine Identitätskrise stieß. Denn erstmals nach sieben Erweiterungsrunden und einem Zuwachs von sechs auf 28 Mitglieder innerhalb von rund 60 Jahren hatte sich ein Land dazu entschieden, die EU zu verlassen. Dabei war es dem britischen Premiermister David Cameron im Vorfeld des Referendums noch gelungen, weitere Sonderrechte für Großbritannien durchzusetzen. Am 29. März 2017 stellte die britische Regierung den Antrag auf Austritt des Landes nach Art. 50 EUV. Nach einem zähen Ringen, sowohl innerhalb der britischen Politik (Camerons

Nachfolgerin Theresa May trat im Juli 2019 wegen des Brexit-Chaos zurück und wurde durch Boris Johnson als Premierminister ersetzt) als auch zwischen Großbritannien und der EU über das Austrittsabkommen und die künftigen gegenseitigen Beziehungen, konnte der Austritt zum 31. Januar 2020 vollzogen werden (Loth 2020, S. 463). Bis Ende 2020 blieb Großbritannien noch für eine Übergangsphase im EU-Binnenmarkt und in der Zollunion, um einen harten Schnitt für die Wirtschaft zu vermeiden.

Die Wahlen zum EP im Mai 2019 brachten im Nachgang eine Überraschung. Nicht Manfred Weber als Spitzenkandidat der siegreichen EVP konnte das Amt des Kommissionspräsidenten in Nachfolge von Jean-Claude Juncker erobern, sondern Ursula von der Leyen, zu dieser Zeit noch amtierende deutsche Verteidigungsministerin im Kabinett Merkel. Vorausgegangen war ihre Nominierung durch die Staats- und Regierungschefs am 02. Juli und die Wahl durch das EP am 16. Juli 2019. Mit diesem Vorgehen wurde das erstmals mit der EP-Wahl 2014 eingeführte *Spitzenkandidatenprinzip* konterkariert. Dies besagt, dass der Spitzenkandidat der bei einer EP-Wahl siegreichen Parteienfamilie vom Europäischen Rat für das Amt des Kommissionspräsidenten nominiert werden soll.

Die neue Kommissionspräsidentin Ursula von der Leyen stellte als ehrgeizigstes Ziel ihrer neuen Kommission den europäischen Green Deal in den Mittelpunkt ihrer Politik. Mit ihm sollten Maßnahmen umgesetzt werden, um die Treibhausgasemissionen bis zum Jahr 2050 auf nahezu null zu reduzieren und damit Europa als ersten Kontinent klimaneutral zu machen. Ein weiteres Prestigeprojekt war die Einberufung einer Konferenz zur Zukunft Europas, die offiziell am 09. Mai 2021 mit ihrer Arbeit startete. Sie sollte unter Beteiligung der Bürgerschaft neue Antworten für die Zukunft der EU und ihrer Demokratie finden. Am 09. Mai

2022 wurde der Abschlussbericht mit 49 Vorschlägen zu neun Themenfeldern vorgelegt (s. Abschn. 7.3.3).

2020 wurde die EU – und mit ihr die ganze Welt – von einer Krise unbekannten Ausmaßes getroffen: der *Covid-19-Pandemie*. Mit dem aus China stammenden Virus veränderte sich das Leben in Europa schlagartig: Grenzschließungen im innereuropäischen Personenverkehr, Einreiseverbote aus Drittstaaten, innereuropäische Ausfuhrverbote für Medizinprodukte, Wettkampf um die Entwicklung von Impfstoffen. Da die Gesundheitspolitik in der Kompetenz der Mitgliedstaaten lag, entschied jedes Land für sich, welche Maßnahmen es treffen wollte – ein europäischer Flickenteppich aus Anti-Covid-19-Maßnahmen war die Folge. In einigen Ländern, darunter Deutschland, kam es zu drastischen Maßnahmen, wie der Verhängung von Ausgangssperren und der Stilllegung eines Großteils des wirtschaftlichen und gesellschaftlichen Lebens. Andere Länder, wie zum Beispiel Schweden, beschlossen nur moderate Maßnahmen zur Eindämmung des Virus.

Es dauerte jedoch nicht lange, bis man zum gemeinsamen Handeln zurückfand. Die Einschränkungen im Grenzverkehr wurden entsprechend den Fortschritten bei der Pandemiebekämpfung gelockert und aufgehoben. Die EU-Kommission schloss für alle Mitgliedstaaten Verträge mit Unternehmen, die Impfstoffe herstellten. Patienten, die lebensbedrohlich an Corona erkrankt waren und denen im eigenen Land kein Intensivbett mehr zur Verfügung gestellt werden konnte, wurden solidarisch in Kliniken benachbarter Länder aufgenommen. Auch bei der Bekämpfung der wirtschaftlichen und sozialen Folgen der Pandemie handelte man solidarisch und brach mit dem Beschluss zur Finanzierung eines Wiederaufbaufonds in Höhe von 750 Mrd. € mit dem althergebrachten Grundsatz, dass die EU keine gemeinsamen Schulden aufnehmen darf. Der am 12. Februar 2021 ins Leben gerufene *Next Generation Europe* (NGEU) genannte Fonds beinhaltete 390 Mrd. € an Zuschüssen, die nicht zurückgezahlt werden müssen sowie 360 Mrd. € an Darlehen. Um Mittel aus dem Fonds zu erhalten, mussten die Mitgliedstaaten von der EU-Kommission bewertete Pläne vorlegen, die Auskunft über geplante Reformen und Investitionen geben. Zusammen mit den Mitteln für den MFR 2021–2027 standen und stehen der EU rund 1,8 Bio € zur Verfügung, um die wirtschaftlichen und gesellschaftlichen Folgen der COVID-19-Pandemie zu bewältigen und die langfristigen Prioritäten der EU umzusetzen (Brunn 2020, S. 344 ff.; Ziegerhofer 2021, S. 192 f.).

Kaum schien die Pandemie durch den Impffortschritt in den Mitgliedstaaten beherrschbar, trat eine neue Krise hervor, die eigentlich undenkbar erschien: *Krieg in Europa*. Am 24. Februar 2022 fiel die russische Armee mit einer Streitmacht von weit mehr als 100.000 Soldaten in die Ukraine ein. Der Kampf, der bis zum heutigen Tage andauert, kostete bislang viele Tote und Verletzte auf Seiten der ukrainischen und russischen Streitkräfte,[13] auch die Zivilbevölkerung blieb nicht verschont.[14] Als Ziel der russischen Aggression nannte Präsident Putin die Denazifizierung und Demobilisierung der Ukraine. Auf einer Sondersitzung der Staats- und Regierungschefs der EU noch am 24. Februar wurde die militärische Invasion Russlands in der Ukraine aufs Schärfste verurteilt. Einigkeit bestand darin, dass sie gegen das Völkerrecht verstößt und die Sicherheit und Stabilität in Europa und in der Welt gefährdet. In Deutsch-

---

[13] Die Zahlen allein für die russische Armee wurden von der NATO Ende Oktober 2024 auf rund 600.000 beziffert. Siehe: https://www.spiegel.de/ausland/ukraine-krieg-mehr-als-600-000-russische-soldaten-laut-nato-gefallen-oder-verwundet-a-02d6314a-b97c-443f-aa86-a51c0ece32f7, 28.10.2024.

[14] Stand 28. Februar 2025 waren 12.737 getötete und 29.768 verletzte ukrainische Zivilisten zu verzeichnen. Siehe: https://de.statista.com/statistik/daten/studie/1297855/umfrage/anzahl-der-zivilen-opfer-durch-ukraine-krieg/, 08.04.2025.

land sprach Bundeskanzler Olaf Scholz am 27. Februar 2022 im Bundestag von einer *Zeitenwende*, die der kriegerische Angriff Russlands auf die Ukraine ausgelöst hat und kündigte ein 100 Mrd. € schweres Sondervermögen für die Bundeswehr an, mit dem leistungsfähige und hochmoderne Streitkräfte zur Landesverteidigung Deutschlands aufgebaut werden sollen. In den folgenden Monaten wurde einerseits eine Vielzahl von Sanktionspaketen gegen Russland verabschiedet, andererseits die Ukraine politisch, finanziell, materiell und humanitär unterstützt. Die Solidarität mit den Millionen an Flüchtlingen aus der Ukraine, die in den EU-Mitgliedstaaten, allen voran Polen und Deutschland, Schutz vor dem Krieg in ihrer Heimat suchten, war weitaus stärker als bei der Flüchtlingskrise im Jahr 2015.

Die EU leistete auch militärische Unterstützung. Hierfür nutzte sie die im März 2021 eingerichtete Friedensfazilität, ein außerhalb des Haushalts stehender Fonds zur Stärkung der Fähigkeiten der EU im Bereich Sicherheit und Verteidigung sowie zur Friedenserhaltung weltweit. Ursprünglich mit 5 Mrd. € für den Zeitraum 2021–2027 ausgestattet, wurde der Fonds Mitte Dezember 2022 um weitere 2 Mrd. € aufgestockt, damit Mitgliedstaaten ihre Waffenlieferungen an die Ukraine refinanzieren konnten.[15] Im Oktober 2022 hatte die EU darüber hinaus beschlossen, eine militärische Unterstützungsmission für die Ukraine mit dem Ziel einzurichten, ukrainische Streitkräfte auf EU-Gebiet auszubilden, um deren militärische Fähigkeiten zu verbessern.[16]

Der Krieg zwischen Russland und der Ukraine führte auch zu einer weltweiten *Energiekrise*, weil einerseits Russ-

---

[15] https://www.consilium.europa.eu/de/infographics/european-peace-facility/, 06.02.2024.

[16] https://www.consilium.europa.eu/de/press/press-releases/2022/10/17/ukraine-eu-sets-up-a-military-assistance-mission-to-further-support-the-ukrainian-armed-forces/, 06.02.2024.

land – Hauptlieferant der EU für fossile Brennstoffe – seine Gaslieferungen kürzte bzw. an einige Mitgliedstaaten ganz aussetzte, andererseits die EU im März 2022 beschloss, ihre Abhängigkeit von der Einfuhr von Gas, Kohle und Öl aus Russland schrittweise zu verringern. Die Energiepreise, insbesondere bei Gas, stiegen drastisch an, weshalb sich die EU im Dezember 2022 auf die Einrichtung eines Marktkorrekturmechanismus einigte, um Phasen übermäßig hoher Gaspreise zu begrenzen.

Während die EU im Konflikt mit Russland weitgehend an einem Strang zog, belasteten die anhaltenden Verstöße von Polen und Ungarn gegen die Werte der EU den Zusammenhalt der Gemeinschaft im Inneren – mithin sah sich die EU einer *Rechtsstaatlichkeitskrise* ausgesetzt. In Polen wurde Mitte 2017 eine mit der Verabschiedung von mehreren Gesetzen einhergehende sogenannte Reform des Justizsystems durchgeführt, die faktisch die Unabhängigkeit der Justiz und damit die Gewaltenteilung abschaffte. Die Europäische Kommission sah grundlegende Werte der EU verletzt und leitete ein Rechtsstaatsverfahren gegen Polen nach Art. 7 EUV ein. 2018 wurde ein entsprechendes Verfahren vom EP gegen Ungarn eingeleitet, weil Präsident Viktor Orban und seine rechtskonservative Fidez-Partei mit ihrer Mehrheit im Parlament den Rechtsstaat stetig ausgehöhlt hatte, indem u. a. Grundrechte wie die Pressefreiheit eingeschränkt und die Medien der Regierungskontrolle unterworfen wurden (Schmuck 2020a, S. 7).

Mehr Erfolg darin, Polen und Ungarn auf die Wahrung von Rechtsstaatlichkeit zu verpflichten, versprach man sich durch einen Anfang 2021 im Zuge einer EU-Verordnung in Kraft getretenen Konditionalitätsmechanismus (s. Abschn. 3.1). Polen und Ungarn reichten Klagen gegen das neue Instrument ein, die jedoch im Februar 2022 vom EuGH abgewiesen wurden.

Das Jahr 2023 war dominiert durch den Krieg in der Ukraine und seine Auswirkungen. Zahllose Male trafen sich die

Staats- und Regierungschefs der EU, um einerseits über Sanktionen gegen Russland, andererseits über ihre wirtschaftliche und militärische Unterstützung der Ukraine zu beraten. Bei den Wirtschaftssanktionen, die in bisher unbekanntem Ausmaß als stufenweise Pakete beschlossen wurden, handelt es sich u. a. um die Beschlagnahme von privaten und staatlichen Auslandsvermögen, den Ausschluss der russischen Banken vom internationalen Zahlungsverkehr SWIFT sowie Im- und Exportverbote für eine Vielzahl von Gütern (Jopp 2023, S. 51).

Im Dezember 2023 beschlossen die Staats- und Regierungschefs der EU, Beitrittsverhandlungen mit der Ukraine aufzunehmen. Dies war insofern überraschend, weil die Ukraine erst im Juni 2022 den Status eines Beitrittskandidaten verliehen bekommen hatte. Die Entscheidung der EU war damit weniger eine Bestätigung des Beitrittsfortschritts der Ukraine als vielmehr ein politisches Signal, insbesondere an Russland, dass die Ukraine schnellstmöglich Mitglied der EU werden soll.

Das erste Halbjahr 2024 stand ebenfalls unter dem Eindruck des Krieges und der Frage, wie die Ukraine in ihrem Abwehrkampf unterstützt werden kann. Nach zähem Ringen (insbesondere musste der Widerstand Ungarns überwunden werden), stimmten die Staats- und Regierungschefs auf einem Sondergipfel in Brüssel am 1. Februar 2024 einem Finanzpaket für die Ukraine für den Zeitraum 2024–2027 im Umfang von 50 Mrd. € zu. Große Erleichterung machte sich in der EU breit, als die USA im April 2024 nach langwierigen innenpolitischen Debatten die Bereitstellung von 60 Mrd. US-Dollar für die weitere, vor allem militärische, Unterstützung der Ukraine beschloss. Vorausgegangen war dem ein fünfmonatiger Stopp von amerikanischen Waffenlieferungen, der Gebietsverluste der Ukraine wegen eingeschränkter Verteidigungsfähigkeit zur Folge hatte. Gerungen wurde in der EU in den folgenden Monaten beispielsweise um die Abgabe weiterer Patriot-Flugabwehrsysteme an die Ukraine, die besonders effektiv die ukrainischen Städte und die kritische Infrastruktur des Landes vor russischen Raketen schützen sowie um eine Lieferung des Marschflugkörpers Taurus durch Deutschland.

Von Beginn des russischen Angriffskriegs bis zum Herbst 2024 hatten die EU, die Mitgliedstaaten und die europäischen Finanzinstitutionen die Ukraine mit rund 60. Mrd. € an Wirtschafts-, Sozial- und Finanzhilfen unterstützt. Konkret erfolgte diese Unterstützung in Form von Makrofinanzhilfe, Budgethilfe, Soforthilfe, Krisenreaktion und humanitärer Hilfe. An Militärhilfe für die Ukraine flossen 43,5 Mrd. € seitens der EU und ihrer Mitgliedstaaten, hiervon 6,1 Mrd. € aus der Europäischen Friedensfazilität. Darüber hinaus leistete die EU bis zu 17 Mrd. € an Zahlungen an ihre EU-Mitgliedstaaten zur Deckung des Bedarfs der Ukraine-Flüchtlinge.[17] Deutschland hat die Ukraine im Zeitraum Januar 2022 bis Juni 2024 mit militärischem Gerät, Munition und Raketen im Wert von 10,2 Mrd. € unterstützt, womit das Land der zweitgrößte Waffenlieferant nach den USA (51,6 Mrd. €) war (Jopp 2024, S. 53).

Das zentrale Ereignis für die EU selbst im Jahr 2024 stellten die *Wahlen zum EP am 09. Juni* dar. Im Vorfeld wurde das Erstarken rechtspopulistischer und rechtsextremer Parteien auf europäischer Ebene befürchtet, analog zu den nationalen Wahlergebnissen in einigen Mitgliedstaaten. Und in der Tat erhielten jene Parteien stärkeren Zuspruch als noch bei der EP-Wahl im Jahr 2019. Ein dramatischer Rechtsruck im Parlament blieb jedoch aus. Auch in der Legislaturperiode 2024–2029 kommen Konservative, Sozialdemokraten und Liberale auf eine Mehrheit der insgesamt 720 Sitze (s. Abschn. 4.1.1). Nach zähen Verhandlungen zwischen den

---

[17] Europäische Kommission: Factsheet Solidarität der EU mit der Ukraine, 27. September 2024, https://ec.europa.eu/commission/presscorner/api/files/attachment/879787/Factsheet%20-%20EU%20Solidarity%20With%20Ukraine.pdf, 28.10.2024.

Fraktionen wurde die im Juli 2024 vom EP wiedergewählte Kommissionspräsidentin Ursula von der Leyen und die von ihr neu zusammengestellte EU-Kommission Ende November vom EP bestätigt. Damit konnte die Kommission zum 01. Dezember 2024 ihre Arbeit aufnehmen.

> **Fazit: Auswirkungen der Poly-Krise auf die EU**
>
> Seit 2008 befindet sich die EU kontinuierlich im Krisenmodus: Wirtschafts- und Finanzkrise, Eurokrise, Flüchtlingskrise, Brexit, Rechtsstaatlichkeitskrise, Covid-19-Pandemie und zuletzt und noch andauernd die Ukraine-Krise, die 2022 in einen Krieg eskalierte. Doch wie Jean Monnet in seinen 1978 veröffentlichten Memoiren feststellte: „Europa wird in Krisen geschmiedet und wird die Summe der Lösungen sein, die für diese Krisen gefunden wurden."
>
> Der Krieg in der Ukraine markiert eine signifikante Wende für Europa. Bundeskanzler Olaf Scholz sprach am 27. Februar 2022, drei Tage nach der russischen Invasion in der Ukraine, im Deutschen Bundestag von einer Zeitenwende. Diese Zeitenwende bewirkt ganz im Sinne von Monnets Diktum eine Neuausrichtung der EU, die in der Krise innovative Politikansätze entwickelt und umsetzt, die zuvor undenkbar waren.
>
> Mit Donald Trumps Amtsantritt als US-Präsident am 20. Januar 2025 gewinnt die Diskussion über die eigenständige Sicherstellung der europäischen Sicherheit und Verteidigung an Dynamik. Die Gemeinsame Außen- und Sicherheitspolitik (GASP) und die Gemeinsame Sicherheits- und Verteidigungspolitik (GSVP) erzielen bedeutende Fortschritte: Die EU investiert in Defensivwaffen und Ausrüstung für die ukrainischen Streitkräfte. Deutschland wird nach den USA zum zweitgrößten Waffenlieferanten an die Ukraine und schafft ein Sondervermögen von 100 Mrd. € für die Bundeswehr. Schweden und Finnland beenden ihre Neutralität und schließen sich der NATO an.
>
> Diese Entwicklungen geben der EU die Gelegenheit, als entschlossener und geschlossener Akteur auf der Weltbühne aufzutreten und ihr bisher zurückhaltendes sicherheitspolitisches Engagement zu intensivieren.

3

Werte, Prinzipien und Grundpfeiler der EU

3.1 Die EU als Werte- und Rechtsgemeinschaft

Die EU bildet eine *Wertegemeinschaft*. Dies kommt durch entsprechende Bekenntnisse in der Präambel des Vertrages von Lissabon, in Art. 2 EUV sowie in der Präambel der GRC zum Ausdruck. Gemäß Art. 2 S. 1 EUV gründet sich die EU auf die folgenden Werte:

- Achtung der Menschenwürde
- Freiheit
- Demokratie
- Gleichheit
- Rechtsstaatlichkeit
- Wahrung der Menschen- und Minderheitenrechte

Ergänzend kommt in Art. 2 S. 2 EUV hinzu, dass diese Werte allen Mitgliedstaaten gemeinsam sind, die sich durch Pluralismus, Nichtdiskriminierung, Toleranz, Gerechtigkeit, Solidarität und die Gleichheit von Frauen und Männern auszeichnen.

Von wichtiger symbolhafter Bedeutung ist, dass im EUV die Werte in Art. 2 und damit noch vor den in Art. 3 formulierten Zielen der EU platziert sind. In den Worten des Präsidenten des EuGH Koen Lenaerts: „Dabei spiegelt die Einfügung der Grundlagen der Werteunion in Artikel 2 EUV noch vor den Zielen der Europäischen Union in Artikel 3 EUV den Wandel der Union wider – hin zu einer identitätsstiftenden Wertegemeinschaft sowohl nach innen als auch nach außen" (zit. in Hufeld 2020, S. 256). Die Unterordnung der Ziele unter die Werte wird noch dadurch verstärkt, dass sich die Werte prominent an erster Stelle des Zielkataloges des Art. 3 Abs. 1 EUV befinden: „Ziel der Union ist es, den Frieden, *ihre Werte* (Hervorhebung nicht im Original) und das Wohlergehen ihrer Völker zu fördern" (ebd., S. 261). Art. 2 EUV entfaltet als „Werte-Garant und Identitätsnorm eine Verfassungskraft, die jener des Art. 79 Abs. 3 GG ähnelt" (ebd., S. 257). Damit ist gemeint, dass die Werte der Union, ebenso wie die in Art. 79 Abs. 3 GG erwähnten Art. 1 GG (Menschenwürde) und Art. 20 GG (Demokratie, Rechtsstaat, Sozialstaat, Bundesstaat, Republik), eine Ewigkeitsgarantie besitzen und damit unantastbar sind.

In besonderer Weise wird in Art. 7 EUV und in Art. 49 EUV auf die Werte Bezug genommen. In Art. 7 EUV ist die Rede von Maßnahmen und Sanktionen, die ergriffen werden können, wenn festgestellt wird, „dass die eindeutige Gefahr einer schwerwiegenden Verletzung der in Art. 2 genannten Werte durch einen Mitgliedstaat besteht". Art. 49 EUV stellt im Hinblick auf die Erweiterung der EU fest:

„Jeder europäische Staat, der die in Art. 2 genannten Werte achtet und sich für ihre Förderung einsetzt, kann beantragen, Mitglied der Union zu werden."

Der Begriff „Werte" findet darüber hinaus Erwähnung im Zielkatalog des Art. 3 EUV. Nicht nur, wie bereits erwähnt, in dessen Absatz 1, sondern auch in Absatz 5: „In ihren Beziehungen zur übrigen Welt schützt und fördert die Union ihre Werte und Interessen (…)." Auch im Kapitel über das auswärtige Handeln der EU wird auf die Werte abgestellt. So lässt sich die EU bei ihrem Handeln auf internationaler Ebene u. a. von Demokratie, Rechtsstaatlichkeit, Menschenrechten und Grundfreiheiten, Achtung der Menschenwürde, Gleichheit und Solidarität leiten (Art. 21 Abs. 1 EUV). Zudem setzt sie sich für ein hohes Maß an Zusammenarbeit auf allen Gebieten der internationalen Beziehungen ein, um ihre Werte zu wahren (Art. 21 Abs. 2 Ziff. a EUV) sowie Demokratie, Rechtsstaatlichkeit, Menschenrechte und das Völkerrecht zu festigen und zu fördern (Art. 21 Abs. 2 Ziff. b EUV) (Skouris 2015, S. 151 ff.).

Die EU ist nicht nur eine Wertegemeinschaft, sondern auch eine *Rechtsgemeinschaft*. Der Begriff der Rechtsgemeinschaft geht zurück auf Walter Hallstein, dem ersten Kommissionspräsidenten der EWG von 1958–1967.

Hintergrund: Walter Hallstein: Der unvollendete Bundesstaat 1969 (Auszug)

„Die Gemeinschaft ist eine Schöpfung des Rechts. Das ist das entscheidend Neue, was sie gegenüber früheren Versuchen auszeichnet, Europa zu einigen. Nicht Gewalt, nicht Unterwerfung ist als Mittel eingesetzt, sondern eine geistige, eine kulturelle Kraft, das Recht. Die Majestät des Rechts soll schaffen, was Blut und Eisen in Jahrhunderten nicht vermochten. Denn nur die selbstgewollte Einheit hat Aussicht auf Bestand, und Rechtsgleichheit und -einheit sind untrennbar miteinander verbunden" (Hallstein 1969, S. 33).

Die Gemeinschaft ist nicht nur eine Schöpfung des Rechts, sondern auch Rechtsquelle und Rechtsordnung. Rechtsquelle, weil sie durch die Verträge über den notwendigen Rahmen und die Organe der gesetzgebenden, vollziehenden und rechtsprechenden Gewalt verfügt, um die im Gemeinschaftsinteresse liegenden Aufgaben zu erfüllen. Rechtsordnung, weil das Unionsrecht ein geschlossenes System von Rechtsvorschriften beinhaltet und das gesetzmäßige Handeln der Organe und die Gesetzmäßigkeit der Rechtsakte, Rechtsschutz für alle diejenigen garantiert, die dem Recht unterworfen sind (Müller-Graff 2020, S. 40; Skouris 2015, S. 155).

Wichtigstes Fundament der Rechtsgemeinschaft bildet das *Rechtsstaatsprinzip*. Es gehört zu den grundlegenden Werten der EU und ist in Art. 2 EUV an prominenter Stelle zu Beginn im EUV verankert. Damit wird deutlich, dass die EU die Rechtsstaatlichkeit als schlechthin konstituierend für ihre eigene Organisation begreift, womit sie den liberalen europäischen Verfassungstraditionen ihrer Mitgliedstaaten Rechnung trägt (Holterhus 2022, S. 55).

Die Einhaltung des Rechtsstaatsprinzips und damit der Schutz der gemeinsamen Rechtsordnung muss sowohl von der Union als auch von ihren Mitgliedstaaten gewährleistet werden. So heißt es in Art. 19 S. 3 EUV: „Die Mitgliedstaaten schaffen die erforderlichen Rechtsbehelfe, damit ein wirksamer Rechtsschutz in den vom Unionsrecht erfassten Bereichen gewährleistet ist." Als wichtigstes Organ, um die Rechtsgemeinschaft und damit das Primat des Rechts in der EU zu schützen und zu erhalten, gilt der EuGH. Nach Art. 19 S. 2 EUV sichert er „die Wahrung des Rechts bei der Auslegung und Anwendung der Verträge".

Welche Grundsätze zur Rechtsstaatlichkeit gehören, definiert die EU wie folgt: „Rechtmäßigkeit, hierzu zählen transparente, auf der Rechenschaftspflicht beruhende, demokratische und pluralistische Gesetzgebungsverfahren,

Rechtssicherheit, Verbot der willkürlichen Ausübung exekutiver Gewalt, wirksamer Rechts- und Grundrechtsschutz sowie gerichtliche Überprüfung von Maßnahmen der Exekutive durch unabhängige und unparteiische Gerichte, Gewaltenteilung und die Gleichheit vor dem Gesetz" (Europäische Kommission 2020).

Seit 2020 verfasst die Europäische Kommission den Jahresbericht zur Rechtsstaatlichkeit. Der Bericht benennt Rechtsstaatsverstöße in den Mitgliedstaaten und formuliert Empfehlungen zu deren Abbau. Der 5. Jahresbericht von Juli 2024 umfasst 27 Länderkapitel, Empfehlungen und Folgemaßnahmen zu den Empfehlungen aus dem Jahresbericht 2023. Der Bericht ist nicht nur bunt bedrucktes Papier, sondern zeigt Wirkung. Zwei Drittel (67 %) der Empfehlungen aus dem Jahr 2023 sind laut Kommissionsbericht vollständig oder teilweise umgesetzt worden (Europäische Kommission 2024).

Zur Sicherung der Rechtsstaatlichkeit hat die EU verschiedene Instrumente entwickelt. Vor dem Hintergrund sich negativ entwickelnder Tendenzen in einigen Mitgliedstaaten (insbesondere Polen und Ungarn) führte die Europäische Kommission 2014 einen „Neuen EU-Rahmen zur Stärkung des Rechtsstaatsprinzips" ein. Dieser Rahmen, auch *Rechtsstaatsmechanismus* genannt, kommt bei einer Gefährdung der Rechtsstaatlichkeit zur Anwendung, sofern sie ihrem Wesen nach systemimmanent ist. Das bedeutet, die Gefährdung muss sich gegen die politische, institutionelle und/oder rechtliche Ordnung eines Mitgliedstaates, die verfassungsmäßige Struktur, die Gewaltenteilung, die Unabhängigkeit oder Unparteilichkeit der Justiz oder das System der richterlichen Kontrolle richten (Europäische Kommission 2014a).

Das Verfahren des Rechtsstaatsmechanismus weist einen dreistufigen Aufbau auf: *(1) Sachstandsanalyse der EU-Kommission*: Auf der Basis von Gutachten externer Akteure

(z. B. dem Europarat) untersucht die Kommission, ob klare Anzeichen für eine systemische Gefährdung der Rechtsstaatlichkeit in einem Mitgliedstaat vorliegen. Kommt die Analyse zu einem solchen Ergebnis, tritt die Kommission mit dem betroffenen Mitgliedstaat in einen Dialog, in dem sie ihre Bedenken begründet und dem Mitgliedstaat die Gelegenheit gibt, sich dazu zu äußern. *(2) Empfehlung der Kommission*: Unter Fristsetzung erfolgt eine Handlungsempfehlung der Kommission an den betreffenden Mitgliedstaat, die beanstandeten Probleme zu beheben. *(3) Follow-up zur Empfehlung der Kommission*: Die Kommission überprüft, ob der Mitgliedstaat die an ihn gerichtete Empfehlung befolgt und entsprechende Maßnahmen ergriffen hat. Ist der Mitgliedstaat der Empfehlung nicht innerhalb der gesetzten Frist gefolgt, prüft die Kommission die Einleitung des Sanktionsverfahrens nach Art. 7 EUV. Dieser neue Rahmen soll Gefahren für das Rechtsstaatsprinzip frühzeitig erkennen und abwenden – noch bevor die Voraussetzungen für die Einleitung eines sogenannten Art. 7-Verfahrens gegeben sind (Hummer 2022, S. 7).

Das *Art. 7-Verfahren* ist im Vertrag von Lissabon verankert. Es bietet erstmals die Möglichkeit, einen Mitgliedstaat wegen einer Verletzung von Unionswerten tatsächlich zu sanktionieren. Art. 7 EUV sieht ebenfalls ein dreistufiges Verfahren vor: *(1) Feststellung des Bestehens der eindeutigen Gefahr einer gravierenden Verletzung der Werte der EU:* Die Feststellung erfolgt durch einen Beschluss des Rates mit einer Mehrheit von vier Fünfteln seiner Mitglieder und der Zustimmung des EP auf vorherigen Vorschlag eines Drittels der Mitgliedstaaten, des EP oder der Kommission. Vor seinem Beschluss hört der Rat den betroffenen Mitgliedstaat an und kann Empfehlungen an ihn richten. *(2) Feststellung einer schwerwiegenden und anhaltenden Verletzung der Unionswerte:* Die Feststellung wird durch einen einstimmigen Beschluss im Europäischen Rat auf Vorschlag eines Drittels der Mitgliedstaaten oder der Kommission und nach Zustimmung des EP getroffen. Vor seinem Beschluss fordert der Europäische Rat den betroffenen Mitgliedstaat zu einer Stellungnahme auf. *(3) Verhängung von Sanktionen:* Der Rat kann mit qualifizierter Mehrheit Sanktionen gegen den betreffenden Mitgliedstaat beschließen, d. h. bestimmte Rechte aus dem Vertrag aussetzen. Als stärkste Sanktion gilt der Entzug des Stimmrechts im Rat.

Das Art. 7-Verfahren ist bereits gegen Polen (2017) und Ungarn (2018) in Gang gesetzt worden. Allerdings ist es bisher nie über die zweite Sanktionsstufe hinausgekommen. Ursache ist die in Art. 7 Abs. 2 EUV geforderte Einstimmigkeit im Europäischen Rat für die Feststellung einer schwerwiegenden und anhaltenden Verletzung der Unionswerte. Beide Staaten, Polen und Ungarn, hatten erklärt, einen einstimmigen Beschluss im Europäischen Rat wechselseitig mit ihrem Veto zu verhindern.

Um diese Blockade aufzubrechen und zumindest die Zuteilung von Fördermitteln aus dem EU-Haushalt von der Beachtung der Unionswerte nach Art. 2 EUV, insbesondere der Rechtsstaatlichkeit, abhängig zu machen, wurde im Dezember 2020 eine „allgemeine Konditionalitätsregelung zum Schutz des Haushalts der Union" erlassen (Europäisches Parlament/Rat 2020). Diese auch als *Konditionalitätsmechanismus* bezeichnete Regelung ermöglicht bei Verstößen gegen Prinzipien der Rechtsstaatlichkeit, die eine Gefahr für die wirtschaftliche Haushaltsführung bzw. für die finanziellen Interessen der EU darstellen, im EU-Haushalt vorgesehene Zahlungen an den betroffenen Mitgliedstaat auszusetzen. Es muss jedoch ein hinreichend unmittelbarer kausaler Zusammenhang zwischen dem Verstoß gegen die Rechtsstaatlichkeit und den Auswirkungen auf den EU-Haushalt bestehen, wobei die konkreten Anforderungen an diesen Zusammenhang noch nicht vollständig geklärt sind (Kainer 2024, S. 216). Mit diesem Instrument wird gleichwohl erstmals die Auszahlung von EU-Finanzmitteln von der Einhaltung rechtsstaatlicher Prinzipien abhängig gemacht (Hummer 2022, S. 10).

Schließlich wird die Rechtsstaatlichkeit und damit auch die Rechtsgemeinschaft über das Instrument des *Vertragsverletzungsverfahrens* geschützt: „Die Unterwerfung der Mitgliedstaaten unter ein obligatorisch gerichtliches Verfahren mit dem damit implizierten Risiko einer Verurteilung (…) und sein systemischer Einsatz gegenüber Verstößen der Mitgliedstaaten, charakterisieren die Union als Rechtsgemeinschaft" (Bieber et al. 2023, S. 285, Rn. 24). Art. 258 AEUV ermächtigt die Kommission gegen einen Mitgliedstaat wegen Vertragsverletzung vorzugehen. Ziel des Verfahrens ist, Verstöße der Mitgliedstaaten gegen das Unionsrecht gerichtlich feststellen zu lassen und sie dazu zu bewegen, die Verstöße abzustellen und damit ihre unionsrechtlichen Verpflichtungen zu erfüllen. Ein möglicher Verstoß gegen Verpflichtungen eines Mitgliedstaates gegen Unionsrecht kann in der Verletzung von Unionswerten nach Art. 2 EUV (Primärrecht) oder in der Nichtanwendung von EU-Verordnungen bzw. unterlassener Umsetzung von EU-Richtlinien in nationales Recht (Sekundärrecht) bestehen.

Der Aufbau des Vertragsverletzungsverfahrens ist wiederum dreistufig: *(1) Vorverfahren (Mahnschreiben)*: Die Kommission leitet das förmliche Anhörungsverfahren durch die Übermittlung eines Mahnschreibens ein. Darin teilt sie dem Mitgliedstaat die Tatsachen und wesentlichen rechtlichen Erwägungen mit, aus denen aus ihrer Sicht ein Verstoß des Mitgliedstaates gegen das Unionsrecht hervorgeht. Ferner wird der Mitgliedstaat mit dem Schreiben aufgefordert, sich innerhalb einer bestimmten Frist (in der Regel zwei Monate) zu den erhobenen Vorwürfen zu äußern. *(2) Vorverfahren (begründete Stellungnahme)*: Hat sich der Mitgliedstaat nicht innerhalb der ihm gesetzten Frist geäußert und hält die Kommission an ihrer Auffassung fest, gibt sie eine begründete Stellungnahme ab, in der sie ausführlich darlegt, warum der Mitgliedstaat ihrer Auffassung nach gegen das Unionsrecht verstoßen hat. Ergänzt wird die Stellungnahme durch eine Aufforderung an den Mitgliedstaat, innerhalb einer weiteren Frist von zwei Monaten den Verstoß abzustellen. *(3) Klageerhebung*: Unter der Voraussetzung, dass der Mitgliedstaat der Aufforderung nicht in der gesetzten Frist nachgekommen ist, ist die Kommission zur Klageerhebung vor dem EuGH berechtigt (Art. 258 S. 2 AEUV).

Mit der Befassung durch den EuGH geht das Verfahren in eine *Vertragsverletzungsklage* über und eskaliert das Vorgehen. Kommt der EuGH zu dem Ergebnis, dass ein Mitgliedstaat gegen die Verpflichtungen aus dem Unionsrecht verstoßen hat, so ist dieser Mitgliedstaat nach Art. 260 Abs. 1 AEUV verpflichtet, „die Maßnahmen zu ergreifen, die sich aus dem Urteil des Gerichtshofes ergeben". Kommt der Mitgliedstaat dieser Verpflichtung nicht nach, kann die Kommission nach vorheriger Anhörung des Mitgliedstaates beim EuGH die Verhängung eines einmaligen Pauschalbetrages (für die bisherige Dauer des Verstoßes) und ein Zwangsgeld (für jeden weiteren Tag, an dem der Verstoß fortbesteht) beantragen (Art. 260 Abs. 2 AEUV).

Die Berechnung der Geldstrafen erfolgt folgendermaßen: Auf der Basis der Zahlungsfähigkeit des betreffenden Mitgliedstaates (Bruttoinlandsprodukt – BIP) und der Zahl seiner Sitze im EP wird ein Faktor gebildet, der mit anderen Faktoren, wie Schwere des Verstoßes und Dauer des Verstoßes, kombiniert wird. Für Deutschland liegt der Mindestpauschalbetrag bei 11.277 Mio. € (Europäische Kommission 2022a).

> **Praxisbeispiele: Verhängung von Geldstrafen**
>
> 2021 setzte der EuGH gegen Polen ein tägliches Zwangsgeld in Höhe von 1 Mio. € fest (wurde 2023 auf 500.000 € pro Tag herabgesetzt). Das Land hatte sich geweigert, die Tätigkeit der im Zuge der sogenannten Justizreform geschaffenen Disziplinarkammer zur Bestrafung von Richtern auszusetzen (Gerichtshof der EU 2023a).
>
> 2022 wurde Griechenland vom EuGH verurteilt, einen Pauschalbetrag in Höhe von 5,5 Mio. € und ein Zwangsgeld von mehr als 4 Mio. € pro Halbjahr des Verzugs zu zahlen, weil das Land unionsrechtswidrig gewährte staatliche Beihilfen an ein Unternehmen nicht zurückgefordert hatte (Gerichtshof der EU 2022).
>
> 2024 hatte der EuGH Ungarn zur Zahlung eines Pauschalbetrages von 200 Mio. € wegen langjährigen Verstoßes gegen die europäische Asylpolitik verurteilt. Zusätzlich muss Ungarn für jeden Tag, an dem der Verstoß anhält, 1 Mio. € zahlen. Das Geld wird automatisch vom Anteil, den Ungarn aus dem EU-Haushalt erhält, abgezogen (Gerichtshof der EU 2024).

Die von der Kommission gegen Mitgliedstaaten eingeleiteten Vertragsverletzungsverfahren münden allerdings sehr selten, d. h. lediglich in nur 10–20 % der Fälle in Vertragsverletzungsklagen vor dem EuGH. Ursache hierfür ist, dass sich die große Mehrheit der Verfahren bereits in der Phase des Vorverfahrens durch eine Verständigung zwischen Kommission und Mitgliedstaaten erledigen (Bieber et al. 2023, S. 285 ff.). Darüber hinaus hat der EuGH der Kommission einen sehr weiten Ermessensspielraum eingeräumt, ob und gegebenenfalls unter welchen Voraussetzungen sie die Verfahren weiter betreibt.

> **Zusammenfassung: Instrumente zum Schutz der Unionswerte**
>
> Die EU verfügt über mehrere Instrumente zur Sicherung der in Art. 2 EUV verankerten Unionswerte, insbesondere der Rechtsstaatlichkeit: *(1) Rechtsstaatsmechanismus*, der in

> einem dialogischen Verfahren zwischen EU und Mitgliedstaaten ein Frühwarnsystem darstellt, damit es nicht zu einer systemimmanenten Gefährdung des Rechtsstaatsprinzips kommt. *(2) Art. 7-Verfahren*, das es ermöglicht, gegen einen Mitgliedstaat wegen der schwerwiegenden und anhaltenden Verletzung von Unionswerten Sanktionen, darunter einen Stimmrechtsentzug im Rat, zu verhängen. *(3) Konditionalitätsmechanismus*, der die Nicht-Auszahlung von Geldern aus dem EU-Haushalt zur Folge haben kann, sollte ein Mitgliedstaat gegen das Rechtsstaatsprinzip verstoßen und sich dieser Verstoß negativ auf den EU-Haushalt auswirken. *(4) Vertragsverletzungsverfahren*, das einen Mitgliedstaat aufgrund der möglichen Festsetzung von (finanziellen) Sanktionen durch den EuGH dazu veranlassen soll, Verstöße gegen das Unionsrecht zu beenden.

Wichtig bleibt abschließend festzustellen: Ein Ausschluss eines Mitgliedstaates aus der EU wegen eines Verstoßes gegen Primär- und/oder Sekundärrecht ist vertraglich nicht vorgesehen. Es gibt lediglich die Möglichkeit eines freiwilligen und einseitigen Austritts aus der EU nach Art. 50 EUV. Verstöße gegen EU-Recht, insbesondere gegen die Werte der EU, können damit lediglich über die oben beschriebenen Instrumente bzw. Verfahren sanktioniert werden.

3.2 Kernprinzipien der EU

Zu den wichtigsten Kernprinzipien bzw. Grundsätzen der EU, die nicht in einem Vertragsartikel aufgelistet sind, sondern sich verstreut im EUV wiederfinden, zählen:

Prinzip der begrenzten Einzelermächtigung (Art. 5 Abs. 2 EUV). Dieses Prinzip stellt klar, dass die EU nur dann eine Zuständigkeit zur Regelung eines bestimmten Bereichs hat, wenn diese ihr ausdrücklich durch die Verträge übertragen wurde. Daraus folgt, dass „alle der Union nicht in den Verträgen übertragenen Zuständigkeiten bei den Mitgliedstaaten verbleiben" (Art. 5 Abs. 2 S. 2 EUV). Die EU verfügt somit über keine sogenannte Kompetenz-Kompetenz, das heißt, sie hat nicht die Befugnis, sich eigenständig neue Kompetenzen zu verschaffen. Eine Erweiterung der Kompetenzen der Union kann ausschließlich über Vertragsänderungen erfolgen, die zuvor in den Mitgliedstaaten einstimmig ratifiziert werden müssen. Die Übertragung von Kompetenzen ist jedoch keine Einbahnstraße. So besteht auch die Möglichkeit, dass Mitgliedstaaten Kompetenzen nicht nur auf die EU übertragen, sondern auch von der EU zurück auf die Mitgliedstaaten verlagern können. Dieser Prozess wird Renationalisierung bezeichnet.

Grundsatz der Subsidiarität (Art. 5 Abs. 3 EUV). Dieses Prinzip, das erstmals im Vertrag von Maastricht verankert wurde, bezieht sich auf alle Bereiche, die nicht in der ausschließlichen Kompetenz der Mitgliedstaaten oder der EU liegen. Laut Art. 5 Abs. 3 S. 1 EUV darf die EU nur dann tätig werden, „sofern und soweit die Ziele der in Betracht gezogenen Maßnahmen von den Mitgliedstaaten weder auf zentraler noch auf regionaler oder lokaler Ebene ausreichend verwirklicht werden können, sondern vielmehr wegen ihres Umfangs oder ihrer Wirkungen auf Unionsebene besser zu verwirklichen sind". Das bedeutet, es gibt sowohl ein Negativ-Kriterium *ausreichend* als auch ein Positiv-Kriterium *besser*. Beide Kriterien müssen getrennt voneinander untersucht und bejaht werden. Das Subsidiaritätsprinzip konkretisiert damit Art. 1 EUV, in dem es heißt, dass politische Entscheidungen *möglichst bürgernah* getroffen werden müssen.

Grundsatz der Verhältnismäßigkeit (Art. 5 Abs. 4 EUV). Dieser aus dem deutschen Verwaltungsrecht bekannte Grundsatz beinhaltet, dass Maßnahmen der EU inhaltlich und formal nicht über das zur Erreichung der Ziele der Verträge erforderliche Maß hinausgehen dürfen. Im Unterschied zum Subsidiaritätsgrundsatz ist der Verhältnismäßigkeitsgrundsatz auch in den Bereichen der ausschließlichen Zuständigkeit der EU einzuhalten.

Grundsatz der loyalen Zusammenarbeit (Art. 4 Abs. 3 EUV). Dieser Grundsatz, auch Unionstreue genannt, bringt zum Ausdruck, dass sich die EU und die Mitgliedstaaten bei der Erfüllung der sich aus den Verträgen ergebenden Aufgaben gegenseitig unterstützen müssen. Für die Mitgliedstaaten bedeutet dies, dass sie dem Vorrang des Unionsrechts gegenüber entgegenstehendem nationalem Recht Geltung verschaffen und andere Verpflichtungen, die sich aus den EU-Verträgen ergeben, wie z. B. die Umsetzung von EU-Richtlinien in nationales Recht, erfüllen müssen. Im Gegenzug muss die EU die legitimen Interessen der Mitgliedstaaten sowie ihre nationale Identität und ihre verfassungsmäßigen Strukturen berücksichtigen und sie bei der Erfüllung ihrer Verpflichtungen unterstützen.

Grundsatz der Solidarität (Art. 3 Abs. 3 EUV). Dieser Grundsatz besagt, dass die EU den wirtschaftlichen, sozialen und territorialen Zusammenhalt und die Solidarität zwischen den Mitgliedstaaten fördert. Seine Anwendung findet er insbesondere in der Struktur- und Regionalpolitik, indem strukturschwache Gebiete in den Mitgliedstaaten durch entsprechende Fonds (z. B. dem Kohäsionsfonds) finanziell gefördert werden. Das Solidaritätsprinzip zwischen den Mitgliedstaaten gilt darüber hinaus im Bereich Asyl, Einwanderung und Kontrolle der Außengrenzen (Art. 67 Abs. 2 AEUV), im Rahmen der Energieversorgung (Art. 194 AEUV) sowie bei Terroranschlägen und (Natur-) Katastrophen (Art. 222 AEUV). Eine bedeutsame Verpflichtung zur Solidarität ergibt sich ferner aus der Beistandsklausel des Art. 42 Abs. 7 EUV.

Grundsatz der Nicht-Diskriminierung (Art. 18 AEUV). Im Anwendungsbereich der EU-Verträge „ist jede Diskriminierung aus Gründen der Staatsangehörigkeit verboten"

(Art. 18 AEUV). Das bedeutet, dass in den von der EU geregelten Bereichen ein Unionsbürger aus einem anderen Mitgliedstaat nicht schlechter gestellt werden darf als ein Staatsbürger des eigenen Landes, mithin beide gleichgestellt sein müssen. Dieser allgemeine Grundsatz der Nicht-Diskriminierung findet seine Konkretisierung insbesondere im Bereich der Grundfreiheiten des Binnenmarktes, wie z. B. der Arbeitnehmerfreizügigkeit, die in Art. 45 Abs. 2 AEUV „die Abschaffung jeder auf der Staatsangehörigkeit beruhenden unterschiedlichen Behandlung der Arbeitnehmer der Mitgliedstaaten in Bezug auf Beschäftigung, Entlohnung und sonstige Arbeitsbedingungen" umfasst. Zu beachten ist, dass in Bereichen, die vom Unionsrecht ausgenommen sind, wie z. B. staatsbürgerliche Rechte und das nationale Wahlrecht, Unionsbürger von bestimmten öffentlichen Ämtern sowie von Parlamentswahlen ausgeschlossen werden können (Fastenrath und Groh 2016, S. 54).

Ergänzt werden die Kernprinzipien durch die in den Art. 9–12 EUV präzisierten *demokratischen Grundsätze*, die der EU zugrunde liegen. Hierzu gehören die Gleichheit ihrer Bürger (Art. 9), die repräsentative Demokratie (Art. 10), die Partizipation von Verbänden der Zivilgesellschaft einschließlich des Europäischen Bürgerbegehrens (Art. 11) sowie die Beteiligung der nationalen Parlamente (Art. 12).

3.3 Zuständigkeitsverteilung zwischen EU und Mitgliedstaaten

Lange Zeit gab es immer wieder Unklarheiten darüber, welche Bereiche in die Zuständigkeit der EU und welche in die Zuständigkeit der Mitgliedstaaten fallen. Der Vertrag von Lissabon hat in dieser Frage mit den Art. 3 ff. AEUV, wie Abb. 3.1 zeigt, weitestgehend Klarheit geschaffen.

3 Werte, Prinzipien und Grundpfeiler der EU

Zuständigkeiten der EU			
Ausschließliche Zuständigkeit (Art. 3 AEUV)	**Geteilte Zuständigkeit** (Art. 4 AEUV)	**Koordinierende Zuständigkeit** (Art. 5 AEUV)	**Unterstützende Zuständigkeit** (Art. 6 AEUV)
• Zollunion • Wettbewerbsregeln im Binnenmarkt • Währungspolitik (für Euro-Länder) • Erhaltung der biologischen Meeresschätze • Gemeinsame Handelspolitik	• Binnenmarkt • Sozialpolitik • wirtschaftlicher, sozialer und territorialer Zusammenhalt • Landwirtschaft • Fischerei • Umwelt • Verbraucherschutz • Verkehr • transeuropäische Netze • Energie • Raum der Freiheit, Sicherheit und des Rechts • Öffentliche Gesundheit • Forschung, technologische Entwicklung, Raumfahrt • Entwicklungszusammenarbeit • Humanitäre Hilfe	• Wirtschaftspolitik • Beschäftigungspolitik • Sozialpolitik	• Schutz und Verbesserung der menschlichen Gesundheit • Industriepolitik • Kultur • Tourismus • Berufliche Bildung • Jugend • Sport • Katastrophenschutz • Verwaltungszusammenarbeit

Abb. 3.1 Zuständigkeitsverteilung zwischen EU und Mitgliedstaaten. Quelle: Eigene Darstellung

In den Politikfeldern der *ausschließlichen Zuständigkeit* (Art. 3 AEUV) dürfen nur die EU und ihre Organe gesetzgeberisch tätig werden. Nicht anwendbar sind deshalb das Subsidiaritätsprinzip (Art. 5 Abs. 3 EUV), ebenso wie die verstärkte Zusammenarbeit der Mitgliedstaaten nach Art. 20 Abs. 1 EUV. Die Mitgliedstaaten sind nur dann zum Handeln befugt, wenn sie hierzu von der EU ermächtigt werden oder um Rechtsakte der Union durchzuführen (Art. 2 Abs. 1 AEUV).

Bei der *geteilten Zuständigkeit* (Art. 4 AEUV) verfügen sowohl die Union als auch die Mitgliedstaaten über eine Zuständigkeit zum Erlass von gesetzgeberischen Akten. Die

Mitgliedstaaten dürfen jedoch nur tätig werden, „sofern und soweit" die Union ihre Zuständigkeit nicht ausgeübt hat (Art. 2 Abs. 2 AEUV). Doch auch wenn die EU ihre Zuständigkeit ausübt, verbleiben den Mitgliedstaaten weiterhin Regelungsmöglichkeiten. Denn die Ausübung der Zuständigkeit durch die Union „erstreckt sich nur auf die durch den entsprechenden Rechtsakt der Union geregelten Elemente und nicht auf den gesamten Bereich" (Protokoll Nr. 25 über die Ausübung der geteilten Zuständigkeit). Der Ausübung der Zuständigkeit durch die EU werden allerdings durch das Subsidiaritätsprinzip Grenzen gesetzt. So darf die EU nur dann tätig werden, soweit die Ziele der in Betracht gezogenen Maßnahmen auf der Ebene der Mitgliedstaaten nicht ausreichend erreicht werden können und deshalb besser auf Unionsebene verwirklicht werden.

In den Bereichen der *koordinierenden Zuständigkeit* (Art. 5 AEUV i. V. m. Art. 2 Abs. 3 AEUV) kann die Union Maßnahmen zur Koordinierung der Wirtschafts-, Beschäftigungs- und Sozialpolitik ergreifen. Die Koordinierung der Wirtschaftspolitik der Mitgliedstaaten erfolgt dabei durch Maßnahmen der EU, wie z. B. Empfehlungen für die Grundzüge der Wirtschaftspolitik (Art. 5 Abs. 1 S. 1 AEUV). Maßnahmen zur Koordinierung der Union im Bereich der Beschäftigungspolitik liegen insbesondere in der Festlegung von Leitlinien dieser Politik (Art. 5 Abs. 2 AEUV). Im Bereich der Sozialpolitik der Mitgliedstaaten ergreift die Union Initiativen zu deren Koordination (Art. 5 Abs. 3 AEUV).

Schließlich besitzt die Union in einigen Politikbereichen die Zuständigkeit für Maßnahmen zur *Unterstützung, Koordinierung oder Ergänzung* von Maßnahmen der Mitgliedstaaten (Art. 6 AEUV). Nach Art. 2 Abs. 5 S. 1 AEUV bleibt jedoch die primäre Regelungsbefugnis der Mitgliedstaaten für diese Bereiche unberührt, d. h. Maßnahmen der EU schließen die eigene Rechtsetzungstätigkeit der Mitgliedstaaten nicht aus. Die EU kann nach Art. 2 Abs. 5 S. 2 AEUV beispielsweise in Bereichen wie der Gesundheitspolitik, der Industriepolitik und der Kultur unterstützend, koordinierend oder ergänzend tätig werden und zu diesem Zweck auch verbindliche Rechtsakte erlassen, die jedoch keine verbindliche Harmonisierung der Rechtsvorschriften der Mitgliedstaaten beinhalten dürfen (Bieber et al. 2023, S. 122, Rn. 26; Callies 2020, S. 578).

> **Infobox: Prüfung EU-Kompetenzausübung**
> Die Prüfung der Befugnis der EU zur Ausübung von Kompetenzen erfolgt gemäß Callies (2020, S. 582) in einem dreistufigen Verfahren: In der ersten Stufe wird nach dem Prinzip der begrenzten Einzelermächtigung (Art. 5 Abs. 2 EUV) geklärt, ob die EU überhaupt tätig werden kann, es mithin eine Kompetenzgrundlage für ihre Zuständigkeit in den EU-Verträgen gibt (*Kann-Frage*). In der zweiten Stufe kommt das Subsidiaritätsprinzip (Art. 5 Abs. 3 EUV) zur Anwendung. Es wird geprüft, ob die EU im konkreten Fall Gebrauch von ihrer Kompetenz machen darf (*Ob-Frage*). In der dritten Stufe greift der Grundsatz der Verhältnismäßigkeit (Art. 5 Abs. 4 AEUV) und damit die Frage nach der Art, dem Umfang und der Intensität der zulässigen Maßnahme (*Wie-Frage*).

Eine Möglichkeit der EU weitere Kompetenzen zu übertragen, ohne ein langwieriges Vertragsänderungsverfahren (inklusive der Ratifikation in den Mitgliedstaaten) durchzuführen, stellt die Anwendung der sogenannten *Flexibilitätsklausel* bzw. *Vertragsabrundungskompetenz* nach Art. 352 AEUV dar. Mit ihr kann der Rat einstimmig – auf Vorschlag der Kommission und nach Zustimmung des Parlaments – geeignete Vorschriften erlassen. Dies gilt für Fälle, die ein Tätigwerden der Union im Rahmen der in den Verträgen festgelegten Politikbereiche erforderlich erscheinen lassen, um eines der Ziele der Verträge zu verwirklichen. Allerdings ist diese Kompetenzergänzung nur in den Bereichen zulässig, in denen bereits eine EU-Kompetenz besteht. Mit dieser Vorschrift wird weder das Prinzip der begrenzten Einzelermächtigung ausgehebelt, noch erhält die EU eine Kompetenz-Kompetenz. Vielmehr bleibt die Stellung der Mitgliedstaaten als „Herren der Verträge" unangetastet, weil es für eine Anwendung des Art. 352 AEUV eines einstimmigen Beschlusses im Rat bedarf.

Beispiele, in denen auf Art. 352 AEUV zurückgegriffen wurde, sind die Gründungen von EU-Agenturen, die in Bereichen tätig sind, in denen die Verträge keine ausdrückliche Grundlage bieten. In Anbetracht der Bedeutung der Flexibilitätsklausel als Kompetenzerweiterungswerkzeug jenseits einer Vertragsänderung legt das in Deutschland im Jahr 2009 in Kraft getretene IntVG in § 8 fest, dass ein deutscher Vertreter im Rat erst nach dem Inkrafttreten eines vom Bundestag und Bundesrat beschlossenen Gesetzes einer Kompetenzausweitung der EU über Art. 352 AEUV zustimmen darf (Callies 2020, S. 582 f.; s. Abschn. 6.2).

3.4 Grundfreiheiten und Grundrechte der EU

Die Grundlage der europäischen Integration ist die wirtschaftliche Zusammenarbeit der Mitgliedstaaten, die im weiteren Verlauf des Integrationsprozesses um die politische Zusammenarbeit ergänzt wurde. Das Kernstück der wirtschaftlichen Integration ist der Zusammenschluss der 27 nationalen Märkte zum weltweit größten Binnenmarkt.

3.4.1 Grundfreiheiten

Der Binnenmarkt, der einen Raum ohne Binnengrenzen darstellt, gewährleistet den freien Verkehr von Personen, Waren, Dienstleistungen und Kapital (Art. 26 Abs. 2 AEUV). Auf diese *Grundfreiheiten* (s. Abb. 3.2) können

Abb. 3.2 Grundfreiheiten des Binnenmarktes. Quelle: Eigene Darstellung

sich natürliche Personen und juristische Personen des Privatrechts (z. B. Aktiengesellschaften, Gesellschaften mit beschränkter Haftung) unter der Voraussetzung berufen, dass es sich um einen Sachverhalt handelt, der einen grenzüberschreitenden Bezug zu einem anderen Mitgliedstaat aufweist (Fastenrath und Groh 2016, S. 102, Rn. 138). Allerdings können die Mitgliedstaaten unter bestimmten Voraussetzungen die Grundfreiheiten einschränken. Alle einschränkenden Maßnahmen unterliegen dabei dem Grundsatz der Verhältnismäßigkeit.

Freier Personenverkehr Er umfasst die Arbeitnehmerfreizügigkeit und die Niederlassungsfreiheit. Die *Arbeitnehmerfreizügigkeit* garantiert das Recht von Arbeitnehmern, sich zum Zwecke der Berufsausübung in jedem EU-Mitgliedstaat aufzuhalten. Dabei gilt, dass jede auf der Staatsangehörigkeit beruhende unterschiedliche Behandlung in Bezug auf Beschäftigung, Entlohnung und sonstige Arbeitsbedingungen gegenüber den Arbeitnehmern des Beschäftigungsstaats verboten ist (sogenannte Inländergleichbehandlung – Art. 45 Abs. 2 AEUV). Die *Niederlassungsfreiheit* beinhaltet das

Recht von natürlichen und juristischen Personen in einem anderen Mitgliedstaat einer selbstständigen, auf Dauer ausgerichteten Erwerbstätigkeit nachzugehen und Unternehmen (einschließlich Zweigniederlassungen) zu gründen. Die Mitgliedstaaten können jedoch sowohl die Arbeitnehmerfreizügigkeit als auch die Niederlassungsfreiheit aus Gründen der öffentlichen Sicherheit, Ordnung und Gesundheit einschränken und hierfür entsprechende Maßnahmen erlassen (Art. 45 Abs. 3, Art. 52 Abs. 1 AEUV).

Politisch relevant wurde die Arbeitnehmerfreizügigkeit im Rahmen der Osterweiterung 2004/2007. Deutschland hatte sich (neben anderen Mitgliedstaaten) eine siebenjährige Übergangsfrist für die Öffnung des deutschen Arbeitsmarktes für potenzielle Arbeitskräfte aus den neuen Mitgliedstaaten vorbehalten. Am 01. Mai 2011 hat es als einer der letzten EU-Staaten seinen Arbeitsmarkt für Arbeitnehmer aus Mittel- und Osteuropa geöffnet. Für Bulgarien und Rumänien galten die Beschränkungen bis Ende 2013.

Freier Dienstleistungsverkehr Er umfasst das Recht, in einem anderen Mitgliedstaat eine selbstständige Tätigkeit vorübergehend auszuüben (Art. 56 AEUV). Man unterscheidet die aktive Dienstleistungsfreiheit, bei der sich der Dienstleistungserbringer vorübergehend in das Land des Dienstleistungsempfängers begibt und eine Dienstleistung ausführt (z. B. Bauunternehmer aus Polen baut für eine Privatperson in Berlin ein Haus) und die passive Dienstleistungsfreiheit, bei dem sich der Dienstleistungsempfänger vorübergehend in das Land begibt, in dem der Dienstleistungserbringer ansässig ist (z. B. Deutscher aus Karlsruhe fährt zum Friseur ins rund 25 km entfernte Lauterburg in Frankreich). Ferner gibt es noch die Korrespondenz-Dienstleistungsfreiheit, bei der allein die Dienstleistung die Grenzen überschreitet (z. B. Post und Telekommunikation).

Einschränkungen der Dienstleistungsfreiheit durch die Mitgliedstaaten sind grundsätzlich zulässig aus Gründen der öffentlichen Ordnung, Sicherheit oder Gesundheit (Art. 62 i. V. m. Art. 52 AEUV).

Freier Warenverkehr Er umfasst erstens das Verbot von Ein- und Ausfuhrzöllen (Art. 28 i. V. m. Art. 30 AEUV), zweitens das Verbot mengenmäßiger Beschränkungen im innergemeinschaftlichen Handelsverkehr (Art. 34, 35 AEUV) – darunter fallen sämtliche staatliche Maßnahmen, welche die Einfuhr, Durchfuhr oder Ausfuhr einer Ware der Menge oder dem Wert nach begrenzen, wovon insbesondere Kontingentierungen erfasst werden – sowie drittens alle Maßnahmen gleicher Wirkung. Hierzu zählt jede Beschränkung, die geeignet ist, den innergemeinschaftlichen Handel unmittelbar oder mittelbar, tatsächlich oder potenziell zu behindern.[1] Darüber hinaus beinhaltet der freie Warenverkehr das Verbot diskriminierender nationaler Steuer- und Abgabenerhebung (Art. 110 ff. AEUV), die Wettbewerbsfreiheit (Art. 103 ff. AEUV) einschließlich des Verbots staatlicher Beihilfen (Art. 107 ff. AEUV) sowie die Gemeinsame Handelspolitik (Art. 206 AEUV). Die Warenverkehrsfreiheit ist allerdings nicht schrankenlos gewährleistet. Unter anderem aus Gründen der öffentlichen Ordnung, Sicherheit und zum Schutze der Gesundheit und des Lebens von Menschen sind verhältnismäßige Einschränkungen durch die Mitgliedstaaten zulässig (Art. 36 AEUV).

Freier Kapital- und Zahlungsverkehr Er verbietet alle Beschränkungen des Kapitalverkehrs (Übertragung von Sach- und Geldkapital) zwischen den Mitgliedstaaten sowie zwischen Mitgliedstaaten und Drittstaaten (Art. 63 AEUV).

---

[1] Sogenannte „Dassonville-Formel". Siehe EuGH Rs. 8/74 v. 11. Juli 1974, Slg. 1974, 837.

Konkret bedeutet dies, dass z. B. Bürgerinnen und Bürger wie auch Unternehmen unbeschränkt Kredite im EU-Ausland aufnehmen oder dort investieren dürfen.

Über die im AEUV verankerten Einschränkungsmöglichkeiten (insbesondere öffentliche Sicherheit, Ordnung und Gesundheit) von Grundfreiheiten hinaus, hat der EuGH mit den sogenannten *zwingenden Erfordernissen des Gemeinwohls* weitere Gründe anerkannt, die ein Beschränkung von Grundfreiheiten durch die Mitgliedstaaten rechtfertigen können. Hierzu zählen u. a. eine wirksame steuerliche Kontrolle, der Schutz der öffentlichen Gesundheit, der Umweltschutz, die Lauterkeit des Handelsverkehrs, die Aufrechterhaltung der Medienvielfalt, der Arbeitsschutz, der Schutz kultureller Belange und der Verbraucherschutz.[2] Darüber hinaus werden auch die in den Verfassungen der Mitgliedstaaten verbrieften Grundrechte und deren Schutz als zwingende Gründe des Gemeinwohls vom EuGH anerkannt.[3]

Alle Grundfreiheiten enthalten ein *Diskriminierungsverbot* bzw. ein Gebot der Inländergleichbehandlung. Das bedeutet, die Mitgliedstaaten müssen (1) alle Unionsbürger (d. h. natürliche Personen mit der Staatsangehörigkeit eines Mitgliedstaates) und (2) alle juristischen Personen mit Sitz in einem Mitgliedstaat behandeln wie Inländer sowie (3) Waren und Dienstleistungen aus anderen Mitgliedstaaten so behandeln wie inländische Waren und Dienstleistungen. Die Grundfreiheiten konkretisieren damit das allgemeine Diskriminierungsverbot aus Art. 18 AEUV, das eine Ungleichbehandlung aus Gründen der Staatsangehörigkeit verbietet.

---

[2] Grundlegend: EuGH-Entscheidung „Cassis de Dijon". Siehe Rs. 120/78 v. 20. Februar 1979, Slg. 1979, 649.
[3] So z. B. die Menschenwürde des Art. 1 GG. Siehe hierzu: EuGH-Entscheidung „Laserdrome", Rs C-36/02 v. 14. Oktober 2004, Slg. 2004, S. I-9609.

Verboten sind damit sowohl offene/unmittelbare Diskriminierungen, d. h. Ungleichbehandlungen, die ausdrücklich an die Staatsangehörigkeit einer Person oder die Herkunft einer Ware anknüpfen als auch versteckte/mittelbare Diskriminierungen. Das sind Ungleichbehandlungen, die zwar nicht ausdrücklich an die Herkunft anknüpfen, aber im Ergebnis inländische Waren, Personen und Dienstleistungen besserstellen als solche aus anderen Mitgliedstaaten (Bieber et al. 2023, S. 334 f., Rn. 4 ff.; Fischer und Fetzer 2019, S. 123, Rn. 440; Streinz 2023, S. 298, Rn. 832 f.).

> **Praxisbeispiele: Diskriminierungen**
>
> *Offene/unmittelbare Diskriminierung:*
> In Deutschland verbietet ein Gesetz den Verkauf von spanischem Bier.
>
> *Versteckte/mittelbare Diskriminierung:*
> In Deutschland schreibt ein Gesetz vor, dass für die Zulassung als Rechtsanwalt zwingend ein juristischer Hochschulabschluss von einer inländischen Einrichtung erforderlich ist.

3.4.2 Grundrechte

Wie in Abschn. 3.1 aufgezeigt wurde, handelt es sich bei der EU um eine Rechtsgemeinschaft. Insofern ist es nur folgerichtig, ja sogar zwingend notwendig, dass die EU einen *Grundrechtsschutz* gewährleistet. Diesen Schutz gibt es allerdings erst seit dem Vertrag von Lissabon 2009, der eine verbindliche GRC enthält, die Bestandteil des EU-Primärrechts ist. Über den Grundrechtsschutz hinaus wird mit der GRC das Ziel verfolgt, die Identität der EU als Wertegemeinschaft nach innen und außen zu stärken sowie die EU als Vorreiter der weltweiten Förderung der Menschenrechte sichtbar zu machen (Krumbein 2023,

S. 123). Die Grundrechte sind als Rechtsgrundsatz vertraglich in Art. 6 EUV verankert.

Die GRC schützt die Würde des Menschen mit dem Recht auf Leben, körperliche und geistige Unversehrtheit sowie den Verboten der Todesstrafe, der Folter und der Sklaverei (Art. 1–5). Darüber hinaus werden auch verschiedene Freiheiten, wie das Recht auf Freiheit und Sicherheit (Art. 6), Privat- und Familienleben (Art. 7), Datenschutz (Art. 8), Berufsfreiheit (Art. 15) und Eigentumsfreiheit (Art. 17) gewährt. Die Charta gebietet den Grundsatz der Gleichheit (Art. 20) und verbietet Diskriminierungen aufgrund von bestimmten Merkmalen (Art. 21). Neben einem Solidaritätsgebot mit den Rechten auf Arbeits-, Gesundheits-, Umwelt-, Verbraucher- und sozialen Schutz sowie auf Tarifautonomie und den Schutz der Familie (Art. 27–38) enthält die Charta ferner Bürgerrechte, wie z. B. das Recht auf eine gute Verwaltung (Art. 41) und das Recht auf Zugang zu Dokumenten (Art. 42). Zudem enthält sie justizielle Rechte, wie z. B. das Recht auf gerichtlichen Rechtsschutz (Art. 47) und das Verbot der Bestrafung ohne Gesetz (Art. 49) und der Doppelbestrafung (Art. 50).

Eine Pflicht zur Achtung der GRC besteht für die Organe, Einrichtungen und sonstigen Stellen der Union (Art. 51 Abs. 1, 1. Hs. GRC). Für die Mitgliedstaaten und ihre jeweiligen Organe der Gesetzgebung, Verwaltung und Rechtsprechung gelten die Grundrechte dagegen „ausschließlich bei der Durchführung des Rechts der Union" (Art. 51 Abs. 1, 2. Hs. GRC). Zur Durchführung von Unionsrecht zählt der Vollzug von EU-Verordnungen und Beschlüssen sowie die Umsetzung von EU-Richtlinien in nationales Recht sowie deren administrativer Vollzug, z. B. in Form eines Verwaltungsakts in Deutschland. Der EuGH hat durch verschiedene Urteile die Beachtung der Grundrechte durch die Mitgliedstaaten ausgeweitet. So sind sie zur Einhaltung der Grundrechte verpflichtet, wenn sie im Anwendungsbereich des Unionsrechtes handeln, womit auch die Umsetzung von Richtlinien mit Umsetzungsspielräumen erfasst ist (Streinz 2023, S. 268 f., Rn. 781 f.).

Auf die europäischen Grundrechte können sich zuvorderst die Unionsbürger berufen; Angehörige von Drittstaaten hingegen nur dann, wenn es sich beim jeweiligen Grundrecht um ein Menschenrecht und nicht um ein Unionsbürgerrecht handelt. Träger von EU-Grundrechten können darüber hinaus juristische Personen des Privatrechts sein (Bieber et al. 2023, S. 62, Rn. 15).

Die Grundrechte der GRC können – ähnlich wie die Grundfreiheiten des Binnenmarktes – von den Mitgliedstaaten eingeschränkt werden, allerdings nur, wenn dies gesetzlich vorgesehen ist (Art. 52 Abs. 1, 1. Hs. GRC) und „den von der Union anerkannten dem Gemeinwohl dienenden Zielsetzungen oder den Erfordernissen des Schutzes der Rechte und Freiheiten anderer tatsächlich entsprechen" (Art. 52 Abs. 1, S. 2 2. Hs. GRC). Doch auch die Einschränkungen ihrerseits durch die Mitgliedstaaten sind Beschränkungen ausgesetzt. So müssen die Maßnahmen, die ein EU-Grundrecht einschränken, den Wesensgehalt eines Grundrechts achten und den Grundsatz der Verhältnismäßigkeit wahren, d. h. sie müssen einem legitimen Zweck dienen sowie geeignet, erforderlich und angemessen sein (Art. 52 Abs. 1 S. 2 GRC).

> **Praxisbeispiel: Grundrechtsschutz[4]**
>
> Der italienische Winzer Luigi Rosso beantragt, ihm die Anpflanzung von Weinreben auf seinem Grundstück in Pisa (Toskana) zu genehmigen. Dieser Antrag wird von den zuständigen italienischen Behörden per Bescheid mit der Be-

---

[4] Fall nachgebildet anhand der EuGH-Entscheidung „Hauer", Rs. 44/79 v. 13. Dezember 1979, Slg. 1979, S. 3727.

> gründung zurückgewiesen, aufgrund einer geltenden Verordnung der EU zur Anpassung des Weinbaupotenzials an die Marktbedürfnisse sei eine Neuanpflanzung von Reben für einen längeren Zeitraum ausgeschlossen. Rosso greift den ablehnenden Bescheid im Klageweg an und macht geltend, das Anbauverbot verletze ihn in seiner Berufsfreiheit (Art. 15 GRC) und seiner Eigentumsfreiheit (Art. 17 GRC). Der EuGH urteilt, dass Rosso zwar in seiner Berufsfreiheit sowie in seinem von der Eigentumsfreiheit umfassten Nutzungsrecht seines Grundstücks eingeschränkt wird. Diese Einschränkung wird jedoch gerechtfertigt durch die von der Union anerkannten, dem Gemeinwohl dienenden Zielsetzungen. Denn, so der EuGH, das Ziel der Verordnung ist die Überproduktion von Wein für eine bestimmte Zeit zu stoppen, um das Weinbaupotenzial an die Marktbedürfnisse anzupassen und den Markt zu schützen. Darüber hinaus verletzt das temporäre Anpflanzungsverbot nicht den Wesensgehalt der Grundrechte und es ist zudem verhältnismäßig. Der Klage von Luigi Rosso wird damit nicht stattgegeben.

3.5 Erweiterung der EU

Die Erweiterung der EU ist, neben der Vertiefung, eine der beiden zentralen Pfeiler des europäischen Integrationsprozesses. Unter Erweiterung ist die territoriale Ausdehnung der EU durch die Aufnahme neuer Mitgliedstaaten zu verstehen. Nach der Gründung der Europäischen Gemeinschaften (EGKS, EWG, EAG) durch die sechs Gründerstaaten (Belgien, Deutschland, Frankreich, Italien, Luxemburg, Niederlande) hat es, wie Tab. 3.1 zeigt, insgesamt sieben Erweiterungsrunden gegeben. Mit dem Beitritt Kroatiens im Juli 2013 umfasste die EU 28 Mitgliedstaaten mit rund 510 Mio. Menschen. Seit dem Austritt Großbritanniens am 31. Januar 2020 (Brexit) besteht die EU derzeit aus 27 Mitgliedstaaten mit rund 450 Mio. Bürgerinnen und Bürgern.

Tab. 3.1 Erweiterungsrunden der EU

Erweiterung	Jahr	Länder		
1. Erweiterungsrunde	1973	Dänemark	Großbritannien*	Irland
2. Erweiterungsrunde	1981	Griechenland		
3. Erweiterungsrunde	1986	Portugal	Spanien	
4. Erweiterungsrunde	1995	Finnland	Österreich	Schweden
5. Erweiterungsrunde	2004	Estland	Polen	Tschechien
		Lettland	Slowakei	Ungarn
		Litauen	Slowenien	Zypern
		Malta		
6. Erweiterungsrunde	2007	Bulgarien	Rumänien	
7. Erweiterungsrunde	2013	Kroatien		

*Seit dem 31. Januar 2020 ist Großbritannien nicht mehr Mitglied der EU und seit dem 1. Januar 2021 nicht mehr Teil des Binnenmarkts und der Zollunion der EU
Quelle: Eigene Darstellung in Anlehnung an Furtak (2012, S. 164)

Jahrzehntelang kannte die EU nur einen Zuwachs an Mitgliedern. Doch im Juni 2016 stimmte Großbritannien in einem Referendum mehrheitlich für einen Austritt aus der EU (Brexit). Damit nutzte das Land die erstmals im Vertrag von Lissabon verankerte Möglichkeit aus der Union auszutreten. In Art. 50 Abs. 1 EUV heißt es diesbezüglich: „Jeder Mitgliedstaat kann im Einklang mit seinen verfassungsrechtlichen Vorschriften beschließen, aus der Union auszutreten."

Hat ein Mitgliedstaat seinen Wunsch nach Austritt aus der EU förmlich erklärt, verhandelt die Union mit dem austrittswilligen Mitglied in einem Austrittsabkommen die Einzelheiten des Austritts (Art. 50 Abs. 2 EUV). Sollten sich die Parteien nicht auf ein Austrittsabkommen einigen, tritt der Austritt zwei Jahre nachdem der austrittswillige Staat seinen Austrittswunsch gegenüber dem Europäischen Rat angezeigt hat, automatisch in Kraft (Art. 50 Abs. 3 EUV).

> **Hintergrund: Brexit**[5]
> Am 23. Juni 2016 stimmte eine knappe Mehrheit der Briten in einem Referendum für einen Austritt aus der EU. Am 29. März 2017 teilte Großbritannien förmlich nach Art. 50 Abs. 2 S. 1 EUV seinen Austrittswunsch aus der EU mit. Am 19. Juni 2017 tagte die erste Runde der Brexit-Verhandlungen, der fünf weitere folgten. Am 28. Februar 2018 veröffentlichte die Europäische Kommission den Entwurf eines Austrittsabkommens zwischen der EU und Großbritannien. Am 11. Januar 2019 stimmte der Rat der Unterzeichnung des Austrittsabkommens zu. Die britische Premierministerin Theresa May ersuchte am 20. März 2019 um eine Verlängerungsfrist für die Austritts-Verhandlungen bis zum 30. Juni 2019. Am 22. März 2019 stimmte die EU der Verlängerung zu. Weitere Verlängerungswünsche der Briten folgten. Die EU billigte letztmalig eine Fristverlängerung bis zum 31. Januar 2020. Am 24. Januar 2020 unterzeichneten schließlich EU-Ratspräsident Michel und Kommissionspräsidentin von der Leyen für die EU das Austrittsabkommen. Für Großbritannien unterzeichnete noch am selben Tag Boris Johnson, der Theresa May als Premierminister nach deren Rücktritt am 24. Juli 2019 nachgefolgt war. Am 29. Januar 2020 billigte das EP die Brexit-Vereinbarung. Das Austrittsabkommen trat am 31. Januar 2020 um Mitternacht in Kraft. Die EU verlor ihr 28. Mitglied.

3.5.1 Beitrittsvoraussetzungen

Rechtsgrundlage für den Beitritt zur EU ist Art. 49 S. 1 EUV: „Jeder europäische Staat, der die in Art. 2 genannten Werte achtet und sich für ihre Förderung einsetzt, kann be-

---

[5] https://www.consilium.europa.eu/de/policies/eu-relations-with-the-united-kingdom/the-eu-uk-withdrawal-agreement/timeline-eu-uk-withdrawal-agreement/, 10.02.2024.

antragen, Mitglied der Union zu werden." Die Rechtsgrundlage umfasst demnach zwei Voraussetzungen: Erstens muss es sich um einen europäischen Staat handeln, wobei bei der Beurteilung dieses Merkmals eine geografische, kulturelle, politische, religiöse oder historische Sichtweise herangezogen werden kann.[6] Zweitens muss der beitrittswillige Staat die für eine Demokratie wesensimmanenten Werte und Prinzipien achten und fördern.

1993 haben die Staats- und Regierungschefs der EU-Mitgliedstaaten auf einem Gipfeltreffen in Kopenhagen die sogenannten *Kopenhagener-Kriterien* formuliert, die ein Bewerber erfüllen muss, um Mitglied der EU zu werden: *(1) Politisches Kriterium*: Demokratie und Rechtsstaatlichkeit, Wahrung der Menschenrechte sowie Achtung und Schutz von Minderheiten; *(2) Wirtschaftliches Kriterium*: Funktionsfähige Marktwirtschaft, die dem Wettbewerbsdruck und den Marktkräften innerhalb der Union standhält; *(3) Acquis-Kriterium*: Fähigkeit zur Übernahme des *Acquis communautaire*, also des gemeinschaftlichen Besitzstands, der das Primärrecht (Gründungs- und Änderungsverträge) und das Sekundärrecht (Verordnungen und Richtlinien, Urteile des EuGH) umfasst. *(4) Erweiterungsfähigkeit der EU*: Dieses Kriterium beinhaltet, dass die EU auch nach der Aufnahme weiterer Mitglieder die Effizienz ihrer Organe und Entscheidungsverfahren gewährleisten kann und in der Lage sein muss, ihre Politiken auch in Zukunft nachhaltig zu finanzieren (Furtak 2012, S. 165 f.).

---

[6] Die Gegner eines EU-Beitritts der Türkei verweisen gerne auf das geografische Merkmal und betonen, die Türkei sei kein europäischer Staat, weil lediglich drei Prozent ihres Staatsgebiets auf dem europäischen Kontinent liegt.

3.5.2 Ablauf Beitrittsverfahren

Das Beitrittsverfahren stellt einen langwierigen Prozess dar und kann in zehn Phasen unterteilt werden: (1) Ein beitrittswilliger europäischer Staat beantragt beim Rat die Aufnahme in die EU. (2) In einer Stellungnahme für den Rat erörtert die Europäische Kommission die Möglichkeiten und Probleme des Beitrittsgesuchs. (3) Sollte die Stellungnahme positiv ausfallen, beschließt der Europäische Rat einstimmig dem Bewerber den Status eines Beitrittskandidaten zu verleihen. (4) In einem weiteren Schritt beschließt der Europäische Rat einstimmig über die Aufnahme von Beitrittsverhandlungen. (5) Die Kommission schlägt einen Entwurf für einen Verhandlungsrahmen als Grundlage für die Beitrittsgespräche vor. Nach Einigung zwischen Mitgliedstaaten und Bewerber über den Verhandlungsrahmen, beschließt der Europäische Rat einstimmig über den Beginn von Beitrittsverhandlungen. Daraufhin startet der sogenannte Screening-Prozess. Dabei prüft die Kommission, in welchen Bereichen das nationale Recht des Kandidatenlandes noch an den gemeinschaftlichen Besitzstand, also die EU-Rechtsvorschriften, angeglichen werden muss. Anschließend informiert die Kommission den Rat über die Screening-Ergebnisse und kann die Empfehlung aussprechen, Beitrittsverhandlungen mit dem Bewerber über bestimmte Kapitel zu eröffnen. Die tatsächliche Eröffnung eines Verhandlungskapitels erfordert

---

[7] Für eine Übersicht siehe: https://neighbourhood-enlargement.ec.europa.eu/system/files/2020-02/enlargement-methodology_de.pdf, 19.05.2024.

eine einstimmige Entscheidung des Rates. (6) Für die Durchführung der konkreten Beitrittsverhandlungen im Rahmen von Beitrittskonferenzen zwischen Kommission und Bewerber werden die insgesamt 35 Verhandlungskapitel, die den gemeinschaftlichen Besitzstand darstellen, in sechs Cluster aufgeteilt.[7] Über das Cluster *Wesentliche Elemente* mit seinen fünf Kapiteln (darunter Kap. 24 mit den Themen: Recht, Freiheit und Sicherheit, Wirtschaftliche Kriterien, Funktionsweise der demokratischen Institutionen, Reform der öffentlichen Verwaltung) wird als Erstes verhandelt. Die gesamten Verhandlungen enden auch mit diesem Cluster, um auf Entwicklungen während des Verhandlungsprozesses reagieren zu können, wie z. B. einen Regierungswechsel, der möglicherweise die Funktionsweise der demokratischen Institutionen gefährdet. Während der Verhandlungen bereitet sich das Land auf die Umsetzung von EU-Gesetzen und EU-Normen vor. Alle EU-Mitgliedstaaten müssen darin übereinstimmen, dass alle Anforderungen durch den Bewerber erfüllt werden. (7) Sind alle Cluster ausverhandelt, gibt die Kommission eine Stellungnahme darüber ab, inwieweit der Bewerber bereit ist, Mitglied der EU zu werden. (8) Fällt die Stellungnahme positiv aus, beschließen der Europäische Rat einstimmig und das EP mit absoluter Mehrheit über den Beitritt. (9) Der Beitrittsvertrag muss durch den Bewerber und alle Mitgliedstaaten ratifiziert werden. (10) Mit Abschluss der Ratifikation wird der Bewerber Mitglied der EU.

---

[8] https://neighbourhood-enlargement.ec.europa.eu/system/files/2022-10/eu_accession_process_clusters%20%28oct%202022%29.pdf, 10.02.2024.

> **Infobox: Phasen des EU-Beitrittsprozesses**[8]
> 1. Antrag des Bewerbers an den Rat auf Aufnahme in die EU
> 2. Europäische Kommission unterbreitet dem Rat Stellungnahme zum Antrag
> 3. Europäischer Rat beschließt einstimmig die Verleihung des Kandidatenstatus
> 4. Europäischer Rat trifft einstimmigen Beschluss über Aufnahme von Beitrittsverhandlungen
> 5. Einigung zwischen Mitgliedstaaten und Bewerber auf einen Verhandlungsrahmen. Einstimmiger Beschluss des Europäischen Rates über den Beginn von Beitrittsverhandlungen. Start des Screening-Prozesses.
> 6. Beitrittsverhandlungen nach Clustern und Kapiteln im Rahmen von Beitrittskonferenzen zwischen Kommission und Bewerber
> 7. Stellungnahme der Kommission zur Bereitschaft des Bewerbers zum Beitritt
> 8. Europäischer Rat beschließt einstimmig, das EP mit absoluter Mehrheit über den Beitritt des Bewerbers
> 9. Ratifikation des Beitrittsvertrags durch Bewerber und alle Mitgliedstaaten
> 10. Bewerber wird Mitglied der EU

3.5.3 Beitrittskandidaten

Auch wenn die EU mit 27 Mitgliedstaaten in vielen Fällen bereits am Rande ihrer Handlungsfähigkeit steht, wird dennoch an der künftigen Erweiterung der Union gearbeitet. Die EU-Erweiterungsagenda umfasst derzeit, wie Tab. 3.2 zeigt, zehn Staaten, dazu zählen die westlichen Balkan-

Tab. 3.2 Übersicht EU-Beitrittskandidaten

Land	Stand der Beziehungen	Phase Beitrittsprozess	Stand der Verhandlungen
Türkei	Beitrittsverhandlungen seit Oktober 2005*	6	18 Kapitel eröffnet, davon eins vorläufig geschlossen
Montenegro	Beitrittsverhandlungen seit Juni 2012	6	33 Kapitel eröffnet, davon sechs vorläufig geschlossen
Serbien	Beitrittsverhandlungen seit Januar 2014	6	22 Kapitel eröffnet, davon zwei vorläufig geschlossen
Albanien	Beitrittsverhandlungen seit Juli 2022	6	7 Kapitel eröffnet
Nord-Mazedonien	Screening nach Beschluss über Beginn von Beitrittsverhandlungen im Juli 2022	5	
Bosnien-Herzegowina	Screening nach Beschluss über Beginn von Beitrittsverhandlungen im März 2024	5	
Ukraine	Screening nach Beschluss über Beginn von Beitrittsverhandlungen im Juni 2024	5	
Moldawien	Screening nach Beschluss über Beginn von Beitrittsverhandlungen im Juni 2024	5	
Georgien	Beschluss über Verleihung des Kandidatenstatus im Dezember 2023**	3	
Kosovo	Antrag auf Mitgliedschaft im Dezember 2022	1	

*Das EP hat sich im November 2016 für ein Einfrieren der Beitrittsverhandlungen mit der Türkei ausgesprochen; im Mai 2021 hat es mit großer Mehrheit deren Aussetzung gefordert

**Im Juni 2024 hat die EU Georgiens Status als Beitrittskandidat ausgesetzt

Quelle: https://commission.europa.eu/strategy-and-policy/policies/eu-enlargement_de#unterlagen, 08.04.2025

länder, die Ukraine sowie Moldawien. Mit der Türkei wurden bereits 2005 Beitrittsverhandlungen eröffnet. Allerdings wurden die Verhandlungen seit 2018 eingestellt, da das Land seit Mitte 2016 einen dramatischen Abbau von Demokratie und Rechtsstaatlichkeit erlebt hat, was es in Richtung einer Autokratie geführt hat. Bislang konnte erst ein Kapitel (Wissenschaft und Forschung) ausverhandelt werden.

Ein Beitritt der in Tab. 3.2 aufgeführten Staaten wird die EU vor große Herausforderungen stellen, denn es handelt sich bei ihnen um relativ arme Länder, die über viele Jahre hinweg sogenannte Nettoempfänger wären, d. h. mehr aus dem EU-Haushalt empfangen werden als sie eingezahlt haben. Blickt man allein auf die sechs Balkan-Staaten mit einer Bevölkerungsgröße von rund 17,6 Mio. Einwohnern, zeigt sich, dass der dortige Lebensstandard erheblich unter dem Durchschnitt der EU 27 liegt. Montenegro und Serbien, die im Beitrittsverfahren am weitesten fortgeschritten sind, verfügen über ein halb so hohes BIP je Einwohner wie die EU im Durchschnitt. Die übrigen vier Balkan-Länder sind noch weiter abgeschlagen. Das BIP der Ukraine, die mit rund 40 Mio. Einwohnern der bei weitem bevölkerungsreichste Bewerberstaat ist, betrug 2020, also noch vor dem Krieg, pro Kopf etwa 30 % des EU-Durchschnitts (Lippert 2023, S. 40).

Im Vergleich zu Beitritten in der Vergangenheit ist der schnelle Weg der Ukraine in die EU ohne Beispiel. Wenige Tage nach Beginn des russischen Überfalls am 24. Februar 2022 hatte die Ukraine einen Antrag auf Mitgliedschaft gestellt und bereits im Juni 2024 wurde der Beginn von Beitrittsverhandlungen mit dem Land beschlossen.

Seit 1999 wird der formale Beitrittsprozess begleitet durch einen Stabilisierungs- und Assoziierungsprozess (SAP). Sein Ziel liegt in der Unterstützung der Bewerberländer in politischer, personeller und finanzieller Hinsicht, um sie fit für eine Aufnahme in die EU zu machen. Die drei wesentlichen Instrumente des SAP sind: (1) das Stabilisierungs- und Assoziierungsabkommen (SAA), (2) die EU-Finanzhilfe in Form des Instruments für Heranführungshilfe (Instrument for Pre-Accession Assistance – IPA) und (3) einseitige Handelserleichterungen für die Bewerberstaaten (Böttger und Maugeais 2023, S. 192). Speziell mit dem Instrument IPA soll die Fähigkeit der Bewerberländer zur Übernahme und Umsetzung europäischer Standards in Politik und Wirtschaft gestärkt werden. Für die Jahre 2021–2027 beläuft sich die Mittelausstattung des IPA III auf 14.162 Mrd. €.[9]

3.6 Finanzverfassung der EU

Im Haushalt der EU, über den seit dem Vertrag von Lissabon Rat und Parlament gleichberechtigt entscheiden, werden die Höhe und die Zusammensetzung der Einnahmen und Ausgaben festgelegt. Über die Mittelverteilung verfolgt die EU die in Art. 3 EUV definierten Ziele und setzt politische Prioritäten. Um über einen längeren Zeitraum hinweg die Schwerpunkte der EU-Politik finanziell planen zu können, gibt es das Instrument des MFR.

3.6.1 Mehrjähriger Finanzrahmen

Der MFR wird für mindestens fünf Jahre aufgestellt (Art. 312 Abs. 1 AEUV). In der Praxis sind es allerdings sieben Jahre, wie beim aktuell gültigen Finanzrahmen 2021–2027. Mit dem Finanzrahmen werden Obergrenzen

---

[9] https://neighbourhood-enlargement.ec.europa.eu/enlargement-policy/overview-instrument-pre-accession-assistance_de?etrans=de, 19.05.2024.

für die jährlichen Ausgaben insgesamt und für einzelne Ausgabenkategorien festgelegt. Die Jahrespläne müssen mit dem MFR übereinstimmen, der durch eine einstimmig angenommene Verordnung des Rates mit Zustimmung des EP festgestellt wird. Der MFR umfasst sowohl Mittel für Verpflichtungen (Verpflichtungsermächtigungen) als auch Mittel für Zahlungen (Zahlungsermächtigungen). Verpflichtungsermächtigungen geben an, in welcher Höhe Verpflichtungen für Programme und Projekte eingegangen werden dürfen, deren Durchführung sich über mehr als ein Haushaltsjahr erstreckt. Sie begründen eine rechtliche Verpflichtung der EU gegenüber einem Begünstigten. Zahlungsermächtigungen stellen demgegenüber die Höchstgrenze der Ausgaben dar, die in einem Haushaltsjahr tatsächlich geleistet werden dürfen. Sie fallen in der Regel geringer aus als die Verpflichtungsermächtigungen, weil zum Beispiel Projekte nicht realisiert werden. Nur die Mittel für Zahlungen müssen tatsächlich durch Einnahmen im laufenden Haushaltsjahr gedeckt sein (Becker 2022, S. 13 f.; Bieber et al. 2023, S. 198, Rn. 9). Nach langwierigen Verhandlungen einigten sich Rat und Parlament im Juli 2020 auf den Finanzrahmen 2021–2027.

3.6.2 EU-Haushalt

Der EU-Haushalt muss gemäß Art. 310 AEUV in Einnahmen und Ausgaben ausgeglichen sein. Ein großer Unterschied zur Haushaltspolitik in den Mitgliedstaaten besteht darin, dass die EU keine Steuer erheben darf. Auch die Ausgabeprioritäten unterscheiden sich. Während in der EU rund zwei Drittel des Budgets in Agrarsubventionen sowie in die europäischen Strukturfonds zur Förderung und Unterstützung rückständiger Regionen fließen (europäische Kohäsionspolitik), finanzieren die Mitgliedstaaten über ihre Haushalte schwerpunktmäßig sozial- und be-

Tab. 3.3 EU-Haushalt: Mittel für Verpflichtungen 2021–2027

Kategorien	Anteil in Mrd. Euro	Anteil in Prozent
1. Binnenmarkt, Innovation und Digitales	132.781	12,4
2. Zusammenhalt, Resilienz und Werte	377.768	35,1
2a. Wirtschaftlicher, sozialer und territorialer Zusammenhalt	330.235	30,7
2b. Resilienz und Werte	47.533	4,4
3. Natürliche Ressourcen und Umwelt	356.374	33,2
davon: Marktbezogene Ausgaben und Direktzahlungen	258.594	27,8
4. Migration und Grenzmanagement	22.671	2,1
5. Sicherheit und Verteidigung	13.185	1,2
6. Nachbarschaft und die Welt	98.419	9,2
7. Europäische öffentliche Verwaltung	73.102	6,8
davon: Verwaltungsausgaben der Organe	55.852	5,2
Gesamt	**1.074.300**	**100,0**

Quelle: Europäischer Rat (2020)

schäftigungspolitische sowie bildungspolitische Maßnahmen (Becker 2022, S. 10).

Der MFR 2021–2027 sieht, wie Tab. 3.3 zeigt, eine Obergrenze von 1.074.300 Mrd. € für Verpflichtungen und eine Obergrenze von 1.061.058. Mrd. € für Zahlungen vor.

Den größten Haushaltsposten in der EU in den Jahren 2021–2027 (mit einem prozentualen Anteil von 35,1 %) stellt die Kategorie „Zusammenhalt, Resilienz und Werte" dar. Darunter fallen im Wesentlichen (30,7 % des Gesamthaushalts) Maßnahmen zur Stärkung des wirtschaftlichen, sozialen und territorialen Zusammenhalts. Hierzu zählen u. a. die Regional- und Strukturfondshilfen, Innovations- und Technologieförderung sowie Maßnahmen im Rahmen des Europäischen Sozialfonds. Die Kategorie „Natürliche Ressourcen und Umwelt" ist mit 33,2 % der zweitgrößte Ausgabeposten. Hierunter fallen eine modernisierte und nachhaltige Landwirtschafts-, Meeres- und Fischereipolitik sowie das Vorantreiben von Klimamaßnahmen und die Förderung des Schutzes der Umwelt und der Biodiversität. Die Rubrik „Binnenmarkt, Innovation und Digitales" stellt mit 12,4 % den drittgrößten Ausgabeposten im EU-Haushalt dar. Die hier getätigten Ausgaben dienen der Förderung von Forschung, Innovation und digitalem Wandel, europäischen strategischen Investitionen, Maßnahmen zugunsten des Binnenmarkts und der Wettbewerbsfähigkeit von Unternehmen und Kleineren und Mittleren Unternehmen (KMU). Für den Bereich „Nachbarschaft und die Welt", wozu alle Außenmaßnahmen zählen, werden 9,2 % der Haushaltsmittel eingesetzt. Insbesondere die Entwicklungs- und humanitäre Nothilfe sowie die Unterstützung für die Länder, die sich auf einen Beitritt zur Union vorbereiten, sind hier umfasst. Auf die Rubriken „Migration und Grenzmanagement" entfallen 2,2 %, auf „Sicherheit und Verteidigung" 1,2 %. Für die „Europäische öffentliche Verwaltung", die entscheidend dazu beitragen soll, dass die Union ihre Prioritäten umsetzen und ihre Strategien und Programme im gemeinsamen europäischen Interesse verfolgen kann, sind 6,8 % der Mittel eingeplant (Europäischer Rat 2020).[10]

Ergänzt wird der MFR 2021–2027 in Höhe von 1.074.300 Mrd. € durch 750 Mrd. € aus dem Wiederaufbaufonds Next Generation EU (NGEU), der aufgrund der Covid-19-Pandemie aufgelegt wurde Mit diesem umfassenden Finanzpaket in Höhe von insgesamt rund 1,8 Billionen Euro sollen die wirtschaftlichen und gesellschaftlichen Folgen der COVID-19-Pandemie bewältigt und die langfristigen Prioritäten der EU umgesetzt werden.

---

[10] Siehe auch: https://www.consilium.europa.eu/de/policies/eu-recovery-plan/, 10.02.2024.

3 Werte, Prinzipien und Grundpfeiler der EU

> **Hintergrund: Next Generation EU**
>
> Die Mittel für den Wiederaufbaufonds NGEU konnten nur aufgebracht werden, weil der Europäische Rat 2020 die Kommission ausnahmsweise (und erstmals in der europäischen Integrationsgeschichte) dazu ermächtigt hat, im Namen der Union an den Kapitalmärkten 750 Mrd. € an Schulden aufzunehmen, von denen an die Mitgliedstaaten 360 Mrd. € als Darlehen und 390 Mrd. € als Zuschüsse ausbezahlt werden sollen. Gegen die Schuldenaufnahme wurden in Deutschland Verfassungsbeschwerden eingelegt mit dem Argument, die EU-Verträge sähen hierfür keine Rechtsgrundlage vor. Das BVerfG bestätigte zwar diese Auffassung, urteilte jedoch dahingehend, dass eine Kreditaufnahme als „sonstige Einnahme" gemäß Art. 311 AEUV in Einzelfällen zulässig sein könnte, wenn die Schulden zur Finanzierung eines Zweckes dienen, für den die EU in den Verträgen bereits eine Kompetenz besitzt. In diesem Fall griff Art. 122 Abs. 2 AEUV, der es der EU erlaubt, in Notsituationen Mitgliedstaaten zu helfen (BVerfGE 164, 193–329). Herzstück von NGEU ist die Aufbau- und Resilienzfazilität – ein Instrument, das Finanzhilfen und Darlehen zur Unterstützung von Reformen und Investitionen in den EU-Mitgliedstaaten im Umfang von insgesamt 672,5 Mrd. € bereitstellt. Um Mittel zu erhalten, müssen die Mitgliedstaaten Aufbau- und Resilienzpläne erstellen, in denen sie darlegen, wie die Mittel investiert werden sollen. Allein 20 % aus diesem Fonds werden in die Digitalisierung der Mitgliedstaaten investiert; 30 % der Gesamtausgaben aus dem MFR und NGEU werden für klimabezogene Projekte aufgewendet.

Einnahmen und Ausgaben im EU-Haushalt sind miteinander gekoppelt, d. h. die Ausgaben dürfen nicht höher sein als die Einnahmen, weil sich die EU im Unterschied zu ihren Mitgliedstaaten nicht verschulden (Ausnahme NGEU) und keine Investitionen zu Lasten zukünftiger Haushalte und außerhalb des von den Mitgliedstaaten bewilligten Finanzrahmens tätigen darf (Aden 2012, S. 152). Für das Jahr 2025 hat der MFR 2021–2027, wie Tab. 3.4 verdeutlicht, rund 153 Mrd. € eingeplant.

Tab. 3.4 EU-Haushalt: Mittel für Verpflichtungen 2025

Kategorien	Anteil in Mrd. Euro
1. Binnenmarkt, Innovation und Digitales	18.518
2. Zusammenhalt, Resilienz und Werte	55.182
2a. Wirtschaftlicher, sozialer und territorialer Zusammenhalt	47.770
2b. Resilienz und Werte	7412
3. Natürliche Ressourcen und Umwelt	49.719
davon: Marktbezogene Ausgaben und Direktzahlungen	36.373
4. Migration und Grenzmanagement	3672
5. Sicherheit und Verteidigung	1928
6. Nachbarschaft und die Welt	13.323
7. Europäische öffentliche Verwaltung	10.554
davon: Verwaltungsausgaben der Organe	8025
Gesamt	**152.896**

Quelle: Europäischer Rat 2020

3.6.3 Eigenmittel der EU

Im Unterschied zu Staaten, die sich durch Steuern und Abgaben finanzieren, resultieren die Einnahmen der EU vollständig aus Eigenmitteln (Art. 311 AEUV), über die sie jedoch nicht autonom entscheidet. Der Gesamtbetrag der Eigenmittel, der dem Unionshaushalt für die jährlichen Mittel für Zahlungen zur Verfügung steht, darf 1,40 % der Summe der Bruttonationaleinkommen (BNE) aller Mitgliedstaaten nicht überschreiten. Der Gesamtbetrag der jährlichen Mittel für Verpflichtungen darf 1,46 % der Summe der BNE aller Mitgliedstaaten nicht übersteigen (Becker 2022, S. 25).

Die Eigenmittel der EU setzen sich, wie Tab. 3.5 aufzeigt, in der Reihenfolge ihrer Bedeutung für den Haushalt wie folgt zusammen: (1) Prozentualer Anteil am BNE der Mitgliedstaaten; (2) Traditionelle Eigenmittel, wie Zölle aus der Einfuhr von Produkten aus Drittstaaten, Abschöpfungen auf Agrar-Importe sowie Abgaben aus der ge-

Tab. 3.5 Zusammensetzung EU-Einnahmen

Einnahmeart	Anteil in Prozent des Eigenmittelaufkommens
1. BNE-Eigenmittel	ca. 70
2. Zölle und sonstige Abgaben	ca. 10
3. MwSt-Eigenmittel	ca. 10
4. Sonstige Einnahmen	ca. 2–8
5. Auf Kunststoffabfällen basierende Eigenmittel	ca. 3–4

Quelle: https://www.europarl.europa.eu/factsheets/de/sheet/27/einnahmen-der-europaischen-union, 13.02.2024

meinsamen Marktorganisation für Zucker; (3) Prozentualer Anteil an den Mehrwertsteuereinnahmen der Mitgliedstaaten; (4) Sonstige Einnahmen, wie Steuern auf Bezüge von EU-Bediensteten, Beiträge von Nicht-Mitgliedstaaten zu bestimmten EU-Programmen oder Bußgelder von Unternehmen, die das Wettbewerbsrecht oder andere Rechtsvorschriften missachtet haben.

Der neue Eigenmittelbeschluss vom Dezember 2020 hat eine zusätzliche (5) Einnahmekategorie geschaffen: Seit dem 01. Januar 2021 neu hinzugekommen sind Einnahmen auf der Grundlage von nicht recycelten Verpackungsabfällen aus Kunststoff. Dies bietet den Mitgliedstaaten einen Anreiz, den Verbrauch von Einwegkunststoffen zu verringern, Recycling zu fördern und die Kreislaufwirtschaft im Einklang mit den umweltpolitischen Zielen der EU voranzubringen. Weitere neue Eigenmittelkategorien wie ein CO_2-Grenzausgleichssystem, eine Digitalabgabe und eine Finanztransaktionssteuer sind in Vorbereitung (Becker 2022, S. 40).[11]

---

[11] Beschluss (EU, Euratom) 2020/2053 des Rates vom 14. Dezember 2020 über das Eigenmittelsystem der Europäischen Union und zur Aufhebung des Beschlusses 2014/335/EU, Euratom, https://eur-lex.europa.eu/LexUriServ/LexUriServ.do?uri=CELEX%3A32020D2053%3ADE%3AHTML, 13.02.2024.

4
Das institutionelle System der EU

Die EU verfügt über einen institutionellen Rahmen, der sowohl der Erreichung ihrer Ziele als auch den Interessen ihrer Mitgliedstaaten und deren Bürgerinnen und Bürger dient (Art. 13 Abs. 1 S. 1 EUV). Zum institutionellen Rahmen zählen die in Art. 13 Abs. 1 S. 2 EUV aufgeführten sieben *EU-Organe*:

- Europäisches Parlament
- Europäischer Rat
- Rat (Ministerrat)
- Europäische Kommission
- Europäischer Gerichtshof
- Europäische Zentralbank
- Rechnungshof

Diese Ausführungen erweitern und aktualisieren Furtak (2015, Kap. 7.5: Organisationsstruktur der EU, S. 175–189).

Durch den Vertrag von Lissabon neu geschaffen wurden die Ämter eines Präsidenten des Europäischen Rates (Art. 15 Abs. 5 EUV) und eines Hohen Vertreters der Union für die Außen- und Sicherheitspolitik (Art. 18 Abs. 2 EUV). Die Organisationsstruktur der EU und das Zusammenspiel der EU-Organe veranschaulicht Abb. 4.1.

Ergänzt werden die EU-Organe durch den Wirtschafts- und Sozialausschuss (WSA) sowie den Ausschuss der Regionen (AdR) als beratende Einrichtungen bzw. Nebenorgane (Art. 13 Abs. 4 EUV). Hinzu kommen sonstige Einrichtungen, wie die Europäische Investitionsbank, der Europäische Bürgerbeauftragte und der Europäische Datenschutzbeauftragte. Zudem verfügt die EU über interinstitutionelle Dienste, wie das Amt für Veröffentlichungen und das Europäische Amt für Personalauswahl, sowie

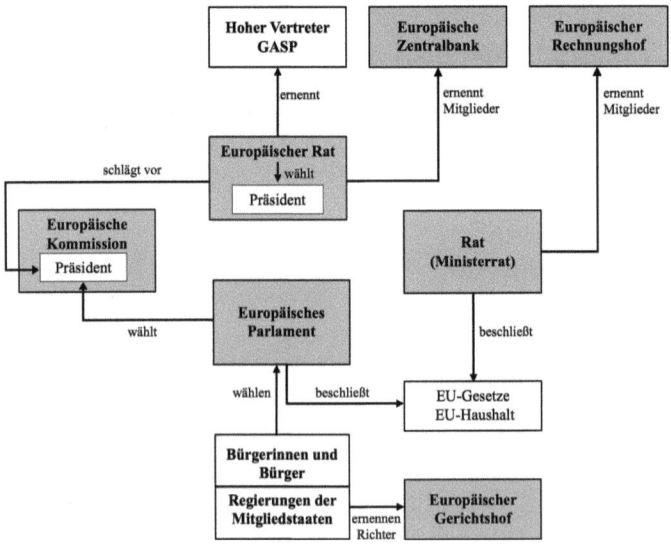

Abb. 4.1 Organisationsstruktur der EU. Quelle: Eigene Darstellung

dezentrale Einrichtungen bzw. Agenturen, die als Fachbehörden bestimmte spezifische Verwaltungsfunktionen wahrnehmen (Streinz 2023, S. 144, Rn. 449).[1]

Jedes EU-Organ handelt gemäß Art. 13 Abs. 2 S. 1 EUV nach den ihm in den Verträgen zugewiesenen Befugnissen und unter Beachtung der in den Verträgen festgelegten Verfahren, Bedingungen und Ziele, womit auf das für das Verhältnis der EU zu ihren Mitgliedstaaten grundlegende Prinzip der begrenzten Einzelermächtigung (Art. 5 Abs. 2 EUV) Bezug genommen wird (Streinz 2023, S. 96, Rn. 277). Zur Ausübung ihrer Aufgaben stützen sich die Organe, Einrichtungen und sonstigen Stellen der EU auf eine offene, effiziente und unabhängige europäische Verwaltung (Art. 298 AEUV). Zudem sind sie gemäß Art. 41 GRC (Recht auf eine gute Verwaltung) dazu verpflichtet, die Angelegenheiten der Bürgerinnen und Bürger unparteiisch, gerecht und innerhalb einer angemessenen Frist zu behandeln. Darüber hinaus handeln sie nach dem Grundsatz der Offenheit, um eine verantwortungsvolle Verwaltung zu fördern und die Beteiligung der Zivilgesellschaft sicherzustellen (Art. 15 Abs. 1 AEUV).

Eine Besonderheit des politischen Systems der EU im Vergleich zu nationalen politischen Systemen besteht darin, dass es keine europäische Regierung gibt, die sich auf eine beständige Mehrheit im EP stützen kann. Vielmehr muss sich die Europäische Kommission als originäres Exekutivorgan immer neue Mehrheiten im EP für ihre Gesetzgebungsvorschläge suchen (Maurer 2023, S. 272).[2]

---

[1] https://publications.europa.eu/code/de/de-390500.htm, 16.03.2024.

[2] Erstmalig kam es jedoch nach der Europawahl 2024 zur Unterzeichnung einer Kooperationserklärung zwischen Konservativen, Sozialdemokraten und Liberalen mit dem gemeinsamen Ziel, die politischen Leitlinien der Europäischen Kommission in der Wahlperiode 2024–2029 unterstützen zu wollen. Siehe: https://www.euractiv.de/section/innenpolitik/news/mit-kooperationsvereinbarung-zur-bestaetigung-der-neuen-eu-kommission/, 23.11.2024.

> **Infobox: EU-Spitzenämter 2024–2029**
>
> Präsidentin der Europäischen Kommission: Ursula von der Leyen (Deutschland)
> Präsident des Europäischen Rates: António da Costa (Portugal)
> Präsident des Europäischen Parlaments: Roberta Metsola (Malta)
> Hohe Vertreterin für die Außen- und Sicherheitspolitik: Kaya Kallas (Estland)

4.1 Europäisches Parlament als Stimme der Unionsbürger

Das EP wird seit 1979 für eine Amtsperiode von fünf Jahren direkt von den Bürgerinnen und Bürgern der Mitgliedstaaten gewählt. Es stellt damit die unmittelbare Vertretung der Unionsbürgerschaft auf europäischer Ebene dar und spielt im Hinblick auf die demokratische Legitimation der EU und ihrer Politik eine große Rolle (Weidenfeld 2020, S. 116). Durch die Direktwahl des EP kommt auch zum Ausdruck, dass die EU auf dem *Grundsatz der repräsentativen Demokratie* beruht (Art. 10 Abs. 1 EUV). Im Verlauf des europäischen Integrationsprozesses hat das EP beträchtlich an Kompetenzen gewonnen. Konnte es nach der ersten Direktwahl 1979 nur beratend tätig werden, ist es heute ein Organ mit weitreichenden Aufgaben und (Gesetzgebungs-) Befugnissen.

In den Mitgliedstaaten stehen für die EP-Wahl nationale Parteien zur Wahl (in Deutschland für die Wahl am 09. Juni 2024 waren es 35 Parteien und Vereinigungen). Da es kein europaweites einheitliches Wahlsystem gibt, bestehen in Bezug auf Sperrklauseln große Unterschiede. In 13 der 27 EU-Mitgliedstaaten (darunter Deutschland) gibt es keine

Sperrklausel bzw. Hürde, die übersprungen werden muss, um einen Abgeordneten ins EP entsenden zu können. Damit konnte bei der Europawahl 2024 beispielsweise in Deutschland die Partei des Fortschritts (PdF) mit rund 230.000 Stimmen bzw. einen Anteil von 0,6 % mit einem Abgeordneten ins EP einziehen. In den restlichen 14 Staaten gibt es unterschiedlich große Hürden – sie reichen von 1,8 % (Zypern) bis 5 % (Belgien, Frankreich, Kroatien, Lettland, Litauen, Polen, Rumänien, Slowakei, Tschechien, Ungarn). Erst bei der nächsten Europawahl im Jahr 2029 soll eine Sperrklausel für alle Mitgliedstaaten eingeführt werden, welche dann bei mindestens zwei Prozent liegen soll. Unterschiede gibt es auch hinsichtlich einer Wahlpflicht. Belgien, Bulgarien, Griechenland, Luxemburg und Zypern haben sie eingeführt (Braun und Tausenpfund 2023, S. 10).

4.1.1 Zusammensetzung und Arbeitsweise

Der Vertrag von Lissabon legt gemäß Art. 14 Abs. 2 EUV die Maximalgröße des Parlaments bei 750 Abgeordneten zuzüglich des Präsidenten fest. Nach dem Ausscheiden Großbritanniens aus der EU während der Legislaturperiode 2019–2024 sank die Anzahl der EP-Abgeordneten von 751 auf 705. Für die Europawahl 2024 wurde aufgrund demografischer Veränderungen in den Mitgliedstaaten die Zahl der Sitze wieder auf 720 erhöht. Wie sich die 720 Sitze im EP nach der Europawahl am 09. Juni 2024 in der Mandatsperiode 2024–2029 auf die Mitgliedstaaten in absteigender Größe verteilen, zeigt Tab. 4.1. Die Mindestzahl der Sitze pro Mitgliedstaat beträgt sechs, die Höchstzahl 96.

Wie aus der Tab. 4.1 ersichtlich, ist die Anzahl der Abgeordneten eines EU-Mitgliedstaats im EP nicht direkt proportional zu seiner Bevölkerungsgröße, was als *degressive Proportionalität* bezeichnet wird und zugleich ein Problem

Tab. 4.1 Sitzverteilung EP nach Mitgliedstaaten 2024–2029

Mitgliedstaaten	Bevölkerungszahl	Sitze im EP
Deutschland	84.079.811	96
Frankreich	67.935.660	81
Italien	58.856.847	76
Spanien	47.615.034	61
Polen	37.561.599	53
Rumänien	18.956.666	33
Niederlande	17.703.090	31
Belgien	11.669.446	22
Griechenland	10.566.531	21
Tschechien	10.526.073	21
Schweden	10.486.941	21
Portugal	10.379.007	21
Ungarn	9.683.505	21
Österreich	9.042.528	20
Bulgarien	6.465.097	17
Dänemark	5.903.037	15
Finnland	5.556.880	15
Slowakei	5.431.752	15
Irland	5.086.988	14
Kroatien	3.854.000	12
Litauen	2.833.000	11
Slowenien	2.108.732	9
Lettland	1.883.379	9
Estland	1.344.768	7
Zypern	1.251.488	6
Luxemburg	650.774	6
Malta	523.417	6
EU 27	**447.956.050**	**720**

Quelle: Busch et al. (2024, S. 21)

der Repräsentativität und Wahlgleichheit darstellt. So entfallen auf Deutschland als bevölkerungsreichster Mitgliedstaat mit einer Bevölkerung von rund 84 Mio. Einwohnern (19 % der EU-Bevölkerung) 96 Sitze, was einem Sitz pro 875.800 Einwohner entspricht. Auf Malta, dem mit rund 500.000 Einwohnern kleinstem EU-Land (0,11 % der EU-Bevölkerung), entfallen sechs Abgeordnete, was einem Sitz pro 87.000 Einwohner entspricht. Im Durchschnitt entfällt europaweit ein Sitz im EP auf etwa 665.000 Einwohner (Busch et al. 2024, S. 19).

Für die Berechnung der Parlamentssitze, die jeder EU-Mitgliedstaat erhält, gibt es keine exakte mathematische Formel. Das EP macht gemäß Art. 223 AEUV einen Vorschlag für die Regeln der kommenden EP-Wahlen. Anschließend fasst der Europäische Rat einen einstimmigen Beschluss, dem das EP zustimmen muss. Die Berechnung erfolgt grob nachfolgendem Modus: (1) Jeder Mitgliedstaat erhält ungeachtet seiner Bevölkerungszahl sechs Sitze; (2) Darüber hinaus erhält jeder Mitgliedstaat etwa einen Sitz pro 500.000 Einwohnern bei einer Bevölkerung zwischen 1 Mio. und 10 Mio.; (3) Mitgliedstaaten, die über mehr als 10. Mio. Einwohner verfügen, erhalten je 1 Mio. Einwohner einen weiteren Sitz hinzu (ebd., S. 20).

Nach einer Europawahl finden sich die Vertreter der ins Parlament gewählten nationalen Parteien entsprechend ihrer jeweiligen politischen Ausrichtung zu parteiübergreifenden Fraktionen zusammen. Das hat zur Folge, dass Abstimmungen im Parlament nicht nach Nationalität, sondern nach parteipolitischer Ausrichtung der Abgeordneten erfolgen. Für die Bildung einer Fraktion sind mindestens 23 Abgeordnete aus mindestens einem Viertel der Mitgliedstaaten (also aus sieben Mitgliedstaaten) erforderlich (Maurer 2023, S. 268). Wie Abb. 4.2 zeigt, setzt sich das am 09. Juni 2024 gewählte EP mit 720 Sitzen aus acht Fraktionen sowie 33 fraktionslosen Mitgliedern zusammen.

Die Wahlbeteiligung bei der EP-Wahl 2024 lag mit 50,74 % nur geringfügig höher als 2019 (50,66 %), jedoch deutlich höher als bei den drei vorangegangenen Wahlen 2004, 2009 und 2014 mit Werten zwischen 42 und 45 %.[3] In Deutschland haben 64,8 % der Wahlberechtigten ihre

---

[3] Siehe: https://results.elections.europa.eu/de/wahlbeteiligung, 23.11.2024.

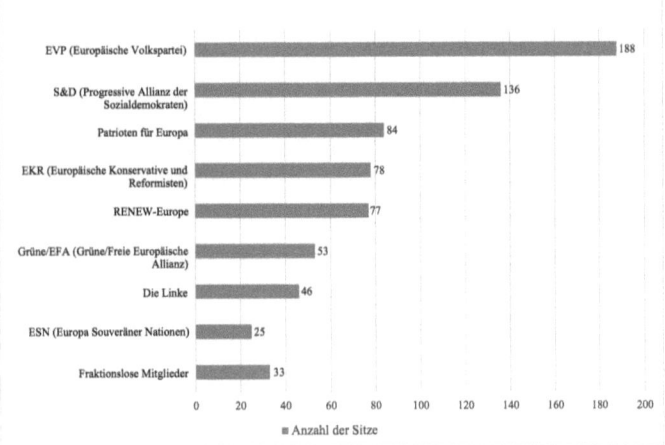

Abb. 4.2 Sitzverteilung EP nach Fraktionen 2024–2029. (Quelle: Eigene Darstellung auf Basis von: https://results.elections.europa.eu/de/wahlergebnisse/2024-2029/, 16.07.2024)

Stimme abgegeben (2019: 61,4 %) – die höchste Wahlbeteiligung bei einer EU-Wahl seit der Wiedervereinigung. Die höchste Wahlbeteiligung 2024 gab es in Belgien mit rund 90 % (Wahlpflicht!), die niedrigste in Kroatien mit rund 21 %.

> **Infobox: Ergebnisse EP-Wahl 2024**
>
> Wahlgewinner und damit stärkste politische Kraft im EP in der Wahlperiode 2024–2029 ist die *Europäische Volkspartei (EVP)*, der Zusammenschluss von christdemokratischen und konservativen Parteien Europas mit 188 Sitzen (plus 11 Sitze). Zweitstärkste Fraktion ist die *Progressive Allianz der Sozialisten & Demokraten (S&D)* mit 136 Sitzen (minus 2 Sitze). Auf dem dritten Platz mit 84 Sitzen kommt das neu gegründete Bündnis *Patrioten für Europa* (in Nachfolge der früheren Fraktion Identität und Demokratie). Es handelt sich hierbei um einen Zusammenschluss rechtspopulistischer und rechtsextremer Parteien Europas, darunter der Rassemblement National aus Frankreich von Marine Le Pen, die österreichische FPÖ und die ungarische Fidez-Partei von Victor Orban. Auf

> den vierten Platz mit 78 Sitzen zurückgeworfen wurde die Fraktion der *Europäischen Konservativen und Reformisten*, obwohl sie ebenfalls Zugewinne (plus 9 Sitze) verbuchen konnte. Sie umfasst EU-kritische Parteien, wie die polnische Partei Recht & Gerechtigkeit (PIS) und die Fratelli d'Italia unter der Führung der gegenwärtigen italienischen Ministerpräsidentin Giorgia Meloni. Es folgt die liberale Fraktion *RENEW-Europe* mit 77 Sitzen, die insbesondere aufgrund des schlechten Abschneidens der Partei Renaissance von Präsident Macron in Frankreich 22 Sitze verloren hat. Zu den großen Wahlverlierern neben den Liberalen gehören die *Grünen* mit 53 Sitzen (minus 18 Sitze). Die *europäische Linke* verbessert sich auf 46 Sitze (plus 9 Sitze). Neu ist die aus acht rechtsextremen Parteien gegründete Fraktion *Europa Souveräner Nationen (ESN)* mit 25 Sitzen. Sie weist inhaltliche Überschneidungen mit den Patrioten für Europa auf, ist allerdings noch weiter rechts ausgerichtet und wird angeführt von der Alternative für Deutschland (AfD). Das Plenum wird ergänzt durch 33 fraktionslose Mitglieder, darunter aus Deutschland sechs Abgeordnete vom Bündnis Sahra Wagenknecht (BSW), zwei Abgeordnete der Partei „Die Partei" sowie ein Abgeordneter der Partei des Fortschritts (PdF).[4]

Nach der Europawahl 2024 stehen Deutschland, wie zuvor auch, 96 Sitze zu. Wie sich diese Sitze auf die deutschen Parteien verteilen und welcher Fraktion im EP die deutschen Parteien angehören, zeigt Tab. 4.2.

Das EP tagt und berät öffentlich. Seine Plenarsitzungen finden in Brüssel und Straßburg statt.[5] Dem Parlament steht ein Präsident vor, der für jeweils zweieinhalb Jahre ge-

---

[4] Das BVerfG hat im Februar 2014 die Drei-Prozent-Hürde im deutschen Europawahlrecht für verfassungswidrig erklärt, weshalb bei den EP-Wahlen 2014, 2019 und 2024 Vertreter kleiner Parteien ins EP für Deutschland einziehen konnten.

[5] Ende 2013 beschloss das EP mehrheitlich, in einem neuen EU-Reformvertrag Brüssel als alleinigen Tagungsort festzuschreiben und damit den „Reisezirkus", für den jährlich Kosten in Höhe von über 200 Mio. € entstehen, zu beenden.

Tab. 4.2 Sitze und Fraktionszugehörigkeit deutscher Parteien im EP 2024–2029

Partei	Sitze	Fraktion
CDU	23	EVP
AFD*	15	Europa Souveräner Nationen
SPD	14	S&D
Grüne	12	Die Grünen
CSU	6	EVP
BSW	6	Fraktionslos
FDP	5	RENEW-Europe
Die Linke	3	Die Linke
Freie Wähler	3	RENEW-Europe
Volt	3	Grüne
Die Partei	2	Fraktionslos
Familie	1	EVP
Tierschutzpartei	1	Die Linke
ÖDP	1	EVP
PdF	1	Fraktionslos

*Der AfD-Abgeordnete Maximilian Krah wurde aus der Fraktion ausgeschlossen
Quelle: Eigene Darstellung auf Basis von: https://de.statista.com/statistik/daten/studie/1010681/umfrage/sitze-der-deutschen-parteien-im-europaeischen-parlament/, 16.07.2024

wählt wird. Er wird in seiner Arbeit von 14 Vizepräsidenten unterstützt. Die Entscheidungen des Parlaments werden in 24 Ausschüssen vorbereitet. Hierfür werden von den Ausschüssen sogenannte Berichterstatter ernannt, die einen von der Kommission vorgelegten Gesetzentwurf untersuchen und dem Parlament einen Bericht vorlegen. Im Unterschied zu nationalen Parlamenten ist das EP nicht aufgeteilt in Regierungsfraktionen und Opposition. Mehrheiten für Gesetzgebungsakte müssen immer wieder neu gesucht und zwischen den Fraktionen ausgehandelt werden.

4.1.2 Funktionen, Aufgaben und Befugnisse

Die Funktionen des EP erstrecken sich auf Gesetzgebung, Kontrolle, Wahl und Kommunikation und entsprechen damit den klassischen Funktionen eines Parlaments (Marschall 2023, S. 143 ff.). Die *Gesetzgebungsfunktion* übt das EP gemeinsam mit dem Rat aus (Art. 14 Abs. 1 EUV). Im Rahmen des sogenannten ordentlichen Gesetzgebungsverfahrens (s. Abschn. 5.3.1), das auf die meisten Rechtsakte Anwendung findet und in dem Rat und Parlament gleichberechtigte Legislativorgane sind, hat das EP die Möglichkeit, einen Rechtsakt zu verhindern – mithin steht ihm eine Veto-Position zu (Bieber et al. 2023, S. 146, Rn. 22). Im Bereich des Binnenmarktes liegt die Beteiligung des EP an Gesetzgebungsakten bei nahezu 90 % (Maurer 2023, S. 274). Zur Gesetzgebung zählt auch der Haushalt. Gemeinsam mit dem Rat stellt das EP den Haushalt der EU auf und beschließt ihn (Art. 313 ff. AEUV). Damit hat das EP, wie ein nationales Parlament, ein originäres Budgetrecht.

Eine *Kontrollfunktion* übt das EP in mehrfacher Hinsicht aus: Schärfstes Kontrollrecht ist das Misstrauensvotum, mit dem es den geschlossenen Rücktritt der gesamten Kommission erzwingen kann. Erforderlich hierfür ist die Annahme des Misstrauensvotums durch eine Mehrheit von zwei Dritteln der abgegebenen Stimmen und der Mehrheit der Mitglieder des EP (Art. 17 Abs. 8 EUV i. V. m. Art. 234 AEUV). Weitere Kontrollrechte beinhalten ein mündliches oder schriftliches Fragerecht gegenüber der Kommission (Art. 230 AEUV), die Erörterung des von der Kommission vorzulegenden jährlichen Gesamtberichts über die Tätigkeit der EU (Art. 233 AEUV) sowie die Einsetzung eines Untersuchungsausschusses, um behauptete Verstöße gegen das Unionsrecht oder Missstände bei dessen Anwendung zu überprüfen (Art. 226 AEUV).

Eine *Wahlfunktion* übernimmt das EP im Hinblick auf die Exekutive. Gemäß Art. 17 Abs. 7 EUV wählt es mit der Mehrheit seiner Mitglieder den vom Europäischen Rat vorgeschlagenen Kandidaten für das Amt des Kommissionspräsidenten. Darüber hinaus wählt das EP den Europäischen Bürgerbeauftragten (Art. 228 Abs. 2 AEUV) und ernennt zusammen mit dem Rat den Europäischen Datenschutzbeauftragten. Schließlich kann die nach einer Wahl zum EP neu zusammengestellte Kommission nur mit einem Zustimmungsvotum des EP ihr Amt antreten (Art. 17 Abs. 7 EUV).

Die *Kommunikationsfunktion* nehmen die Abgeordneten des EP u. a. dadurch wahr, dass sie die Politik der EU in ihren Heimatwahlkreisen erklären, auf Social-Media-Kanälen dazu Stellung nehmen oder Bürgerinnen und Bürger zu Informationsbesuchen in das EP einladen.

Über die genannten Funktionen und die damit verbundenen Befugnisse hinaus, gestaltet das EP die *Außenbeziehungen der EU* mit: Es muss der Aufnahme neuer Mitgliedstaaten (Art. 49 EUV) und dem Abschluss von Assoziierungsabkommen (Art. 218 Abs. 6 lit. a AEUV) zustimmen. Das gilt auch für bestimmte Übereinkünfte, wie z. B. den Beitritt der EU zur EMRK. Beim Abschluss von völkerrechtlichen Verträgen mit Drittstaaten und internationalen Organisationen ist das EP gemäß Art. 218 Abs. 6 lit. b AEUV anzuhören (Bieber et al. 2023, S. 149, Rn. 28). Zu den wichtigsten Aspekten und den grundlegenden Weichenstellungen der GASP und der GSVP wird das EP vom Hohen Vertreter der Union für die Außen- und Sicherheitspolitik unterrichtet. Darüber hinaus achtet der Hohe Vertreter darauf, dass die Auffassungen des EP gebührend berücksichtigt werden (Art. 36 EUV).

Eine wichtige Aufgabe kommt dem EP in seiner Funktion als Organ der repräsentativen Demokratie zu. So hat es die Interessen der Bürgerinnen und Bürger sowie der Völker in den politischen Entscheidungsprozess der Union einzubringen und die Rückkopplung dieser Entscheidungen zu den organisierten politischen Kräften und zur Bürgerschaft zu vermitteln (Bieber et al. 2023, S. 149, Rn. 29). Die Wechselwirkung zwischen EP und Bürgerschaft zeigt sich auch in der Einrichtung eines Bürgerbeauftragten

(Art. 228 AEUV) und eines Petitionsrechts (Art. 227 AEUV) sowie in der in Art. 10 Abs. 4 EUV verankerten Anerkennung der Rolle der europäischen Parteien.

Trotz der vielen Funktionen, Befugnisse und Aufgaben, die dem EP zukommen, fehlt ihm eine wichtige Kompetenz: das Vorschlags- bzw. Initiativrecht bei der Gesetzgebung. Dieses ist allein der Kommission vorbehalten. Lediglich eine Art „Initiativrecht light" hat der Vertrag von Lissabon eingeführt: Das EP kann mit der Mehrheit seiner Mitglieder die Kommission auffordern, Gesetzgebungsvorschläge zu unterbreiten (Art. 225 AEUV). Gemäß Nr. 16 der Rahmenvereinbarung über die Beziehungen zwischen dem EP und der Europäischen Kommission vom 09. Februar 2010 muss dann die Kommission innerhalb eines Jahres nach Aufforderung des Parlaments einen Gesetzesvorschlag vorlegen oder innerhalb von drei Monaten ausführlich begründen, warum sie dies nicht tun wird. Eine Pflicht zum Tätigwerden der Kommission besteht demnach nicht.

4.1.3 Beschlussfassung

In der Regel beschließt das EP mit der Mehrheit der abgegebenen Stimmen (Art. 231 AEUV). Die Mehrheit der Mitglieder des Parlaments ist nur erforderlich für die Wahl des vom Europäischen Rat vorgeschlagenen Kandidaten für das Amt des Kommissionspräsidenten (Art. 17 Abs. 7 EUV) sowie für ein erfolgreiches Misstrauensvotum (Art. 234 AEUV).

4.2 Europäischer Rat als Lenkungsorgan

Der Europäische Rat wurde 1974 als informelles Forum für Gespräche zwischen den Staats- und Regierungschefs der EU-Mitgliedstaaten ins Leben gerufen. Durch den Vertrag von Maastricht 1993 erhielt der Europäische Rat einen formellen Status und eine offizielle Rolle. Doch erst durch den Vertrag von Lissabon 2009 erhielt er den Status eines EU-Organs.

4.2.1 Zusammensetzung und Arbeitsweise

Der Europäische Rat setzt sich aus den (derzeit 27) Staats- und Regierungschefs der Mitgliedstaaten, dem Präsidenten des Europäischen Rates und dem Präsidenten der Europäischen Kommission zusammen. An den Sitzungen beteiligt ist der Hohe Vertreter der Union für die Außen- und Sicherheitspolitik (Art. 15 Abs. 2 EUV). Ob ein Mitgliedstaat durch seinen Staats- oder Regierungschef im Europäischen Rat vertreten ist, hängt von den jeweiligen nationalen Verfassungsbestimmungen ab. In Deutschland ist es beispielsweise der Bundeskanzler als Regierungschef, in Frankreich der Staatspräsident (Streinz 2023, S. 101, Rn. 296).

Mit dem Vertrag von Lissabon wurde das Amt des *Präsidenten des Europäischen Rates* geschaffen. Der Präsident wird vom Europäischen Rat für eine Amtszeit von zweieinhalb Jahren mit der Möglichkeit der einmaligen Wiederwahl gewählt (Art. 15 Abs. 5 EUV). Zu seinen wesentlichen Aufgaben zählen die Vorbereitung der Gipfeltreffen, die Sitzungsleitung sowie die Außenvertretung der EU in Angelegenheiten der Gemeinsamen Sicherheits- und Außenpolitik (Art. 15 Abs. 6 EUV). Im Vorfeld von wichtigen Entscheidungen versucht er, in der Rolle eines ehrlichen Maklers, Kompromisse zwischen den Mitgliedstaaten auszuhandeln.

Der Europäische Rat kommt zweimal pro Halbjahr zu regulären Gipfeltreffen zusammen. In Krisensituationen können außerordentliche Treffen (Art. 15 Abs. 3 S. 3 EUV) einberufen werden, was zuletzt in der Covid-19-Pandemie sowie anlässlich des Krieges in der Ukraine häufig der Fall war. Als Diskussionsforum auf höchster politischer Ebene ist der Europäische Rat bemüht, bei Meinungsverschiedenheiten zwischen den Mitgliedstaaten eine Lösung herbeizuführen. Diese kommt meist jedoch nur auf der Basis des kleinsten gemeinsamen Nenners im Konsens zustande (Art. 15 Abs. 4 EUV) und wird am Ende von Gipfeltreffen in Form von Schlussfolgerungen oder Erklärungen verabschiedet. In Schlussfolgerungen werden konkrete Fragen festgehalten, die für die EU von Belang sind und es wird dargelegt, welche Maßnahmen eingeleitet oder welche Ziele erreicht werden sollen. Der Europäische Rat kann in seinen Schlussfolgerungen auch eine Frist für eine Einigung über eine bestimmte Frage oder für die Vorlage eines von der Kommission auszuarbeitenden Gesetzgebungsvorschlags festlegen. Auf diese Weise kann er die politische Agenda der EU in seinem Sinne beeinflussen.[6]

4.2.2 Funktionen, Aufgaben und Befugnisse

Der Europäische Rat „gibt der Union die für ihre Entwicklung erforderlichen Impulse und legt die allgemeinen politischen Zielvorstellungen und Prioritäten hierfür fest" (Art. 15 Abs. 1 EUV). Damit kommt ihm eine *Leitungs- und Lenkungsfunktion* für die Gestaltung der EU-Politik zu, nicht nur durch die oben erwähnten Schlussfolgerungen zum Abschluss von EU-Gipfeltreffen, sondern immer wieder auch durch Grundsatzentscheidungen zur Erweiterung und Vertiefung der Union (Weidenfeld 2020, S. 128). Rechtliche Bindungswirkung (für den Rat) haben seine Beschlüsse über die strategischen Interessen, Ziele und Leitlinien im Bereich der Außen-, Sicherheits- und Verteidi-

---

[6] https://www.consilium.europa.eu/de/european-council/role-setting-eu-political-agenda/, 16.03.2024.

gungspolitik (Art. 26 Abs. 1 EUV). Explizit ausgeschlossen wird jedoch eine Gesetzgebungsfunktion des Europäischen Rates durch Art. 15 Abs. 1 S. 2 EUV.

Auch bei der Besetzung von Spitzenfunktionen zeigt sich die starke Rolle des Europäischen Rates. So ist er zuständig für:

- die Wahl des Präsidenten des Europäischen Rates (Art. 15 Abs. 5 EUV);
- den Vorschlag für das Amt des Präsidenten der Europäischen Kommission (Art. 17 Abs. 7 EUV);
- die Ernennung des Hohen Vertreters der Union für Außen- und Sicherheitspolitik (Art. 18 Abs. 1 EUV);
- die offizielle Ernennung der gesamten Kommission (Art. 17 Abs. 7 EUV);
- die Ernennung des Direktoriums der Europäischen Zentralbank (EZB) einschließlich des Präsidenten der EZB (Art. 283 AEUV).

Zu seinen weiteren Befugnissen zählen darüber hinaus die Entscheidung über die Anzahl der Sitze im EP (Art. 14 Abs. 2 EUV) sowie über Anzahl und Bezeichnungen der unterschiedlichen Ratszusammensetzungen (Art. 236 AEUV).

4.2.3 Beschlussfassung

Die Beschlüsse im Europäischen Rat kommen einstimmig, mit qualifizierter Mehrheit oder mit einfacher Mehrheit zustande. Einstimmigkeit findet insbesondere Anwendung bei Beschlüssen im Bereich der GASP (Art. 24 Abs. 2 EUV) und beim Beschluss über die Aufnahme von Beitrittsverhandlungen. Wenn der Europäische Rat einstimmig entscheiden muss, stehen Stimmenthaltungen von anwesenden oder vertretenden Mitgliedern der Annahme von Beschlüssen nicht entgegen (Art. 235 Abs. 1 AEUV). Ein anderes Prozedere gibt es bei der Ernennung des Hohen Vertreters für die Außen- und Sicherheitspolitik, dem Vorschlag für das Amt des Kommissionspräsidenten, die Ernennung der gesamten Kommission sowie die Festlegung der Ratszusammensetzungen. In diesen Fällen entscheidet der Europäische Rat mit qualifizierter Mehrheit. Schließlich können Entscheidungen auch mit einfacher Mehrheit getroffen werden, so z. B. über Verfahrensfragen und den Erlass einer Geschäftsordnung. Für eine Beschlussfähigkeit im Europäischen Rat müssen zwei Drittel der Mitglieder anwesend sein, wobei sich jedes Mitglied des Europäischen Rates das Stimmrecht höchstens eines anderen Mitglieds übertragen lassen kann. Der Präsident des Europäischen Rates und der Kommissionspräsident haben kein Stimmrecht (Art. 235 Abs. 1 AEUV).

> **Praxisbeispiel: Einstimmigkeit im Europäischen Rat**
>
> Im Vorfeld des Beschlusses über die Aufnahme von Beitrittsverhandlungen mit der Ukraine hatte der ungarische Präsident Victor Orban sein Veto angekündigt. Beim Gipfeltreffen des Europäischen Rates am 14. Dezember 2023 in Brüssel verließ Orban während der Abstimmung über den entsprechenden Beschluss, der einstimmig gefasst werden musste, den Sitzungssaal. So konnten die verbliebenen 26 Mitglieder die notwendige einstimmige Entscheidung herbeiführen. Orbans Fernbleiben wurde als Enthaltung gewertet.

4.3 Rat als Interessenvertreter der Mitgliedstaaten

Der Rat, auch Rat der EU oder Ministerrat genannt, vertritt primär mitgliedstaatliche Interessen und bildet zusammen mit dem EP die Legislative. Damit nehmen die Mitgliedstaaten einen großen Einfluss auf die Gesetzgebung der EU.

4.3.1 Zusammensetzung und Arbeitsweise

Der Rat besteht aus je einem Vertreter eines Mitgliedstaats auf Ministerebene, der befugt sein muss, für seine Regierung verbindlich zu handeln und das Stimmrecht auszuüben (Art. 16 Abs. 2 EUV). Die Mitgliedstaaten entsenden jeweils ihren für das im Rat zu verhandelnde Thema zuständigen Fachminister. Gängige Praxis ist, dass ein Minister im Falle seiner Verhinderung von einem Staatssekretär vertreten wird. Föderal organisierte Mitgliedstaaten können auch Minister der Gliedstaaten in den Rat entsenden. In Deutschland ist diese Möglichkeit in Art. 23 Abs. 6 GG vorgesehen für den Fall, dass die im Rat zu behandelnde Materie im Schwerpunkt ausschließliche Gesetzgebungsbefugnisse der Länder auf den Gebieten der schulischen Bildung, der Kultur oder des Rundfunks betreffen. Die Ratsmitglieder sind (anders als die Mitglieder der Kommission) Vertreter der Regierungen und somit an deren Vorgaben und Weisungen gebunden. Der Rat tagt in der Regel in Brüssel. Lediglich im April, Juni und Oktober finden die Sitzungen in Luxemburg statt. Insgesamt trifft sich der Rat in der Regel 70 bis 80-Mal im Jahr. Die Sitzungen des Rates finden, wenn es um Gesetzgebung geht, öffentlich statt (von Ondarza 2023, S. 543).

Der Rat tagt in zehn unterschiedlichen Zusammensetzungen bzw. Formationen, die auch als *Fachministerräte* bezeichnet werden. Diese sind:

- Allgemeine Angelegenheiten
- Auswärtige Angelegenheiten
- Wirtschaft und Finanzen
- Justiz und Inneres
- Beschäftigung, Sozialpolitik, Gesundheit und Verbraucherschutz
- Wettbewerbsfähigkeit (einschließlich Binnenmarkt, Industrie, Forschung)

4 Das institutionelle System der EU

- Verkehr, Telekommunikation und Energie
- Landwirtschaft und Fischerei
- Umwelt
- Bildung, Jugend, Kultur und Sport

Eine besondere Rolle nimmt der Rat für Allgemeine Angelegenheiten wahr. Er sorgt für die Kohärenz der Aktivitäten der anderen Formationen und bereitet in Absprache mit den Präsidenten des Europäischen Rates und der Europäischen Kommission die Gipfeltreffen der Staats- und Regierungschefs vor.

Im Rat für Auswärtige Angelegenheiten führt stets der Hohe Vertreter für die Außen- und Sicherheitspolitik den Vorsitz. Für alle anderen Fachministerräte gilt das Rotationsprinzip, d. h. der Vorsitz und damit die Ratspräsidentschaft wechselt halbjährlich zwischen den Mitgliedstaaten (Art. 16 Abs. 9 EUV). Um die Kontinuität der Arbeit des Rates zu gewährleisten, kooperieren die gegenwärtige, die vorhergehende und die nachfolgende Ratspräsidentschaft (Teamvorsitz).

Unterstützt wird der Rat durch ein Generalsekretariat sowie von über 150 hoch spezialisierten Arbeitsgruppen und Ausschüssen. Der Bedeutendste unter ihnen ist der *Ausschuss der Ständigen Vertreter der Mitgliedstaaten* (AStV) bzw. das Comité des Réprésentants Permanents (COREPER). Der Ausschuss tagt in etwa zwei Mal pro Woche und bereitet die Beschlussvorlagen für den Rat vor (Art. 16 Abs. 7 EUV).

Infobox: Ausschuss der Ständigen Vertreter (AStV)

Die Hauptaufgaben des Ausschusses liegen in der Koordinierung und Vorbereitung der Arbeiten der verschiedenen Ratsformationen, in der Gewährleistung der Kohärenz der EU-Politik in den einzelnen Politikfeldern und in der Herbeiführung von Einigungen und Kompromissen, die dann dem

> Rat zur Beschlussfassung vorgelegt werden. Der AStV setzt sich aus zwei Gruppen zusammen: Die Ständigen Vertreter der Mitgliedstaaten, die den Rang von EU-Botschaftern bei der EU haben, bilden den AStV II, ihre Stellvertreter den AStV I. Der AStV I bereitet eher technische und fachspezifische Fragen in sechs Ratsformationen vor. Der AStV II kümmert sich um politisch brisante Themen in den vier Ratsformationen Allgemeine Angelegenheiten, Auswärtige Angelegenheiten, Wirtschaft und Finanzen sowie Justiz und Inneres. Die Tagesordnung des AStV ist in zwei Teile untergliedert: Bei den sogenannten A-Punkten handelt es sich um Themen, die der Rat so, wie sie vom AStV vorbereitet wurden, ohne Aussprache annehmen kann. Dagegen erfordern die B-Punkte eine Aussprache im Rat. Für einen Großteil der Vorlagen gelingt es, bereits im Ausschuss eine Einigung zwischen den Mitgliedstaaten zu erzielen, was zum einen dessen Bedeutung hervorhebt, zum anderen erheblich zur Effizienz der Ratsarbeit beiträgt (Weidenfeld 2020, S. 133).

4.3.2 Funktionen, Aufgaben und Befugnisse

Der Rat spielt eine zentrale Rolle im Rechtsetzungsprozess der EU. Er übt gemeinsam mit dem EP die *Legislativfunktion* in der EU aus (Art. 16 Abs. 1 EUV). Ebenfalls zusammen mit dem EP stellt er den Haushaltsplanentwurf auf und verabschiedet den Haushalt der Union. Eine Initiativfunktion für die Gesetzgebung kommt dem Rat dagegen nicht zu. Genauso wie das EP kann er die Kommission allenfalls auffordern, einen geeigneten Gesetzesvorschlag zu unterbreiten (Art. 241 AEUV).

Eine *Exekutivfunktion* hat der Rat insofern inne, als er Vorschriften zur Durchführung von Rechtsakten erlässt, die Durchführung selbst ausübt oder sie an die Kommission delegiert (Weidenfeld 2020, S. 131 f.). Der Rat besitzt auch eine *Wahlfunktion*. So ernennt er die Mitglieder des Rechnungshofes sowie die Mitglieder des WSA und des AdR.

Alleinige *Entscheidungsbefugnis* besitzt der Rat im Bereich der GASP. So beschließt er über die erforderlichen Maßnahmen auf Grundlage der vom Europäischen Rat festgelegten Leitlinien und strategischen Vorgaben (Art. 26 Abs. 2 EUV) und sorgt für die Kohärenz außenpolitischen Handelns der Union (Art. 16 Abs. 6 EUV). Darüber hinaus schließt er im Namen der Union internationale Übereinkünfte mit anderen Staaten und internationalen Organisationen (Art. 218 AEUV).

Im Rahmen der WWU nimmt der Rat eine herausgehobene Stellung ein. So koordiniert er die Wirtschaftspolitik der Mitgliedstaaten (Art. 121 AEUV) und beschließt auf Vorschlag der Kommission über Maßnahmen gegen übermäßige öffentliche Defizite (Art. 126 Abs. 6 AEUV), womit ihm auch eine *Überwachungsfunktion* zukommt.

Zum Aufgabenprofil des Rates gehören ferner die Beschlussfassung über Ausnahmen vom Beihilfeverbot (Art. 108 Abs. 2 AEUV), besondere wirtschaftspolitische Maßnahmen bei außergewöhnlichen Schwierigkeiten (Art. 122 AEUV), Embargobeschlüsse gegen Drittstaaten (Art. 215 AEUV) sowie Maßnahmen im Rahmen der Terrorismusbekämpfung (Art. 75 AEUV) (Bieber et al. 2023, S. 159, Rn. 48).

4.3.3 Beschlussfassung

Der Rat trifft seine Beschlüsse mit einfacher Mehrheit, mit qualifizierter Mehrheit oder mit Einstimmigkeit. In den weitaus meisten Fällen beschließt er mit qualifizierter Mehrheit (Art. 16 Abs. 3 EUV) – in 192 Themenfeldern im Vergleich zu 92 Themenfeldern, die nach wie vor einstimmig entschieden werden müssen (Weidenfeld 2020, S. 134).

Bei der Beschlussfassung mit *einfacher Mehrheit* verfügt jeder Mitgliedstaat über eine Stimme. Für einen Beschluss genügen daher gegenwärtig 14 Stimmen (Art. 238 Abs. 1

AEUV). Mit einfacher Mehrheit wird u. a. über die Organisation des Generalsekretariats des Rates und dessen Geschäftsordnung sowie über die Einsetzung eines Beschäftigungsausschusses (Art. 150 AEUV) und eines Ausschusses für Sozialschutz (Art. 160 AEUV) entschieden. Die einfache Mehrheit im Rat gilt auch für Anträge des Rates zur Amtsenthebung von Mitgliedern der Kommission (Art. 247 AEUV).

Ein Beschluss über einen Rechtsakt kommt mit *qualifizierter Mehrheit* zustande, wenn zwei Voraussetzungen erfüllt sind, weshalb man hier auch von einer doppelten Mehrheit spricht.

> **Infobox: Qualifizierte Mehrheit**
>
> Eine qualifizierte Mehrheit für den Beschluss eines Rechtsaktes im Rat ist dann erreicht, wenn (1) eine Mehrheit von 55 % der Mitglieder des Rates (derzeit 15), die (2) mindestens 65 % der EU-Bevölkerung (derzeit ca. 290 Mio.) repräsentiert, zustimmt. Beschließt der Rat nicht auf Vorschlag der Kommission, ist eine (verstärkte) qualifizierte Mehrheit von 72 % der Mitglieder des Rates erforderlich (derzeit 20), die mindestens 65 % der EU-Bevölkerung vertreten (Art. 16 Abs. 4 EUV, Art. 238 Abs. 2 AEUV). Blockiert werden kann ein Beschluss, falls vier Mitglieder, die mindestens 35 % der Bevölkerung repräsentieren, dagegen votieren (Art. 238 Abs. 2, 3 AEUV).

Bestimmte Entscheidungen müssen mit *Einstimmigkeit* getroffen werden. Sollte sich ein Mitglied im Rat der Stimme enthalten, steht dies dem Zustandekommen des Beschlusses nicht entgegen (Art. 238 Abs. 4 AEUV). Einstimmigkeit bedarf es in folgenden Bereichen:

- in der Außen- und Sicherheitspolitik (Art. 24 Abs. 2 EUV);
- in großen Teilen der Sozialpolitik (Art. 153 Abs. 2 AEUV) und der Steuerpolitik (Art. 113, 115 AEUV);
- bei der Aufnahme neuer Mitgliedstaaten (Art. 49 EUV);

- beim Beschluss über den MFR (Art. 312 AEUV);
- bei Kompetenzergänzungen (Art. 352 AEUV);
- bei Vorkehrungen zur Bekämpfung von Diskriminierungen (Art. 19 AEUV);
- bei der Einsetzung einer Europäischen Staatsanwaltschaft (Art. 86 Abs. 1 AEUV);
- bei Richtlinien für die Harmonisierung des Binnenmarktes (Art. 115 AEUV).

Auf der politischen Agenda, insbesondere seit dem Krieg Russlands gegen die Ukraine, steht die Ausweitung von Mehrheitsbeschlüssen im Rat. Mit dem vorherrschenden Prinzip der Einstimmigkeit in Fragen der Außen-, Sicherheits- und Verteidigungspolitik schwächt sich die EU oftmals selbst, weil ein Beschluss am Veto eines oder mehrerer Mitgliedstaaten scheitert bzw. scheitern kann. Art. 48 Abs. 7 EUV (sog. Passarelle-Klausel) ermöglicht zwar den Übergang von einstimmigen Beschlüssen im Rat zu Beschlüssen mit qualifizierter Mehrheit. Allerdings muss dieser Übergang wiederum einstimmig beschlossen werden, was die Erfolgsaussichten deutlich schmälert, weil Mitgliedstaaten bei Zustimmung ihr Vetorecht im Rat verlieren würden (von Ondarza 2023, S. 546).

4.4 Europäische Kommission als Motor der Integration

Die Europäische Kommission ist im Unterschied zum Europäischen Rat und zum Rat ein Organ, das „die allgemeinen Interessen der Union" (Art. 17 Abs. 1 S. 1 EUV) vertritt. Um dieses Ziel zu erreichen, sind die Mitglieder der Kommission – im Unterschied zu den Mitgliedern des Rates – nicht an die Weisungen ihrer Regierungen gebunden und den nationalen Parlamenten nicht rechenschaftspflichtig

(Art. 17 Abs. 3 EUV). Die Mitgliedstaaten haben ihre Unabhängigkeit zu beachten und jegliche Form der Einflussnahme bei der Erfüllung ihrer Aufgaben zu unterlassen (Art. 245 AEUV). Eine Abberufung eines Kommissionsmitglieds durch eine nationale Regierung ist nicht möglich, womit dessen Unabhängigkeit abgesichert wird.

4.4.1 Zusammensetzung und Arbeitsweise

Die Kommission besteht einschließlich ihres Präsidenten und dem Hohen Vertreter für die Außen- und Sicherheitspolitik aus je einem Staatsangehörigen jedes Mitgliedstaates (Art. 17 Abs. 4 EUV). So umfasst die Kommission gegenwärtig 27 Mitglieder. Im Vertrag von Lissabon ist zwar eine Verkleinerung auf zwei Drittel der Zahl der Mitgliedstaaten ab dem 1. November 2014 vorgesehen (Art. 17 Abs. 5 EUV), doch hat der Europäische Rat beschlossen, auf eine Verkleinerung zu verzichten.[7]

Die Ernennung der Kommission inklusive ihres Präsidenten ist in Art. 17 Abs. 7 EUV geregelt und erfolgt in fünf Schritten: (1) Der Europäische Rat schlägt dem EP mit (verstärkter) qualifizierter Mehrheit (Zustimmung von 72 % der Mitgliedstaaten, also von mindestens 20, die 65 % der EU-Bevölkerung repräsentieren) einen Kandidaten für das Amt des Kommissionspräsidenten vor, wobei er das Ergebnis der Wahlen zum EP berücksichtigt. (2) Das EP wählt diesen Kandidaten mit der Mehrheit seiner Mitglieder. (3) Der Rat verabschiedet im Einvernehmen mit dem gewählten Kommissionspräsidenten die Liste der Personen, die als Mitglieder der Kommission von den Mitgliedstaaten vorgeschlagenen wurden. (4) Als Kollegium müssen sich

---

[7] Dieser Beschluss ist eine Gegenleistung für die Durchführung eines zweiten Referendums über den Vertrag von Lissabon in Irland.

dann der Präsident, der Hohe Vertreter für die Außen- und Sicherheitspolitik und die übrigen Kommissionsmitglieder einem Zustimmungsvotum des Parlaments stellen. (5) Nach erfolgter Zustimmung wird die gesamte Kommission vom Europäischen Rat mit qualifizierter Mehrheit ernannt.

> **Infobox: Bestellungsprozess EU-Kommission 2024–2029**
>
> Am 27. Juni 2024 einigten sich 25 von 27 Staats- und Regierungschefs im Europäischen Rat darauf, die deutsche Politikerin Ursula von der Leyen, Spitzenkandidatin der bei der Europawahl am 09. Juni 2024 siegreichen EVP, für eine zweite Amtszeit als Kommissionspräsidentin vorzuschlagen. Am 18. Juli 2024 wurde Ursula von der Leyen vom neu konstituierten EP als Kommissionspräsidentin wiedergewählt. Im November 2024 mussten sich die von den Mitgliedstaaten nominierten und von der Kommissionpräsidentin einem Ressort zugeteilten 26 Kandidatinnen und Kandidaten einer Anhörung in den Fachausschüssen des EP stellen. Die Anhörung ist in den Verträgen nicht verankert, hat sich mittlerweile jedoch etabliert. Am 27. November 2024 stimmte das EP auf einer Plenarsitzung in Straßburg der gesamten Kommission zu, einen Tag später erfolgte die Ernennung durch den Europäischen Rat im schriftlichen Verfahren. Damit konnte die neue EU-Kommission ihre Arbeit für den Zeitraum vom 01. Dezember 2024 bis zum 31. Oktober 2029 aufnehmen.

Die Amtszeit der Kommissionsmitglieder beträgt analog der Wahlperiode des EP fünf Jahre. Außer aufgrund freiwilligen Rücktritts, Amtsablaufs oder Todes können sie ihr Amt durch eine Rücktrittsaufforderung des Kommissionspräsidenten (Art. 17 Abs. 6 EUV), ein erfolgreiches Misstrauensvotum des EP gegen die gesamte Kommission (Art. 17 Abs. 8 EUV i. V. m. Art. 234 AEUV) oder eine Amtsenthebung durch den EuGH (Art. 247 AEUV) verlieren.

Eine besonders herausgehobene Rolle nimmt der *Präsident der Europäischen Kommission* ein. Gemäß Art. 248 AEUV überträgt er den Mitgliedern der Kommission ihre Aufgaben, die sie unter seiner Leitung ausführen. Ferner legt er die Leitlinien fest, nach denen die Kommission ihre Aufgaben wahrnimmt. Er entscheidet über die interne Organisation (z. B. Anzahl und Zuschnitt der Generaldirektionen) und ernennt (mit Ausnahme des Hohen Vertreters für die Außen- und Sicherheitspolitik) die Vizepräsidenten der Kommission (Art. 17 Abs. 6 EUV).

Mit umfangreichen Kompetenzen ausgestattet ist ebenfalls der mit Zustimmung des Kommissionspräsidenten mit qualifizierter Mehrheit vom Europäischen Rat ernannte *Hohe Vertreter der Union für die Außen- und Sicherheitspolitik* (Art. 18 EUV). Dieser ist in Personalunion Vizepräsident der Kommission, Vorsitzender im Rat Auswärtige Angelegenheiten und zuständiger Kommissar für Außenbeziehungen.

Die Kommission mit Sitz in Brüssel tritt laut Geschäftsordnung mindestens einmal wöchentlich zu einer Sitzung zusammen. Neben den Kommissionsmitgliedern nehmen auch der Generalsekretär der Kommission sowie die Leiter einiger Generaldirektionen an den Sitzungen teil.

Mit der von Kommissionspräsident Jean-Claude Juncker im November 2014 neu gebildeten Kommission wurden umfangreiche strukturelle Änderungen eingeführt, die von der deutschen Kommissionpräsidentin Ursula von der Leyen 2019 übernommen und teilweise modifiziert wurden. Nach der Europawahl vom 09. Juni 2024 besteht die Kommission, wie Tab. 4.3 zeigt, aus der Kommissionspräsidentin, drei Exekutiv-Vizepräsidentinnen, zwei Exekutiv-Vizepräsidenten sowie aus der Hohen Vertreterin der Union für die Außen- und Sicherheitspolitik als Vizepräsidentin. Hinzu kommen 20 Fachkommissarinnen bzw. Fachkommissare. Jede Exekutiv-Vizepräsidentin bzw.

4 Das institutionelle System der EU

Tab. 4.3 Ressortverteilung/Funktionen EU-Kommission 2024–2029

Ressort	Name (Mitgliedstaat)*	Funktion
	Ursula von der Leyen (DE)	Präsidentin
Sauberer, fairer und wettbewerbsfähiger Wandel	Teresa Ribera (ES)	Exekutive Vizepräsidentin
Technologische Souveränität, Sicherheit und Demokratie	Henna Virkkunen (FI)	Exekutive Vizepräsidentin
Wohlstand und Industriestrategie	Stéphane Séjourné (FR)	Exekutiver Vizepräsident
Hohe Vertreterin für die Außen- und Sicherheitspolitik	Kaja Kallas (EE)	Vizepräsidentin
Soziale Rechte und Kompetenzen, hochwertige Arbeitsplätze und Vorsorge	Roxana Mînzatu (RO)	Exekutive Vizepräsidentin
Kohäsion und Reformen	Raffaele Fitto (IT)	Exekutiver Vizepräsident
Handel und wirtschaftliche Sicherheit sowie interinstitutionelle Beziehungen und Transparenz	Maroš Šefčovič (SK)	Kommissar
Wirtschaft und Produktivität sowie Implementierung und Vereinfachung	Valdis Dombrovskis (LV)	Kommissar
Mittelmeerraum	Dubravka Šuica (HR)	Kommissarin
Gesundheit und Tierwohl	Olivér Várhelyi (HU)	Kommissar
Klima, Netto-Null Emissionen und sauberes Wachstum	Wopke Hoekstra (NL)	Kommissar
Verteidigung und Weltraum	Andrius Kubilius (LT)	Kommissar
Erweiterung	Marta Kos (SI)	Kommissarin

(Fortsetzung)

Tab. 4.3 (Fortsetzung)

Ressort	Name (Mitgliedstaat)*	Funktion
Internationale Partnerschaften	Jozef Síkela (CZ)	Kommissar
Fischerei und Meere	Costas Kadis (CY)	Kommissar
Finanzdienstleistungen, Spar- und Investitionsunion	Maria Luís Albuquerque (PT)	Kommissarin
Gleichberechtigung, Krisenvorsorge und -management	Hadja Lahbib (BE)	Kommissarin
Inneres und Migration	Magnus Brunner (AT)	Kommissar
Umwelt, resiliente Wasserversorgung, wettbewerbsfähige Kreislaufwirtschaft	Jessika Roswall (SE)	Kommissarin
Haushalt, Betrugsbekämpfung und öffentliche Verwaltung	Piotr Serafin (PL)	Kommissar
Energie und Wohnungswesen	Dan Jørgensen (DK)	Kommissar
Start-Ups, Forschung und Innovation	Ekaterina Zaharieva (BG)	Kommissarin
Demokratie, Justiz, Rechtsstaatlichkeit und Verbraucherschutz	Michael McGrath (IE)	Kommissar
Nachhaltiger Verkehr und Tourismus	Apostolos Tzitzikostas (GR)	Kommissar
Landwirtschaft und Ernährung	Christophe Hansen (LU)	Kommissar
Generationengerechtigkeit, Jugend, Kultur und Sport	Glenn Micallef (MT)	Kommissar

*Für die Ländercodes siehe: https://www.destatis.de/Europa/DE/Staat/Laendercodes.html, 26.09.2024

Quelle: Eigene Darstellung auf Basis von: https://commission.europa.eu/about/organisation/college-commissioners_de, 30.11.2024

jeder Exekutiv-Vizepräsident arbeitet gemeinsam mit mehreren Kommissionsmitgliedern in Projektteams zusammen. Fachkommissarinnen bzw. Fachkommissare können eine neue Gesetzesinitiative nur mit Zustimmung der für ihren Bereich zuständigen Exekutiv-Vizepräsidentin bzw. Exekutiv-Vizepräsidenten ins Kollegium der Kommission einbringen und zur Entscheidung vorlegen.

Die Europäische Kommission ist in 56 Generaldirektionen (Fachabteilungen), Serviceabteilungen, interinstitutionelle Dienste sowie Exekutivagenturen (s. Abschn. 4.7) organisiert. Die 39 Generaldirektionen (z. B. Klimaschutz) haben u. a. die Aufgabe, politische Strategien zu entwickeln und Rechtsakte sowie Finanzierungsprogramme auszuarbeiten. An ihrer Spitze stehen eine Generaldirektorin oder ein Generaldirektor, die bzw. der einer fachlich zuständigen Kommissarin oder einem fachlich zuständigen Kommissar unterstellt und rechenschaftspflichtig sind. Die acht Serviceabteilungen befassen sich mit besonderen Verwaltungsangelegenheiten (z. B. Dienst für historische Archive). Die sechs Exekutivagenturen (z. B. Europäische Exekutivagentur für Gesundheit und Digitales) verwalten die von der Kommission eingerichteten Programme. Die drei interinstitutionellen Dienste der EU sind das Amt für Personalauswahl, die Europäische Schule für Verwaltung sowie das Amt für Veröffentlichungen.[8] Die Kommission unterhält darüber hinaus eigene Vertretungen in jedem der 27 Mitgliedstaaten sowie 145 Delegationen und Büros in Drittstaaten und bei internationalen Organisationen.

---

[8] https://commission.europa.eu/about/departments-and-executive-agencies_en, 09.12.2024.

> **Infobox: Arbeiten für die EU**
>
> Zum Stichtag 01. Januar 2023 arbeiteten 32.262 Beamte/Beamtinnen und Vertragsbedienstete für die Europäische Kommission.[9] Davon waren zwei Drittel (66,7 %) am Arbeitsort Brüssel, 11,4 % in Luxemburg, 10,6 % innerhalb der EU außer Brüssel und Luxemburg sowie 11,3 % außerhalb der EU beschäftigt. 56,8 % der Beschäftigten waren Frauen, 43,2 % waren männlichen Geschlechts. Knapp 60 % der Beschäftigten waren unter 50 Jahre alt. Die 45–49 Jahre alten Beschäftigten stellten mit knapp 20 % die größte Gruppe dar. Belgien mit 13,9 % und Italien mit 13,5 % wiesen mit Abstand den höchsten Anteil an EU-Beschäftigten auf, gefolgt von Frankreich mit 10,1 % und Spanien mit 8,1 %. Deutschland lag mit 6,3 % (2026 Beschäftigte) auf Platz 5. Die meisten Beschäftigten mit knapp 3000 Personen (9,1 %) arbeiteten in der Generaldirektion für Internationale Partnerschaften (GD INTPA), die für die Planung der internationalen Partnerschaften und der Entwicklungspolitik der EU zuständig ist.

4.4.2 Funktionen, Aufgaben und Befugnisse

Die Kommission ist *Motor der Integration* und (zusammen mit dem EuGH) *Hüterin der Verträge*. Mit diesen Schlagworten verbunden ist ihre Initiativfunktion und ihre Kontrollfunktion. Sie besitzt das alleinige Initiativrecht, d. h. ein Gesetzgebungsakt darf nur auf Vorschlag der Kommission erlassen werden (Art. 17 Abs. 2 EUV). In der Praxis lässt die Kommission daher durch eine fachlich zuständige Generaldirektion einen Entwurf für einen Gesetzgebungsakt (z. B. Verordnung oder Richtlinie) ausarbeiten. Dieser Entwurf wird im Kollegium der Kommissare mehrheitlich

---

[9] Für die gesamte EU arbeiten rund 60.000 Beamtinnen und Beamte und sonstige Bedienstete. Siehe: https://european-union.europa.eu/institutions-law-budget/institutions-and-bodies/types-institutions-and-bodies_de, 16.03.2024; https://commission.europa.eu/system/files/2023-04/HR-Key-Figures-2023-fr_en.pdf, 16.03.2024.

beschlossen und anschließend an den Rat und das EP zur Beschlussfassung sowie an die nationalen Parlamente zwecks Subsidiaritätskontrolle (s. Abschn. 6.2) weitergeleitet.

In Ausübung ihrer *Kontrollfunktion* überwacht die Kommission die Anwendung des Unionsrechts durch die Mitgliedstaaten (Art. 17 Abs. 1 EUV). Hierzu zählen die Einhaltung des primären sowie die Implementierung des sekundären Unionsrechts. Sollte die Kommission eine Verletzung der Verpflichtungen durch einen Mitgliedstaat feststellen, so kann sie gegen diesen Staat ein Vertragsverletzungsverfahren (Art. 258 AEUV) einleiten, an dessen Ende eine Verurteilung durch den EuGH stehen kann (s. Abschn. 5.4.1). Darüber hinaus stehen ihr weitere Instrumente und Verfahren, insbesondere zum Schutz der Werte der EU zur Verfügung (s. Abschn. 3.1). Eine wichtige Kontrollfunktion kommt der Kommission ferner bei der Überwachung des Verbots staatlicher Beihilfen zu (Art. 108 Abs. 2 AEUV).

Zu den weiteren Aufgaben der Kommission gehören *Koordinierungs-, Exekutiv- und Verwaltungsfunktionen* (Art. 17 Abs. 1 EUV). Hierzu zählen die Verwaltung der zahlreichen Agenturen der EU, die Verwaltung von Fonds (Agrar-, Sozial- und Regionalfonds), die Umsetzung der EU-Wettbewerbspolitik (Art. 105 i. V. m. Art. 101 AEUV), die Ausführung des EU-Haushalts (Art. 17 Abs. 1 EUV) sowie die Aushandlung völkerrechtlicher Verträge mit Drittländern oder internationalen Organisationen (Art. 218 AEUV) und die Zusammenarbeit mit internationalen Organisationen, wie insbesondere den Vereinten Nationen (Art. 220 AEUV). Schließlich hat die Kommission auch eine *Rechtsetzungsfunktion*, indem sie Durchführungsverordnungen, beispielsweise zur Freizügigkeit der Arbeitnehmer, oder Richtlinien, zum Beispiel zur Wirtschaftstätigkeit öffentlicher Unternehmen, erlässt oder an die Mitgliedstaaten gerichtete Beschlüsse fasst (Art. 106 Abs. 3 AEUV).

4.4.3 Beschlussfassung

Die Beschlüsse der Kommission werden mit der Mehrheit ihrer Mitglieder (also derzeit 14 von 27) gefasst (Art. 250 AEUV). Für die Beschlussfähigkeit muss laut Geschäftsordnung mindestens die Hälfte der Mitglieder bei der Abstimmung anwesend sein.

4.5 Europäischer Gerichtshof als Wächter des Unionsrechts

Zum Unionsrecht, über dessen Auslegung und Anwendung der EuGH wacht, zählt das in den Verträgen verankerte primäre Unionsrecht einschließlich der EGC, das ungeschriebene Primärrecht in Form der allgemeinen Rechtsgrundsätze sowie das sekundäre Unionsrecht mit den in Art. 288 AEUV vorgesehenen Rechtsakten. Die Urteile und Beschlüsse des EuGH (seit 1952: 45.482)[10] haben maßgeblich zur Weiterentwicklung der EU beigetragen, weshalb er nicht nur als Wächter des Unionsrechts, sondern auch als Förderer der europäischen Integration, mitunter auch als Obergesetzgeber, bezeichnet wird.

Der EuGH (1952 gegründet) umfasst gemäß Art. 19 Abs. 1 EUV den Gerichtshof, das Gericht und Fachgerichte. Die Zuständigkeit der Gerichte ist in Art. 256 Abs. 1 AEUV geregelt. Der Gerichtshof entscheidet über Vertragsverletzungsklagen (Art. 258–260 AEUV), Schadensersatzklagen

---

[10] https://curia.europa.eu/jcms/jcms/P_80908/de/, 27.07.2024.

(Art. 268 AEUV) sowie Vorabentscheidungen (Art. 267 AEUV); das Gericht über Nichtigkeitsklagen (Art. 263–264 AEUV) und Untätigkeitsklagen (Art. 265 AEUV).

Der *Gerichtshof* ist das Hauptgericht. Er besteht aus einem Richter je Mitgliedstaat (Art. 19 Abs. 2 EUV), also 27 Richtern, sowie aus (derzeit) elf Generalanwälten (Art. 252 AEUV). Sie werden von den Regierungen der Mitgliedstaaten im gegenseitigen Einvernehmen für sechs Jahre ernannt (Art. 253 AEUV). Sie müssen Gewähr für Unabhängigkeit bieten, in ihrem Staat die für die höchstrichterlichen Ämter erforderlichen Voraussetzungen erfüllen oder Juristen von anerkannt hervorragender Befähigung sein.

Das *Gericht*, 1989 als Gericht erster Instanz gegründet, besteht gemäß Art. 19 Abs. 2 EUV aus mindestens einem Richter je Mitgliedstaat. Im Zuge der Auflösung des Gerichts für den öffentlichen Dienst wurde die Anzahl auf zwei Richter je Mitgliedstaat (also 54) erhöht. Das Gericht wird im Unterschied zum Gerichtshof nicht von Generalanwälten unterstützt. Grund für die Einrichtung des Gerichts war eine erheblich angestiegene Arbeitsbelastung des Gerichtshofes (Magiera 2023, S. 362).

Als *Fachgericht* (Art. 257 AEUV) wurde 2004 nur das Gericht für den öffentlichen Dienst der EU eingerichtet, welches über Streitigkeiten zwischen der Union und ihren Bediensteten zu entscheiden hatte. 2015 beschloss der Unionsgesetzgeber, die Zahl der Richter am Gericht schrittweise auf 54 zu erhöhen (also zwei pro Mitgliedstaat) und die Zuständigkeiten und Aufgaben des Gerichts für den öffentlichen Dienst auf das Gericht zu übertragen. Die Umsetzung erfolgte am 01. September 2016 durch die Auflösung des Fachgerichts (ebd.).

Infobox: Aufgaben EU-Organe

EU-Organe/Aufgaben	ER*	Rat	EP	EK**	EuGH
macht Vorschläge für EU-Rechtsakte				x	
besteht u. a. aus einem Vertreter pro Mitgliedstaat	x	x		x	x
wird von den Bürgerinnen und Bürgern der EU gewählt			x		
beschließt die Rechtsakte der EU		x	x		
schlägt den Präsidenten der Europäischen Kommission vor	x				
verwaltet die EU und ihren Haushalt				x	
vertritt die Interessen der Mitgliedstaaten	x	x			
wacht über die Einhaltung der EU-Verträge				x	x
entscheidet über die Auslegung des EU-Rechts					x
legt die politischen Leitlinien der EU fest	x				

*Europäischer Rat
**Europäische Kommission
Quelle: Eigene Darstellung in Anlehnung an: Die EU und Ich, Luxemburg 2022, https://op.europa.eu/webpub/com/eu-and-me/de/index.html, 05.05.2024

4.6 Weitere Organe und beratende Einrichtungen

Die Europäische Zentralbank und der Europäische Rechnungshof gehören ebenfalls zu den Organen der EU. Zusammen mit dem Wirtschafts- und Sozialausschuss (WSA) sowie dem Ausschuss der Regionen (AdR), die als Nebenorgane bzw. beratende Einrichtungen fungieren, sowie den in Abschn. 4.7 beschriebenen Agenturen, tragen sie zur Unterstützung der EU bei der Erfüllung ihrer Aufgaben bei.

4.6.1 Europäische Zentralbank (EZB)

Zusammen mit den nationalen Zentralbanken (in Deutschland die Bundesbank) bildet die Europäische Zentralbank (EZB) das Europäische System der Zentralbanken (ESZB). Die EZB ist für die Währungspolitik des Euro-Raums verantwortlich; ihre vordringlichste Aufgabe ist die Wahrung der Preisstabilität. Organe der EZB sind das Direktorium, der Rat und der Erweiterte Rat. Der Präsident, der Vizepräsident sowie die weiteren Mitglieder des Direktoriums werden vom Europäischen Rat auf Empfehlung des Rats mit qualifizierter Mehrheit für eine Amtszeit von acht Jahren ernannt (Art. 283 Abs. 2 AEUV).

4.6.2 Europäischer Rechnungshof (EuRH)

Der Rechnungshof prüft die Rechnung über alle Einnahmen und Ausgaben der Union sowie die Rechnung über alle Einnahmen und Ausgaben jeder von der Union geschaffenen Einrichtung. Prüfungsmaßstab ist dabei die Rechtmäßigkeit und Ordnungsmäßigkeit der Einnahmen und Ausgaben sowie die Wirtschaftlichkeit der Haushaltsführung. Er setzt sich aus einem Staatsangehörigen pro Mitgliedstaat zusammen. Die Liste der von den Mitgliedstaaten vorgeschlagenen Persönlichkeiten wird vom Rat angenommen. Aus der Mitte der Mitglieder, deren Amtszeit sich auf sechs Jahre beläuft, wird der Präsident des Rechnungshofs für drei Jahre gewählt (Art. 287 AEUV).

4.6.3 Wirtschafts- und Sozialausschuss (WSA)

Der WSA ist gemäß Art. 300 Abs. 1 AEUV eine beratende Einrichtung zur Unterstützung von EP, Rat und Kommission. Als Sprachrohr der Organisationen der Zivilgesellschaft in den Mitgliedstaaten trägt er dazu bei, dass die Politik und die Gesetzgebung der EU den wirtschaftlichen, sozialen und bürgerschaftlichen Interessen besser angepasst werden und auf diese Weise die Entwicklung einer von mehr Partizipation und Bürgernähe geprägten EU vorangebracht und begünstigt wird.

Der WSA setzt sich seit dem Austritt Großbritanniens aus der EU aus 329 Mitgliedern sowie ebenso vielen Stellvertretern zusammen. Die Anzahl der Vertreter, die ein Land in den Ausschuss entsenden kann, richtet sich nach dessen Größe. Dementsprechend entfallen auf Deutschland, Frankreich, und Italien mit jeweils 24 die meisten Sitze, am wenigsten auf Malta mit fünf.[11] Die Mitglieder werden auf Vorschlag der Mitgliedstaaten vom Rat für fünf Jahre mit qualifizierter Mehrheit ernannt (Art. 302 Abs. 1 AEUV). Dabei handelt es sich um Vertreter der Organisationen der Arbeitgeber und der Arbeitnehmer sowie andere Vertreter der Zivilgesellschaft, vornehmlich aus dem sozialen, wirtschaftlichen, staatsbürgerlichen, beruflichen und kulturellen Bereich (Art. 300 Abs. 2 AEUV). Die Arbeit des WSA, der im Jahr neun Sitzungen abhält, erfolgt in sechs Fachgruppen.[12]

Als beratende Einrichtung muss der WSA vom EP, vom Rat oder von der Kommission in den vertraglich vorgesehenen Fällen gehört werden (z. B. bei Rechtsakten im Bereich der Umweltpolitik gemäß Art. 192 Abs. 1 AEUV). Diesem Anhörungsrecht kommt er durch die Ausarbeitung von Stellungnahmen und deren Weiterleitung an die entsprechenden EU-Organe nach. Der WSA veröffentlicht 160 bis 190 Stellungnahmen und Informationsberichte pro Jahr. Darüber hinaus kann der WSA von EP, Rat und Kom-

---

[11] https://www.eesc.europa.eu/de/ueber-uns, 05.05.2024.
[12] https://www.eesc.europa.eu/de/sections-other-bodies, 05.05.2024.

mission in allen Fällen, in denen diese es für zweckmäßig erachten, gehört werden. Er kann jedoch auch von sich aus initiativ werden und eine Stellungnahme abgeben, sofern er dies für zweckmäßig erachtet (Art. 304 AEUV).

4.6.4 Ausschuss der Regionen (AdR)

Der AdR ist ebenfalls eine beratende Einrichtung zur Unterstützung von EP, Rat und Kommission (Art. 300 Abs. 1 AEUV). Er ist das Sprachrohr der lokalen und regionalen Gebietskörperschaften der Mitgliedstaaten. Für Deutschland repräsentiert er die 16 Bundesländer sowie ca. 13.000 lokale Gebietskörperschaften (Landkreise, kreisfreie Städte, Städte, Gemeinden).

Der AdR besteht ebenso wie der WSA aus 329 Mitgliedern (sowie der gleichen Anzahl von Stellvertretern), die analog dem Verteilungsschlüssel des WSA auf die einzelnen Mitgliedstaaten entfallen. Die Mitglieder werden auf Vorschlag der Mitgliedstaaten vom Rat für fünf Jahre mit qualifizierter Mehrheit ernannt (Art. 305 AEUV). Dabei handelt es sich gemäß Art. 300 Abs. 3 AEUV um direkt gewählte Vertreter regionaler und lokaler Gebietskörperschaften oder um politische Amtsträger. Die deutsche Delegation umfasst 24 Mitglieder (und 24 stellvertretende Mitglieder). Die 24 ordentlichen Mitglieder setzen sich zusammen aus je einem Vertreter der deutschen Bundesländer (also 16), fünf Vertretern, die unter den Bundesländern auf Grundlage der jeweiligen Einwohnerzahl rotieren sowie drei Vertretern der kommunalen Spitzenverbände (Deutscher Städtetag, Deutscher Landkreistag, Deutscher Städte- und Gemeindebund).[13]

---

[13] https://cor.europa.eu/de/our-work/commissions/Pages/default.aspx, 05.05.2024.

Der AdR hat sechs Fachkommissionen gebildet und die AdR-Mitglieder haben sich in sechs Fraktionen zusammengeschlossen. Der AdR muss vom EP, vom Rat oder von der Kommission in den innerhalb der Verträge vorgesehenen Fällen angehört werden. Von besonderer Bedeutung sind hierbei die Bereiche Beschäftigung, Umwelt, Bildung und Gesundheit. Die Mitglieder kommen sechs Mal im Jahr zusammen und verabschieden mehr als 50 Stellungnahmen zu EU-Legislativakten, um für die Berücksichtigung regionaler und kommunaler Interessen zu werben.[14]

Über die Anhörungspflicht hinaus kann der AdR von EP, Rat oder Kommission in den Fällen gehört werden, in denen diese es für zweckmäßig erachten. Schließlich kann der AdR auch selbst aktiv werden und eine Stellungnahme abgeben, sofern spezifische regionale Interessen berührt sind (Art. 307 AEUV).

4.7 EU-Agenturen

In den Gründungsverträgen waren Agenturen noch nicht vorgesehen. Doch bereits Mitte der 1970er-Jahre wurden die ersten beiden Agenturen geschaffen und im Zuge der Vollendung des Binnenmarktes erhöhte sich ihre Anzahl stetig. Agenturen fungieren als Fachbehörden und unterstützen insbesondere die Europäische Kommission bei der Lösung europäischer Probleme. Nicht selten war die Gründung von Agenturen eine Reaktion auf europäische Krisen – so wurden 2011 im Zuge der Finanz- und Staatsschuldenkrise drei europäische Finanzagenturen geschaffen (Kaeding 2022, S. 147). Durch Krisen können Agenturen auch einen Bedeutungszuwachs erfahren, so

---

[14] https://cor.europa.eu/de/about/Pages/default.aspx, 05.05.2024.

die Europäische Arzneimittel-Agentur und das Europäische Zentrum für die Prävention und die Kontrolle von Krankheiten durch die Covid-19-Pandemie in den Jahren 2020–2022.

Insgesamt gibt es derzeit über 40 Agenturen, deren Sitze auf 23 Mitgliedstaaten verteilt sind (Kaeding und Klika 2023, S. 149). Über ihre Einrichtung sowie ihre Aufgaben und Befugnisse entscheiden der Rat und das EP auf Vorschlag der EU-Kommission durch Erlass einer Verordnung (oftmals durch Rückgriff auf Art. 352 AEUV). Die EU-Agenturen unterscheiden sich in *Exekutivagenturen* und *Regulierungsagenturen*. Die derzeit bestehenden sechs Exekutivagenturen unterstützen die Kommission bei der Verwaltung der Mittel aus EU-Förderprogrammen (z. B. Europäische Exekutivagentur für Klima, Infrastruktur und Umwelt). Die Aufgaben der derzeit bestehenden 35 Regulierungsagenturen (auch dezentrale Agenturen genannt),[15] die mit jeweils eigener Rechtspersönlichkeit ausgestattet und auf unbestimmte Zeit eingerichtet sind, reichen von Beobachtung und Beratung bis zu eigenständiger Aufsicht und Kontrolle in einer Vielzahl von Politikfeldern (Kaeding 2022, S. 147). Dazu gehören etwa die Bereiche Lebensmittel, Medizin, Justiz, Verkehrssicherheit, Drogenabhängigkeit und Umwelt. Darüber hinaus dienen sie der Koordinierung nationaler Behörden im Rahmen operativer Einsätze, wie z. B. Europol im Bereich der Bekämpfung internationaler organisierter Kriminalität und Frontex im Bereich des Schutzes der EU-Außengrenzen (Klika 2024, S. 151). Eine Auswahl bestehender EU-Agenturen zeigt Tab. 4.4.

---

[15] Siehe Jahresbericht über die Agenturen der EU für das Haushaltsjahr 2022, https://www.eca.europa.eu/de/publications/SAR-AGENCIES-2022, 05.05.2024.

Tab 4.4 Ausgewählte EU-Agenturen

Name	Sitz
Asylagentur	Valetta (Malta)
Europäische Lebensmittelbehörde	Parma (Italien)
Europäische Fischereiaufsichtsagentur	Vigo Pontevedra (Spanien)
Europäische Umweltagentur	Kopenhagen (Dänemark)
Europol	Den Haag (Niederlande)
Europäische Agentur für Grenz- u. Küstenwache	Warschau (Polen)
Europäische Verteidigungsagentur	Brüssel (Belgien)
Europäische Menschenrechtsagentur	Wien (Österreich)
Europäische Agentur für Flugsicherheit	Köln (Deutschland)
Europäische Bankenaufsichtsbehörde	Courbevoie (Frankreich)

Quelle: Eigene Darstellung

Die Europäische Kommission hat die Gründung weiterer Agenturen in die Wege geleitet: eine Agentur zur Prävention und Bekämpfung des sexuellen Missbrauchs von Kindern, eine Zoll-Agentur sowie eine Agentur zur Bekämpfung von Geldwäsche und Terrorismusfinanzierung (Klika 2024, S. 152).

5

Das Rechtssystem der EU

5.1 Verhältnis zwischen EU-Recht und nationalem Recht

Mit der Gründung der Europäischen Gemeinschaften, später der EU, entwickelten sich parallel verschiedene Rechtsordnungen. Dies warf die Frage nach dem Verhältnis zwischen dem Recht der EU und dem Recht der Mitgliedstaaten auf. Bereits 1963 urteilte der EuGH in seiner richtungsweisenden „Van Gend & Loos"-Entscheidung und speziell 1964 in seiner „Costa/E.N.E.L"-Entscheidung, dass die EU eine eigene Rechtsordnung geschaffen hat, zu deren Gunsten die Mitgliedstaaten ihre Souveränitätsrechte eingeschränkt haben.

> **Hintergrund: Costa/E.N.E.L.-Urteil 1964 (Auszug)**
>
> „Zum Unterschied von gewöhnlichen internationalen Verträgen hat der EWG-Vertrag *eine eigene Rechtsordnung geschaffen* (Hervorhebung nicht im Original), die bei seinem Inkrafttreten in die Rechtsordnungen der Mitgliedstaaten aufgenommen worden und von ihren Gerichten anzuwenden ist. Denn durch die Gründung einer Gemeinschaft für unbegrenzte Zeit, die mit eigenen Organen, mit der Rechts- und Geschäftsfähigkeit, mit internationaler Handlungsfähigkeit und insbesondere mit echten, aus der Beschränkung der Zuständigkeit der Mitgliedstaaten oder der Übertragung von Hoheitsrechten der Mitgliedstaaten auf die Gemeinschaft herrührenden Hoheitsrechten ausgestattet ist, haben die Mitgliedstaaten, wenn auch auf einem begrenzten Gebiet, *ihre Souveränitätsrechte beschränkt* (Hervorhebung nicht im Original) und so einen Rechtskörper geschaffen, der für ihre Angehörigen und sie selbst verbindlich ist."[1]

5.1.1 Anwendungsvorrang des Unionsrechts

Mit Verweis auf das Bestehen dieser eigenständigen Rechtsordnung der EU und darauf, dass die Mitgliedstaaten alle Maßnahmen zu unterlassen haben, welche die Verwirklichung der Ziele der Union gefährden können (jetzt Art. 4 Abs. 3 EUV – früher Art. 5 Abs. 2 EGV), leitete der EuGH ebenfalls in der Costa/E.N.E.L-Entscheidung den *Vorrang des Unionsrechts* gegenüber dem nationalen Recht ab: „Aus alledem folgt, dass dem vom Vertrag geschaffenen, somit aus einer autonomen Rechtsquelle fließenden Recht wegen dieser seiner Eigenständigkeit keine wie immer gearteten innerstaatlichen Rechtsvorschriften vorgehen können, wenn ihm nicht sein Charakter als Gemeinschaftsrecht aberkannt

---

[1] Costa/E.N.E.L.-Entscheidung des EuGH, Rs 6/64 vom 15.7.1964, 1259 (1269), https://curia.europa.eu/juris/showPdf.jsf?text=&docid=87399&pageIndex=0&doclang=de&mode=lst&dir=&occ=first&part=1&cid=3661163, 26.02.2024.

und wenn nicht die Rechtsgrundlage der Gemeinschaft selbst in Frage gestellt werden soll."[2]

Den Vorrang des Unionsrechts hat der EuGH in ständiger Rechtsprechung bekräftigt. Darüber hinaus ist er in der Erklärung Nr. 17 zur Schlussakte der Regierungskonferenz zum Lissabon-Vertrag explizit formuliert: „Die Konferenz weist darauf hin, dass die Verträge und das von der Union auf der Grundlage der Verträge gesetzte Recht im Einklang mit der ständigen Rechtsprechung des Gerichtshofes der Europäischen Union (…) *Vorrang vor dem Recht der Mitgliedstaaten* (Hervorhebung nicht im Original) haben." Mit dieser Erklärung erkannten die Mitgliedstaaten erstmals offiziell den Anwendungsvorrang des Unionsrechts an, also etwa 45 Jahre nach den grundlegenden Entscheidungen durch den EuGH. Auf diese Erklärung bezieht sich der EuGH regelmäßig, wenn er nicht nur den Anwendungsvorrang des Unionsrechts gegenüber einfachem nationalem Recht (s. Praxisbeispiel Backofen), sondern auch gegenüber nationalem Verfassungsrecht (s. Praxisbeispiel Bundeswehr) begründet (Streinz 2023, S. 73, Rn. 223).

Lange Zeit war umstritten, ob es sich beim Vorrang des EU-Rechts um einen Geltungs- oder einen Anwendungsvorrang gegenüber dem nationalen Recht handelt. Bei einem Geltungsvorrang wird das entgegenstehende nationale Recht nichtig, bei einem Anwendungsvorrang wird das nationale Recht, grundsätzlich auch das nationale Verfassungsrecht, im Falle einer Kollision mit Unionsrecht von diesem verdrängt und darf nicht zur Anwendung kommen. Das nationale Recht bleibt jedoch – anders als beim Geltungsvorrang – wirksam, wird also nicht nichtig (Schmidt 2022, S. 251, Rn. 367). Die Lehre vom *Anwendungsvorrang* hat sich durchgesetzt (Fischer und Fetzer 2019, S. 95, Rn. 348; Streinz 2023, S. 74, Rn. 227).

---

[2] Ebd., 1270.

In der Praxis wirkt sich die Vorrangigkeit des Unionsrechts so aus, dass deutsche Verwaltungen keine Befugnis oder Verpflichtung haben, das Unionsrecht auf seine Vereinbarkeit mit Bundesrecht und dem Grundgesetz zu überprüfen und jedes deutsche Gericht sowie alle Träger der Verwaltung gehalten sind, Bestimmungen des nationalen Rechts, die dem Unionsrecht widersprechen, unangewendet zu lassen und damit dem Anwendungsvorrang Rechnung zu tragen (Streinz 2023, S. 91, Rn. 270).

> **Praxisbeispiele: Anwendungsvorrang des Unionsrechts**
>
> *Anwendungsvorrang gegenüber einfachen nationalen Recht:*
> Frau B kaufte im Sommer 2002 bei Quelle ein Herd-Set, darunter einen Backofen. Kurz vor Ablauf der zweijährigen Gewährleistungspflicht ging der Backofen kaputt. Da eine Reparatur nicht möglich war, bekam Frau B einen neuen Backofen. Quelle verlangte jedoch für die Zeit der Nutzung einen Wertersatz von 70 € und berief sich dabei auf § 346 BGB: „Hat sich eine Vertragspartei den Rücktritt vorbehalten oder steht ihr ein gesetzliches Rücktrittsrecht zu, so sind im Falle des Rücktritts die empfangenen Leistungen zurückzugewähren und die gezogenen Nutzungen herauszugeben." Frau B zahlte zunächst die 70 €, später klagte sie jedoch auf Rückerstattung bis vor den Bundesgerichtshof (BGH). Dieser setzte das Verfahren aus und legte den Fall dem EuGH im Wege eines Vorabentscheidungsverfahrens (s. Abschn. 5.4.5) vor, um zu klären, ob § 346 BGB mit der Verbrauchsgüterkaufrichtlinie der EU von 1999 in Einklang steht. Der EuGH entschied am 17. April 2008, dass eine Kollision zwischen § 346 BGB (nationales Recht) und Art. 3 der EU-Richtlinie (Unionsrecht) vorliegt, weil Art. 3 der Richtlinie im Unterschied zur deutschen Regelung dem Verkäufer, wenn er ein vertragswidriges Verbrauchsgut geliefert hat, nicht gestattet, vom Verbraucher Wertersatz für die Nutzung des vertragswidrigen Verbrauchsguts bis zu dessen Austausch durch ein neues Verbrauchsgut zu verlangen. Der EuGH verwies den Fall an den BGH zurück. Dieser konnte bei seiner Entscheidung aufgrund des nun geltenden *Anwendungsvor-*

> *rangs des Unionsrechts* nur auf die EU-Richtlinie als Rechtsgrundlage zurückgreifen und urteilte dementsprechend, dass die Firma Quelle der Frau B die 70 € zurückerstatten muss.[3]
>
> *Anwendungsvorrang gegenüber nationalem Verfassungsrecht:*
> Frau K bewarb sich bei der Bundeswehr als Waffenelektronikerin. Eine Einstellung wurde ihr unter Hinweis auf Art. 12a Abs. 4 GG alte Fassung verweigert. Dieser sah vor, dass Frauen keinen Dienst an der Waffe leisten dürfen. Frau K klagte daraufhin wegen Verstoßes gegen den EU-Grundsatz der Gleichbehandlung von Männern und Frauen im Hinblick auf den Zugang zur Beschäftigung (Richtlinie 76/207/EWG vom 9.2. 1976). Das EuGH-Urteil (C-285/98) vom 11. Januar 2000 stellte eine Kollision zwischen nationalem Verfassungsrecht und EU-Recht fest, weil der Ausschluss von Frauen vom Waffendienst gegen die EU-Richtlinie verstößt. Aufgrund des *Anwendungsvorrangs des Unionsrechts* hätte also die Bundeswehr Frau K die Einstellung nicht mit Verweis auf das Grundgesetz verweigern dürfen. Der Einstellung von Frau K wurde deshalb stattgegeben und Ende 2000 wurde Artikel 12a Abs. 4 GG geändert, um den freiwilligen Waffendienst von Frauen zu ermöglichen.

5.1.2 Kontrolle des Unionsrechts durch das BVerfG

Das BVerfG erkennt grundsätzlich den Vorrang des Unionsrechts an, behält sich aber eine sogenannte „Ultra-vires-Kontrolle" (lateinisch: „über die Kräfte hinaus") und eine „Identitätskontrolle" vor (Streinz 2023, S. 76, Rn. 230). Im Rahmen der *Ultra-vires-Kontrolle* prüft das Gericht, ob sich Maßnahmen von EU-Organen offensichtlich nicht in den Grenzen der ihnen im Wege der begrenzten Einzeler-

---

[3] EuGH-Entscheidung „Quelle-AG", Rs. C-404/06 vom 17.4.2008, https://www.vzbv.de/sites/default/files/downloads/2018/04/30/quelle_eugh_urteil_17_04_2008_nutzungsentschaedigung.pdf, 26.02.2024.

mächtigung nach Art. 5 Abs. 2 EUV eingeräumten Kompetenz befinden, mithin sich in den Verträgen keine Rechtsgrundlage für ein Handeln der EU findet. Bei einem Verstoß würde das Gericht die Normen des EU-Rechts in Deutschland als nicht anwendbar erklären, weshalb die Ultra-vires-Kontrolle Schutz vor einer eigenmächtigen Kompetenzerweiterung der EU bietet.

> **Praxisbeispiel: Ultra-vires-Kontrolle**
> Die EU erlässt eine Verordnung, die in allen Mitgliedstaaten der EU eine Mehrwertsteuer von 20 % festlegt. Allerdings verfügt die EU nicht über die in den Verträgen verankerte Kompetenz zur Festlegung einer europaweiten Mehrwertsteuer. Daher würde das BVerfG im Weg eines Ultra-vires-Kontrolle feststellen, dass die Verordnung in Deutschland nicht anwendbar ist.

Im Rahmen einer *Identitätskontrolle* überprüft das BVerfG, ob durch Maßnahmen von Organen, Einrichtungen oder sonstigen Stellen der EU der durch die Ewigkeitsgarantie in Art. 79 Abs. 3 GG geschützte Kernbereich des Grundgesetzes und damit die Verfassungsidentität Deutschlands verletzt wird. Zum Hintergrund: Durch Art. 23 Abs. 1 S. 2 GG ist der Gesetzgeber ermächtigt, Hoheitsrechte auf die EU zu übertragen. Die Übertragung findet jedoch gemäß Art. 23 Abs. 1 Satz 3 GG ihre Grenzen durch Art. 79 Abs. 3 GG (Ewigkeitsgarantie). Das hat zur Folge, dass die für die Identität der Bundesrepublik Deutschland schlechthin konstituierenden Grundsätze, namentlich die Menschenwürde (Art. 1 GG), die Gliederung des Bundes in Länder, die Mitwirkung der Länder bei der Gesetzgebung sowie die Verfassungsprinzipien des Art. 20 GG (Demokratie, Republik, Rechtsstaat, Bundesstaat, Sozialstaat), durch die Übertragung von Hoheitsrechten an die

EU nicht verletzt werden dürfen (Bieber et al. 2023, S. 128 f., Rn. 40; Streinz 2023, S. 80 ff., Rn. 243 ff.). Im Umkehrschluss folgt daraus, dass eine Maßnahme der EU, sollte sie gegen einen durch Art. 23 Abs. 1 Satz 3 i. V. m. Art. 79 Abs. 3 GG für unantastbar erklärten Kernbereich der Verfassung verstoßen, vom BVerfG im Wege einer Identitätskontrolle für unanwendbar in Deutschland erklärt werden muss (Schmidt 2022, S. 237, Rn. 357 c).

> **Praxisbeispiel: Identitätskontrolle**
>
> Die EU erlässt eine Verordnung, die bestimmt, dass die Mitgliedstaaten nicht mehr föderal, sondern ausschließlich zentralstaatlich organisiert sein dürfen. Diese Verordnung würde im Rahmen einer Identitätskontrolle vom BVerfG für in Deutschland unanwendbar erklärt werden, da sie gegen die durch Art. 79 Abs. 3 GG geschützte Verfassungsidentität Deutschlands als föderaler Staat bzw. Bundesstaat (Art. 20 GG) verstößt.

5.2 Rechtsquellen und Rechtsakte

Die Rechtsquellen des Unionsrechts bestehen aus dem primären und dem sekundären Unionsrecht. Das *primäre Unionsrecht* umfasst die Gründungsverträge der Europäischen Gemeinschaften, den aktuell geltenden Vertrag von Lissabon mit dem EUV und dem AEUV, die Beitrittsverträge, die völkerrechtlichen Verträge sowie allgemeine Rechtsgrundsätze (u. a. Rechtsstaatsprinzip, Sozialstaatsprinzip, Demokratieprinzip). Ebenfalls zum Primärrecht zählt die GRC.

Das *sekundäre Unionsrecht*, das vom Rat und dem EP gemeinsam erlassen wird, dient der Durchführung und Ergänzung der Verträge sowie der Rechtsangleichung und Rechtsharmonisierung auf der Ebene der Mitgliedstaaten.

Zum sekundären Unionsrecht zählen die Rechtsakte der EU, die auf der Grundlage einer Ermächtigung im Primärrecht (z. B. Art. 192 Abs. 1 AEUV) erlassen werden. Wenn die Verträge die Art des zu erlassenden Rechtsakts nicht vorgeben, entscheiden die Organe darüber unter Beachtung des Grundsatzes der Verhältnismäßigkeit (Art. 296 AEUV). Gemäß Art. 288 AEUV sind folgende *Rechtsakte* zu unterscheiden:

- Verordnungen
- Richtlinien
- Beschlüsse
- Empfehlungen
- Stellungnahmen

5.2.1 Verordnungen

Verordnungen (Art. 288 Abs. 2 AEUV) haben allgemeine Geltung. Die Regelungen sind in all ihren Teilen verbindlich und wirken unmittelbar in jedem Mitgliedstaat der EU. Das Merkmal der *allgemeinen Geltung* besagt, dass die Verordnung eine unbestimmte Vielzahl von Sachverhalten generell und abstrakt regelt und damit den Charakter eines (Europäischen) Gesetzes hat. Die *unmittelbare Geltung* hat zur Folge, dass die Verordnung mit ihrem Inkrafttreten (d. h. ab einem festgelegten Datum bzw. 20 Tage nach ihrer Veröffentlichung im Amtsblatt) in allen EU-Mitgliedstaaten eine sofortige Rechtswirkung gegenüber allen innerstaatlichen Verwaltungsstellen der Mitgliedstaaten, Gerichten sowie allen natürlichen und juristischen Personen entfaltet, ohne dass hierfür ein weiterer Rechtsetzungsakt notwendig ist (Streinz 2023, S. 156 f., Rn. 478 ff.). Für natürliche Personen bedeutet das konkret, dass sie sich beispielsweise vor nationalen Gerichten unmittelbar auf eine Verordnung berufen können, ebenso gegenüber anderen natürlichen Personen, den EU-Mitgliedstaaten oder den europäischen Behörden.

> **Praxisbeispiele: EU-Verordnungen**
> Eine der bekanntesten EU-Verordnungen ist die Verordnung (EU) Nr. 604/2013 des EP und des Rates vom 26. Juni 2013, auch *Dublin III Verordnung* genannt. Sie regelt, welcher Mitgliedstaat für die Prüfung eines Asylantrages zuständig ist. Konkret legt sie fest, dass derjenige Mitgliedstaat, in dem eine geflüchtete Person erstmals das Territorium der EU betreten hat, das Asylverfahren durchführen muss.
> Die *Fluggastrecht-Verordnung* Nr. 261/2004, die am 17. Februar 2005 in Kraft getreten ist, findet Anwendung auf sämtliche Flüge, die in der EU angetreten werden. Sie regelt Ansprüche der Flugreisenden auf Sach- und Geldleistungen für Fälle überdurchschnittlicher Flugunregelmäßigkeiten, wie z. B. Nichtbeförderungen, Flugausfälle und mehrstündige Verspätungen.

5.2.2 Richtlinien

Richtlinien (Art. 288 Abs. 3 AEUV) erfüllen den Zweck der Rechtsangleichung des nationalen Rechts an das EU-Recht, das bei 27 Mitgliedstaaten vielfach erhebliche Unterschiede aufweist (z. B. im Bereich von Umweltschutz- oder Verbraucherschutzstandards). Richtlinien setzen Mindeststandards, eröffnen jedoch den Mitgliedstaaten das Recht, höhere Standards festzulegen, als sie in der Richtlinie vorgegeben werden. Um Wirksamkeit zu entfalten, müssen Richtlinien durch einen innerstaatlichen Rechtsetzungsakt innerhalb einer vorgegebenen Frist (i. d. R. 2–3 Jahre) in nationales Recht umgesetzt werden. Dies kann z. B. entweder durch Verabschiedung eines neuen Gesetzes oder durch die Änderung eines schon bestehenden Gesetzes erfolgen. Richtlinien geben den Mitgliedstaaten einen Rahmen vor, den sie mit entsprechenden Maßnahmen zu füllen haben. Dabei sind Richtlinien hinsichtlich des von ihnen zu erreichenden Ziels verbindlich, überlassen jedoch den Mitgliedstaaten und deren jeweiliger Verwaltungskultur, das *Wie* der Zielerreichung.

> **Praxisbeispiele: EU-Richtlinien**
>
> Die *FFH-Richtlinie* (Fauna = Tierwelt, Flora = Pflanzenwelt, Habitat = Lebensraum) wurde am 21. Mai 1992 als „Richtlinie 92/43/EWG des Rates zur Erhaltung der natürlichen Lebensräume sowie der wildlebenden Tiere und Pflanzen" beschlossen. Die FFH-Richtlinie bildet – zusammen mit der Vogelschutzrichtlinie – die zentrale Rechtsgrundlage für den Naturschutz in der EU. Dadurch sollen die europaweit gefährdeten natürlichen und naturnahen Lebensräume wie auch das Vorkommen gefährdeter Tier- und Pflanzenarten geschützt werden.
>
> Die *Funkanlagen-Richtlinie* 2022/2380 vom 23. November 2022 schreibt ein einheitliches USB-C-Ladekabel als neuen Standard für diverse elektronische Geräte wie Smartphones und Tablets vor, sofern sie mit einem Kabel aufgeladen werden können. Ab 2026 soll dieser Ladestandard auch für Notebooks gelten. Damit wird dem Ladekabel-Chaos ein Ende gesetzt. Ab Ende 2024 wurde in Deutschland der einheitliche Ladestandard USB-C verpflichtend.

Obwohl Richtlinien nur an Staaten adressiert und für diese verbindlich sind, können sie unter bestimmten Voraussetzungen auch eine unmittelbare Wirkung gegenüber den Bürgerinnen und Bürgern entfalten bzw. können sich diese gegenüber den Mitgliedstaaten direkt auf Richtlinien berufen (sog. *vertikale Direktwirkung*).[4] Diese

---

[4] Grundlegend für die vertikale Direktwirkung von Richtlinien siehe: EuGH-Entscheidung „van Duyn" v. 04.12.1974, Rs. 41/74, Slg. 1974, S. 1337, Rn. 12 ff.; EuGH-Entscheidung „Tullio Ratti", Urteil v. 5. April 1979, Rs. 148–78, Slg. 1979, 1629.

unmittelbare Wirkung greift, wenn es Mitgliedstaaten versäumt haben, eine Richtlinie innerhalb der Umsetzungsfrist in innerstaatliches Recht umzusetzen oder mit der Umsetzung nicht das Ziel der Richtlinie erreicht haben. Zudem muss die Richtlinie inhaltlich hinreichend klar und bestimmt sein und den Mitgliedstaaten keinen Umsetzungsspielraum gewähren. Eine begünstigende Wirkung für Private gegenüber dem Staat bzw. die Begründung subjektiver Rechte Einzelner durch die Richtlinie sind keine Voraussetzung (mehr) für eine unmittelbare Wirkung (Bieber et al. 2023, S. 230, Rn. 62; Streinz 2023, S. 164, Rn. 499).

Im Unterschied zur vertikalen Direktwirkung existiert nach ständiger Rechtsprechung des EuGH jedoch keine *horizontale Direktwirkung* von Richtlinien. Das hat zur Folge, dass die Wirkung von Richtlinien im Verhältnis zwischen Privatpersonen nicht geltend gemacht werden kann, sich also eine private Person nicht gegenüber einer anderen privaten Person auf die inhaltlichen Bestimmungen einer Richtlinie berufen und daraus Ansprüche ableiten kann (Bieber et al. 2023, S. 232, Rn. 67; Streinz 2023, S. 164 f., Rn. 501).[5]

Bürgerinnen und Bürger können durch eine nicht fristgerechte oder fehlerhafte Umsetzung von Richtlinien durch einen Mitgliedstaat einen Schaden erlitten haben. Der EuGH hat für solche Fälle eine *Staatshaftung* bejaht mit der Folge, dass Geschädigte einen Anspruch auf Schadensersatz gegenüber dem Mitgliedstaat geltend machen können.[6]

---

[5] Grundlegend für die Ablehnung einer horizontalen Direktwirkung von Richtlinien siehe: EuGH-Entscheidung „Faccini Dori", Rs. C-91/92, Slg. 1994, S. I-3325, Rn. 24 ff.

[6] Grundlegend für die Staatshaftung aufgrund Nichtumsetzung einer Richtlinie siehe: EuGH-Entscheidung „Francovich" vom 19. Nov. 1991, Rs. C-6/90 und C-9/90 I-5414 Rn. 33 ff.

> **Praxisbeispiel: Staatshaftung**
>
> Der Reiseveranstalter MP Travel Line musste in der Urlaubssaison 1993 Konkurs anmelden. Die Touristen, die ihren Urlaub bei MP Travel Line gebucht und bereits bezahlt hatten, mussten am Urlaubsort ihre Hotels sowie den Rückflug aus eigener Tasche (erneut) bezahlen. Zu Hause angekommen, erinnerten sich einige Urlauber an die EG-Pauschalreise-Richtlinie vom 13. Juni 1990. Nach Artikel 7 der Richtlinie steht Verbrauchern im Falle der Zahlungsunfähigkeit oder des Konkurses eines Reiseveranstalters ein Erstattungs- oder Rückreiseanspruch zu. Die Mitgliedstaaten waren aufgefordert, die Veranstalter gesetzlich zu verpflichten, entsprechende Versicherungen abzuschließen. Deutschland hatte die Richtlinie jedoch nicht, wie vorgeschrieben, bis Ende 1992 in nationales Recht umgesetzt, sodass die Urlauber ihren Schaden nicht gegenüber dem Reiseveranstalter geltend machen konnten. Stattdessen verklagten sie die Bundesrepublik auf Schadensersatz. Der Fall landete beim EuGH, der 1996 die Bundesregierung dazu verurteilte, mehrere tausend Geschädigte des Reiseveranstalters MP Travel Line und anderer 1993 bankrottgegangener Touristikunternehmen finanziell zu entschädigen.[7]

5.2.3 Beschlüsse

Beschlüsse sind in allen ihren Teilen verbindlich (Art. 288 Abs. 4 S. 1 AEUV). Sind sie an bestimmte Adressaten gerichtet, sind sie auch nur für diese verbindlich (Art. 288 Abs. 4 S. 2 AEUV). Solche an Adressaten gerichtete Beschlüsse sind mit einem deutschen Verwaltungsakt gemäß Art. 35 S. 1 VwVfG vergleichbar. Beschlüsse sind meist nichtlegislative Rechtsakte, die in der Regel von der Europäischen Kommission erlassen werden, weil ihr der unmittelbare Vollzug des Unionsrechts obliegt (Streinz 2023, S. 176 f., Rn. 522). Insbesondere im Wettbewerbsrecht

---

[7] Siehe EuGH-Entscheidung „MP Travel Line" vom 08. Oktober 1996, Rs. C-178/94, C-179/94, C-188/94, C-189/94 und C-190/94, Slg. 1995, I-4845.

sind Beschlüsse ein gängiges Instrument (z. B. Art. 105 Abs. 2; Art. 107 Abs. 3 lit. e AEUV).

> **Praxisbeispiel: Beschlüsse**
>
> Staatliche Beihilfen (Subventionen), die ein EU-Mitgliedstaat einzelnen Unternehmen gewährt, können den freien Wettbewerb innerhalb der EU und damit den Binnenmarkt gefährden. Deshalb sieht das Unionsrecht in Art. 107 AEUV grundsätzlich ein Verbot staatlicher Beihilfen vor. Stellt die Kommission fest, dass ein Mitgliedstaat gegen dieses Verbot verstoßen hat, erlässt sie einen Beschluss, der den betroffenen Staat dazu verpflichtet, die Beihilfe aufzuheben oder umzugestalten (Art. 108 Abs. 2 AEUV). Das führt in der Regel zu einer Rückforderung der Beihilfe von dem begünstigten Unternehmen durch den Mitgliedstaat.

5.2.4 Empfehlungen und Stellungnahmen

Empfehlungen und *Stellungnahmen* (Art. 288 Abs. 5 AEUV) besitzen keine verbindliche Wirkung. Sie bezwecken vielmehr dem Adressaten (Mitgliedstaat, natürliche oder juristische Person) ein bestimmtes Verhalten nahezulegen. So kann der Rat gemäß Art. 121 Abs. 4 S. 2 AEUV Empfehlungen an einen Mitgliedstaat richten, dessen Wirtschaftspolitik nicht mit den Grundzügen der Wirtschaftspolitik der Union vereinbar ist oder der AdR kann eine Meinungsäußerung in Form einer Stellungnahme zu einer EU-Verordnung abgeben. Empfehlungen und Stellungnahmen entfalten eher indirekte, politische Wirkung, indem sie auf aktuelle Diskussionen in der EU Einfluss nehmen (Bieber et al. 2023, S. 222, Rn. 38; Streinz 2023, S. 178, Rn. 530).[8]

---

[8] Am 03. Dezember 2024 sprach sich der Rat der EU-Gesundheitsminister mit großer Mehrheit für eine von der EU-Kommission im September 2024 vorgeschlagene *Empfehlung* aus, das Rauchen an „schützenswerten" Orten im Freien (wie z. B. Spielplätzen, Außengastronomie, Freizeitparks, Schwimmbäder, Zoos, Haltestellen, Hochschulen und Open-Air-Veranstaltungen) zu verbieten.

5.2.5 Rechtsakte der EU im Überblick

Die in Art. 288 AEUV vorgesehenen Rechtsakte inklusive ihrer Wirkung und ihrer Adressaten zeigt Tab. 5.1 im Überblick.

5.2.6 Weitere Rechtsakte

Über die in Art. 288 AEUV aufgeführten Rechtsakte hinaus gibt es delegierte Rechtsakte und Durchführungsrechtsakte. *Delegierte Rechtsakte* (Art. 290 AEUV) sind Rechtsakte ohne Gesetzescharakter, die mit den im deutschen Recht bekannten Rechtsverordnungen (Art. 80 GG) vergleichbar sind. Gemäß Art. 290 Abs. 1 AEUV können Rat und EP der Kommission bei Erlass eines Rechtsaktes (sog. Basisrechtsakt) die Befugnis übertragen, die als nicht wesentlich geltenden Vorschriften des Basisrechtsaktes zu ergänzen oder zu ändern. Dagegen darf die Befugnis zur Änderung wesentlicher Aspekte des Basisrechtsakts nicht

Tab. 5.1 Rechtsakte der EU im Überblick

	Wirkung	Adressaten
Verordnungen	in allen Teilen verbindlich	alle Mitgliedstaaten und alle natürlichen und juristischen Personen
Richtlinien	hinsichtlich des Ziels verbindlich	alle Mitgliedstaaten
Beschlüsse	in allen Teilen verbindlich	bestimmte Mitgliedstaaten oder bestimmte natürliche und juristische Personen
Empfehlungen	unverbindlich	alle oder bestimmte Mitgliedstaaten, andere EU-Organe, unbestimmter Personenkreis
Stellungnahmen	unverbindlich	alle oder bestimmte Mitgliedstaaten, andere EU-Organe, Einzelpersonen

Quelle: Eigene Darstellung

auf die Kommission übertragen werden – diese obliegt ausschließlich den originären Gesetzgebern Rat und EP. Der Zweck des Erlasses von delegierten Rechtsakten liegt regelmäßig darin, Rechtsakte – und deren Anhänge – an technische oder wissenschaftliche Fortschritte anzupassen.[9]

> **Praxisbeispiel: Delegierter Rechtsakt**
>
> Die sogenannte Taxonomie-Verordnung der EU vom 18. Juni 2020 enthält Kriterien zur Bestimmung, ob eine Wirtschaftstätigkeit als ökologisch nachhaltig einzustufen ist (Taxonomie), um so die von der EU bis zum Jahr 2050 angestrebte Klimaneutralität zu erreichen. Am 31.12.2021 trat ein (politisch sehr umstrittener) *delegierter Rechtsakt* der Kommission in Kraft, der die Gas- und Kernenergie in die Liste der von der EU-Taxonomie erfassten ökologisch nachhaltigen Wirtschaftstätigkeiten aufnimmt.

Durchführungsrechtsakte (Art. 291 AEUV) sind ebenfalls Rechtsakte ohne Gesetzescharakter. Sie dienen der Sicherstellung einheitlicher Bedingungen für die Umsetzung verbindlicher EU-Rechtsakte in allen EU-Mitgliedstaaten und werden in der Regel von der Kommission oder in Ausnahmefällen vom Rat erlassen. Durchführungsrechtsakte finden Anwendung in einer Vielzahl von Bereichen, wie Ausgabenprogramme, Umwelt- und Gesundheitsschutz oder Steuern und sind häufig administrativer oder technischer Natur. Dazu zählen finanzielle Einzelentscheidungen, Entscheidungen über die Zulassung des Inverkehrbringens bestimmter Produkte oder Muster für Bescheinigungen, die nach EU-Recht erforderlich sind.[10]

---

[9] https://eur-lex.europa.eu/legal-content/DE/TXT/?uri=LEGISSUM:delegated_acts, 26.02.2024.

[10] https://eur-lex.europa.eu/legal-content/DE/TXT/?uri=LEGISSUM:implementing_acts, 26.02.2024.

5.3 Gesetzgebungsverfahren

Die Rechtsetzung bzw. Gesetzgebung in der EU erfolgt durch das Zusammenwirken der Europäischen Kommission als Vertreterin von EU-Interessen, dem Rat als Interessenvertreter der Mitgliedstaaten und dem EP als Stimme der Bürgerinnen und Bürger, was auch als *Institutionelles Dreieck* (s. Abb. 5.1) bezeichnet wird. Die Initiative für einen Rechtsakt der EU erfolgt in der Regel durch die Kommission (Art. 17 Abs. 2 EUV), die Beschlussfassung durch das EP (Art. 14 Abs. 1 EUV) und den Rat (Art. 16 Abs. 1 EUV). Der WSA und der AdR als beratende Institutionen (Art. 13 Abs. 4 EUV) werden lediglich angehört und können Stellungnahmen abgeben (z. B. Art. 169 Abs. 3 AEUV).

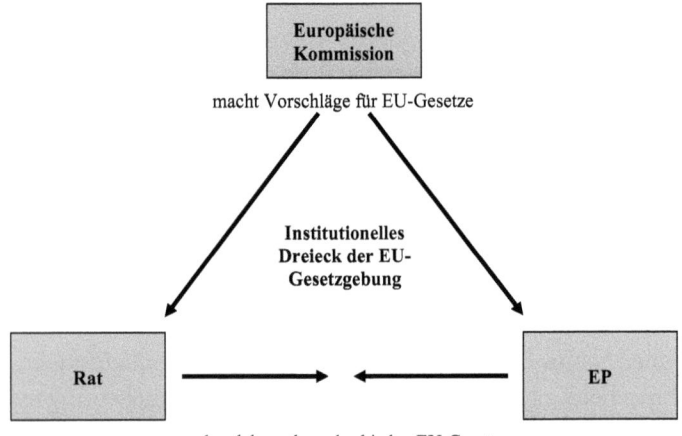

Abb. 5.1 Institutionelles Dreieck der EU. Quelle: Amt für Veröffentlichungen der Europäischen Union (2020, S. 11)

5.3.1 Ordentliches Gesetzgebungsverfahren

Rechtsakte der EU, die im Rahmen der im Vertrag von Lissabon festgelegten Gesetzgebungsverfahren erlassen werden, sind Gesetzgebungsakte. Im AEUV lassen sich zwei Arten von Gesetzgebungsverfahren unterscheiden: Das ordentliche Gesetzgebungsverfahren und das besondere Gesetzgebungsverfahren. Gemäß Art. 289 Abs. 1 AEUV besteht das *ordentliche Gesetzgebungsverfahren* „in der gemeinsamen Annahme einer Verordnung, einer Richtlinie oder eines Beschlusses durch das Europäische Parlament und den Rat auf Vorschlag der Kommission" und stellt das Regelverfahren auf EU-Ebene dar. Es beginnt mit der Übermittlung eines von der Kommission initiierten und ausgearbeiteten Gesetzgebungsvorhabens an Rat und EP.[11] In wenigen Fällen geht die Initiative vom EP (Art. 225 AEUV) oder vom Rat (Art. 241 AEUV) aus, welche die Kommission auffordern können, Vorschläge für Gesetzgebungsakte auszuarbeiten.

Art. 294 AEUV legt das Verfahren der Beschlussfassung über ein Gesetzgebungsvorhaben, wie Abb. 5.2 veranschaulicht, in einem komplexen Zusammenspiel von Rat und EP fest.

Das Gesetzgebungsverfahren nach Art. 294 AEUV hat folgenden Ablauf: Das von der Kommission ausgearbeitete Gesetzesvorhaben wird an das EP und den Rat übermittelt (darüber hinaus auch an die nationalen Parlamente zwecks Subsidiaritätskontrolle – s. Abschn. 6.2). Das Gesetzesvorhaben wird sodann in *1. Lesung vom EP* beraten. Das EP äu-

---

[11] Jährlich werden zwischen 400 bis 600 Rechtsakte mit Gesetzescharakter, also Verordnungen, Richtlinien und Beschlüsse, verabschiedet. Siehe: https://eur-lex.europa.eu/statistics/2024/legislative-acts-statistics.html, 10.09.2024.

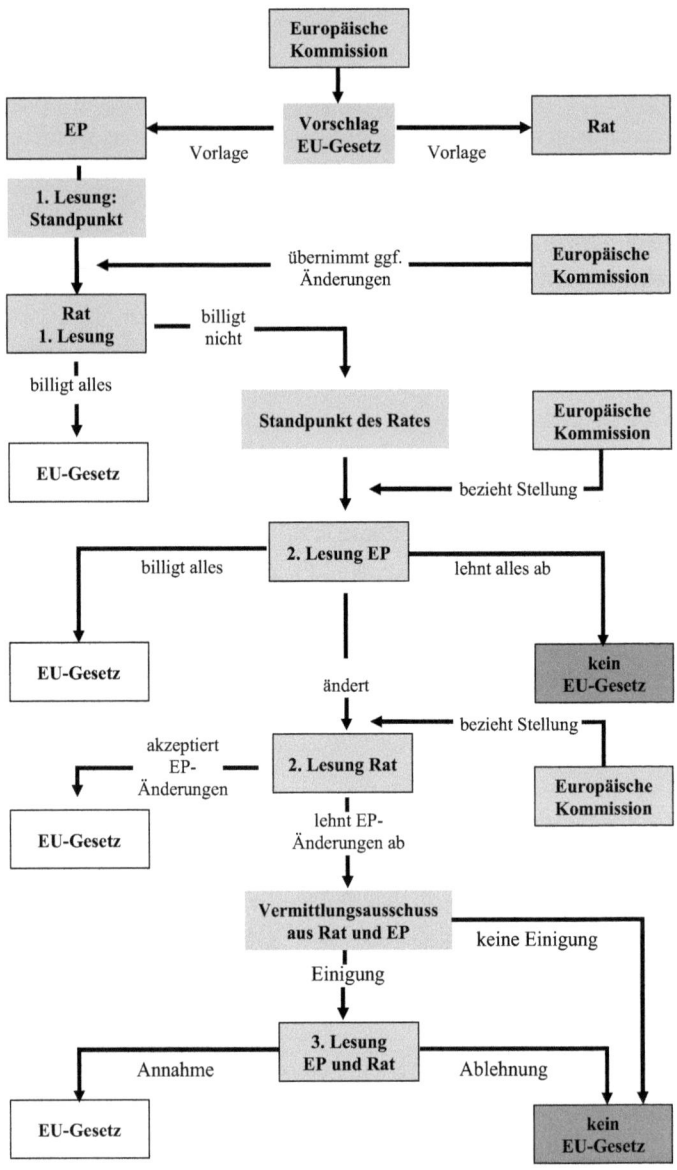

Abb. 5.2 Ordentliches Gesetzgebungsverfahren. Quelle: Eigene Darstellung auf Basis von Piepenschneider (2020, S. 22)

ßert sich in Form eines Standpunktes und stimmt dem Gesetzesvorhaben mit der Mehrheit der abgegebenen Stimmen zu oder schlägt Änderungen vor. Daraufhin folgt die *1. Lesung im Rat*. Billigt der Rat den Standpunkt des EP mit qualifizierter Mehrheit, ist zu diesem frühen Stadium der Gesetzgebungsakt erlassen (s. Hintergrund Trilog). Billigt der Rat den Standpunkt des EP jedoch nicht, dann beschließt er Änderungsvorschläge und übermittelt diese in Form eines eigenen Standpunktes an das EP. Darauf erfolgt die *2. Lesung im EP*, das sich mit dem Standpunkt des Rates befasst und dabei drei Möglichkeiten hat: (1) Mit der Mehrheit der abgegebenen Stimmen kann das EP den vom Rat verabschiedeten Standpunkt billigen oder keine weitere Stellungnahme abgeben. In beiden Fällen gilt der Rechtsakt als erlassen. (2) Das EP lehnt den Standpunkt des Rates mit der Mehrheit seiner Mitglieder ab, womit der Rechtsakt gescheitert ist. (3) Das EP schlägt Änderungen am Standpunkt des Rates mit der Mehrheit seiner Mitglieder vor und leitet diese an den Rat weiter, wobei die Kommission eine Stellungnahme zu den Änderungsvorschlägen des EP abgibt. In der *2. Lesung des Rates* kann dieser den Änderungsvorschlägen des EP mit qualifizierter Mehrheit zustimmen, womit der Rechtsakt erlassen ist. Hat die Kommission die Änderungsvorschläge des EP abgelehnt, so bedarf es für den Erlass des Rechtsaktes der einstimmigen Zustimmung durch den Rat. Lehnt der Rat die Änderungsvorschläge des EP jedoch ab, erfolgt die Einberufung eines Vermittlungsausschusses, der aus Vertretern des EP und des Rates besteht. Auf der Grundlage der Standpunkte von Rat und EP in 2. Lesung versucht der *Vermittlungsausschuss* binnen sechs Wochen nach seiner Einberufung eine Einigung zwischen EP und Rat zu erzielen, wobei sich das EP mit der Mehrheit seiner Mitglieder und der Rat mit qualifizierter Mehrheit auf einen gemeinsamen Entwurf einigen müssen. Gelingt dies dem Vermittlungsausschuss nicht, so gilt der Rechtsakt als gescheitert. Haben sich jedoch beide Organe im Vermittlungsausschuss auf einen gemeinsamen Entwurf geeinigt, so kommt es zu einer *3. Lesung von EP und Rat.* Stimmen das EP mit der Mehrheit der abgegebenen Stimmen und der Rat mit qualifizierter Mehrheit dem gemeinsamen Entwurf zu, ist der Rechtsakt erlassen. Findet der gemeinsame Entwurf bei einem der beiden Organe nicht die erforderliche Mehrheit, so ist das Gesetzgebungsvorhaben gescheitert und das Gesetzgebungsverfahren beendet.

> **Hintergrund: Trilog**
>
> Ein in der Praxis wichtiges Instrument für die Verabschiedung von Rechtsakten, welches jedoch keine Rechtsgrundlage in den Verträgen hat, ist der sogenannte Trilog. Im Rahmen des Trilogs finden informelle Verhandlungen zwischen Vertretern des Rats und des EP unter Vermittlung der Kommission mit dem Ziel statt, sich direkt nach Vorlage eines Kommissionsvorschlags auf einen gemeinsamen Text für einen Rechtsakt zu einigen, der anschließend in 1. Lesung vom EP und in 1. Lesung im Rat verabschiedet wird. Dies gelang in der Legislaturperiode des EP von 2014–2019 durchschnittlich in 89,5 % der im ordentlichen Gesetzgebungsverfahren behandelten Rechtsakte. Dabei konnte 2019 eine Wert von 100 % erreicht werden. Im Zuge der Covid-19-Pandemie sanken die Einigungen in 1. Lesung 2020 auf 77,6 % und 2021 auf 66,7 %. 2022 stieg der Anteil wieder auf 95 %, 2023 auf 98,4 %. Im ersten Halbjahr 2024 wurden von 186 Rechtsakten 185 in erster Lesung verabschiedet, was einem Anteil von 99,1 % entspricht (von Ondarza und Rehbaum 2024, S. 107). An den Trilog-Verhandlungen wird kritisiert, dass sie unter Ausschluss der Öffentlichkeit stattfinden und damit keine Transparenz bei Gesetzesvorhaben besteht (s. Abschn. 7.2.3).

Das ordentliche Gesetzgebungsverfahren kann – unter bestimmten Voraussetzungen und auch nur auf zwei Materien begrenzt – ausgesetzt werden, was als *Notbremseverfahren* bezeichnet wird. Die erste Materie erfasst die Strafrechtsordnung. Ist ein Mitglied des Rates der Auffassung, dass durch den Entwurf einer Richtlinie grundlegende Aspekte der Strafrechtsordnung seines Landes berührt werden, kann das Mitglied den Antrag stellen, dass der Europäische Rat mit der Angelegenheit befasst wird (Art. 82 Abs. 3, Art. 83 Abs. 3 AEUV). In diesem Fall wird das ordentliche Gesetzgebungsverfahren ausgesetzt. Der Europäische Rat hat sodann vier Monate Zeit für eine Aussprache. Erzielt er ein Einvernehmen, erfolgt eine Zurückverweisung an den Rat. Kommt es zu keiner Einigung, bleibt das Verfahren ausgesetzt und die Richtlinie ist gescheitert. Allerdings können neun Mitgliedstaaten auf dem Gebiet der Richtlinie eine verstärkte Zusammenarbeit eingehen (Art. 82 Abs. 3 S. 4 AEUV).

Die zweite Materie erfasst den Bereich der sozialen Sicherheit. Erklärt ein Mitglied des Rates, dass ein Entwurf eines Gesetzgebungsakts wichtige Aspekte des Systems der sozialen Sicherheit seines Landes, insbesondere dessen Geltungsbereich, Kosten oder Finanzstruktur verletzen oder dessen finanzielles Gleichgewicht beeinträchtigen würde (Art. 48 S. 2 AEUV), kann es ebenfalls beantragen, dass der Europäische Rat mit der Angelegenheit befasst wird. Nach einer Aussprache innerhalb einer Frist von vier Monaten kann der Europäische Rat die Materie an den Rat zurückverweisen und die Aussetzung des ordentlichen Gesetzgebungsverfahrens ist beendet; er kann von einem Tätigwerden absehen (womit die Aussetzung des ordentlichen Gesetzgebungsverfahrens anhält) oder er ersucht die Kommission um Vorlage eines neuen Vorschlags, womit der ursprünglich vorgeschlagene Rechtsakt als nicht erlassen gilt.

5.3.2 Besonderes Gesetzgebungsverfahren

Das *besondere Gesetzgebungsverfahren* (Art. 289 Abs. 2 AEUV) bildet eher die Ausnahme und kommt nur bei ausdrücklicher Erwähnung im Vertrag zur Anwendung. Es zeichnet sich dadurch aus, dass für die Beschlussfassung eines Rechtsaktes die EU-Organe in unterschiedlichem Ausmaß und nach unterschiedlichen Modalitäten zusammenwirken (Bieber et al., S. 243, Fn. 20). Im Rahmen des besonderen Rechtsetzungsverfahrens verfügt das EP, je nach Materie, über ein Zustimmungsrecht oder lediglich über ein Anhörungsrecht.

Wenn es sich um ein *Zustimmungsverfahren* handelt, muss das EP einem im Rat in der Regel einstimmig gefassten Beschluss (Ausnahme Art. 311 Abs. 4 AEUV) zustimmen, anderenfalls kann der Rechtsakt nicht erlassen werden. Beispiele hierfür sind: Maßnahmen zur Bekämpfung von Antidiskriminierung (Art. 19 Abs. 1 AEUV), Einsetzung einer Europäischen Staatsanwaltschaft (Art. 86 Abs. 1 AEUV), Bestimmungen zur Wahl des EP (Art. 223 Abs. 1 AEUV), Festlegung des MFR (Art. 312 Abs. 2 AEUV). Weitere Vorschriften, die einer Zustimmung des EP im Rahmen des besonderen Gesetzgebungsverfahrens bedürfen, sind: Beitritts- und Austrittsverfahren (Art. 49, 50 EUV), Einsetzung der Europäischen Kommission (Art. 17 Abs. 7 EUV), Ratifizierung internationaler Abkommen (Art. 218 Abs. 6 AEUV).

In wenigen ausdrücklich vorgesehenen Fällen gibt es vom EP initiierte Gesetzgebungsakte, die einer Zustimmung des Rates bedürfen. Dies gilt bei der Festlegung der Aufgaben der Europaabgeordneten (Art. 223 Abs. 2 AEUV), der Aufgaben eines Untersuchungsausschusses (Art. 226 Abs. 3 AEUV) sowie der Aufgaben des Bürgerbeauftragten (Art. 228 Abs. 4 AEUV).

Beim *Anhörungsverfahren* verfügt das EP nicht über die Möglichkeit, einen Rechtsakt zu stoppen. Der Rat hört das EP lediglich vor der eigenen, im Regelfall einstimmig gefassten Beschlussfassung an. Dieses Verfahren kommt bei den vorwiegend intergouvernemental ausgestalteten Politikbereichen zur Anwendung, wie z. B. bei Maßnahmen zum sozialen Schutz und zur sozialen Sicherheit der Unionsbürgerinnen und Unionsbürger (Art. 21 Abs. 3 AEUV), Fragen des aktiven und passiven Wahlrechts der Unionsbürgerinnen und Unionsbürger (Art. 22 AEUV), Angelegenheiten der operativen polizeilichen Zusammenarbeit (Art. 87 Abs. 3 AEUV), grenzüberschreitender Zusammenarbeit mitgliedstaatlicher Behörden (Art. 89 AEUV), Rechtsangleichung im Steuerrecht (Art. 113 AEUV), Fragen der Währungspolitik (Art. 127 Abs. 6 AEUV), spezifischen Forschungsprogrammen (Art. 182 Abs. 4 AEUV), bestimmten Regelungen im Umweltrecht (Art. 192 Abs. 2 AEUV) sowie der Assoziierung überseeischer Gebiete (Art. 203 AEUV).

Art. 48 Abs. 7 S. 2 EUV ermöglicht die Überführung des besonderen Gesetzgebungsverfahrens in ein ordentliches Gesetzgebungsverfahren (Passarelle-Klausel). Konkret kann der Europäische Rat beschließen, in Fällen, in denen der Rat in einem besonderen Gesetzgebungsverfahren einen Rechtsakt erlassen kann, das ordentliche Gesetzgebungsverfahren anzuwenden (z. B. Art. 192 Abs. 2 AEUV). Die Überführung muss jedoch einstimmig vom Europäischen Rat beschlossen werden.

5.4 Rechtsschutzverfahren

Wie bereits in Abschn. 3.1 erläutert, handelt es sich bei der EU um eine Rechtsgemeinschaft. Gemäß Art. 19 Abs. 1 S. 2 EUV ist der EuGH zuständig für die Wahrung des Rechts bei der Auslegung und Anwendung der Verträge. Daraus folgt, dass seine Urteile Bindungswirkung für die EU-Institutionen, die Mitgliedstaaten und deren Organe entfalten (Bieber et al. 2023, S. 275, Rn. 4 f.). Doch auch den Mitgliedstaaten kommt eine wichtige Rolle zu. Sie schaffen die erforderlichen Rechtsbehelfe, damit ein wirksamer Rechtsschutz gewährleistet ist (Art. 19 Abs. 1 S. 3 EUV). Durch die enge Zusammenarbeit der nationalen Gerichte mit dem EuGH wird letztlich ein umfassendes Rechtsschutzsystem geschaffen (Fastenrath und Groh 2016, S. 418, Rn. 691). Im AEUV sind eine Vielzahl von unterschiedlichen Rechtsschutzverfahren aufgeführt, deren Bearbeitung sich der Gerichtshof und das Gericht, die zusammen den EuGH bilden, teilen.

5.4.1 Vertragsverletzungsverfahren

Vertragsverletzungsverfahren werden in der Regel entweder von der Kommission (Art. 258 AEUV) oder in wenigen Fällen auch von Mitgliedstaaten (Art. 259 AEUV)[12] mit der Begründung eingeleitet, dass ein Mitgliedstaat gegen eine Verpflichtung aus den Verträgen verstoßen hat. Für einen solchen Verstoß gibt es in der Regel zwei Hauptursachen: die mangelnde Bereitschaft eines Mitgliedstaates oder seine

---

[12] Bislang klagten lediglich acht Mitgliedstaaten gegen einen Anderen. Ein prominentes Beispiel ist die Klage Österreichs gegen die Bundesrepublik Deutschland wegen der Einführung einer PKW-Maut (Müller Gómez und Wessels 2023, S. 638).

mangelnde Fähigkeit Unionsrecht anzuwenden oder umzusetzen (Müller Gómez und Wessels 2023, S. 636). Konkret kann eine Verletzung des Unionsrechts durch einen Mitgliedstaat z. B. in der Nichtanwendung von Verordnungen, in der unzureichenden oder ganz unterlassenen Umsetzung einer Richtlinie oder in der Verletzung von Werten der EU bestehen. Kommt ein Staat seinen Verpflichtungen auch nach vorangegangen Aufforderungen und Fristsetzungen nicht nach, kann die Kommission eine *Vertragsverletzungsklage* beim Gerichtshof gegen den säumigen Staat erheben (Art. 260 AEUV). Stellt der Gerichtshof einen tatsächlichen Verstoß gegen eine Verpflichtung aus den Verträgen fest und der betroffene Staat hilft diesem Verstoß nicht innerhalb einer bestimmten Frist ab, so kann der Gerichtshof auf vorherigen Vorschlag der Kommission einen Pauschalbetrag und ein tägliches Zwangsgeld als Sanktion gegen den Mitgliedstaat verhängen (s. Abschn. 3.1).

Von 2019–2023 hat die Kommission 3627 Vertragsverletzungsverfahren eingeleitet, von denen 162 in Vertragsverletzungsklagen beim Gerichtshof mündeten. 2023 beschloss die Kommission von 529 eingeleiteten Vertragsverletzungsverfahren in 49 Fällen Klage beim Gerichtshof einzureichen. Zum Stichtag 31.12.2023 hatte die Kommission 28 und damit am wenigsten Verfahren gegen Litauen eingeleitet. Die meisten Verfahren richteten sich gegen Spanien und Bulgarien mit jeweils 81. Deutschland sah sich 63 Verfahren ausgesetzt (Gerichtshof der EU 2023b).

5.4.2 Nichtigkeitsklagen

Nichtigkeitsklagen haben die Aufhebung von verbindlichen Rechtsakten der EU-Organe zum Ziel. Dabei handelt es sich um Verordnungen, Richtlinien und Beschlüssen, deren Rechtswidrigkeit aufgrund von Unzuständigkeit, Verletzung von Formvorschriften, Vertragsverletzung oder Ermessensmissbrauch gerichtlich festgestellt werden soll (Art. 263 Abs. 2 AEUV). Sie können sowohl von Mitgliedstaaten als auch von EU-Organen (privilegierte Kläger) erhoben werden; ebenfalls klagebefugt sind natürliche und juristische Personen (nichtprivilegierte Kläger). Nichtigkeitsklagen von nichtprivilegierten Klären gegen Verordnungen und Richtlinien scheitern in der Regel bereits bei der Prüfung der Zulässigkeit, weil sie selber entweder Adressat bzw. Adressatin des Rechtsakts oder von ihm unmittelbar und individuell betroffen sein müssen. Im Verlauf des Jahres 2023 gingen 733 Nichtigkeitsklagen beim Gericht ein (Gericht der EU 2023).

5.4.3 Untätigkeitsklagen

Untätigkeitsklagen richten sich gegen die Unterlassung einer Beschlussfassung durch das EP, den Europäischen Rat, den Rat, die Kommission oder die Europäische Zentralbank (Art. 265 AEUV). Eine Klage ist dann begründet, wenn das Organ aus dem EU-Vertrag oder sekundärem Recht verpflichtet gewesen war, den unterlassenen Beschluss zu fassen. Klagebefugt sind andere EU-Organe sowie natürliche und juristische Personen. 2023 gingen sieben Untätigkeitsklagen beim Gericht ein (Gericht der EU 2023).

5.4.4 Schadensersatz- bzw. Amtshaftungsklagen

Schadensersatz- bzw. Amtshaftungsklagen machen einen Anspruch auf Schadensersatz für rechtswidriges Handeln eines

EU-Organs oder eines Bediensteten geltend (Art. 268 i. V. m. Art. 340 AEUV). Klagebefugt sind Mitgliedstaaten wie auch natürliche und juristische Personen. 2023 gingen 18 solcher Klagen beim Gericht ein (Gericht der EU 2023).

5.4.5 Vorabentscheidungsverfahren

Von den Klagearten zu unterscheiden ist das *Vorabentscheidungsverfahren*. Auf Vorlage nationaler Gerichte entscheidet der Gerichtshof über die Auslegung und Gültigkeit von EU-Recht. Jedes nationale Gericht eines Mitgliedstaats kann ein unionsrechtliches Problem dem Gerichtshof zur Vorabentscheidung vorlegen, wenn es dessen Entscheidung zum Erlass seines Urteils für erforderlich hält (sog. *fakultatives Vorabentscheidungsverfahren*, Art. 267 Abs. 2 AEUV). Vorlagepflicht besteht für nationale Gerichte, deren Entscheidungen *Letzt-Entscheidungen* sind und mit Rechtsmitteln des nationalen (innerstaatlichen) Rechts nicht mehr angefochten werden können (sog. *obligatorisches Vorabentscheidungsverfahren*, Art. 267 Abs. 3 AEUV).

Im Zeitraum 2019–2023 gingen 2829 Vorabentscheidungsverfahren beim Gerichtshof ein, darunter 552 aus Deutschland. 2023 waren es 518, davon 94 aus Deutschland, gefolgt von Bulgarien mit 51 und Polen mit 48 (Gerichtshof der EU 2023b).

5.4.6 Rechtsschutzverfahren im Überblick

Die im AEUV festgelegten Rechtsschutzverfahren werden in Tab. 5.2 überblicksartig dargestellt.

Tab. 5.2 Rechtsschutzverfahren im Überblick

Verfahren	Vertragliche Grundlage	Gegenstand	Klage-/Antragsberechtigte
Vertragsverletzungsklage	Art. 258–260 AEUV	Verletzung von Unionsrecht durch Mitgliedstaaten	Europäische Kommission und Mitgliedstaaten
Nichtigkeitsklage	Art. 263–264 AEUV	Rechtswidrigkeit eines EU-Rechtsaktes oder einer Handlung von EU-Organen	Mitgliedstaaten, EU-Organe (nicht: Europäischer Rat), AdR, WSR, natürliche und juristische Personen
Untätigkeitsklage	Art. 265 AEUV	Unterlassen einer Beschlussfassung durch EP, Europäischen Rat, Rat, Europäische Kommission oder der EZB	Mitgliedstaaten und EU-Organe
Schadensersatzklage/ Amtshaftungsklage	Art. 268, 340 AEUV	Schadensersatzforderung aufgrund rechtswidrigen Handelns eines EU-Organs oder eines Bediensteten	Natürliche und juristische Personen
Vorabentscheidungsverfahren	Art. 267 AEUV	Gültigkeit und Auslegung von Unionsrecht und Handlungen von EU-Organen	Gerichte in den Mitgliedstaaten

Quelle: Eigene Darstellung

5.5 Vollzug des EU-Rechts

Wie in Abschn. 5.3 ausgeführt, werden die Rechtsakte der EU von den hierfür zuständigen EU-Organen in der Regel im ordentlichen Gesetzgebungsverfahren verabschiedet. Doch erst durch den Vollzug bzw. die Durchführung des EU-Rechts in den Mitgliedstaaten erlangen die Rechtsakte ihre Wirkungskraft und tragen damit zum Aufbau der europäischen Rechtsgemeinschaft bei. Darüber hinaus kann ohne einen effektiven Vollzug weder die einheitliche Wirkung des Unionsrechts noch die tatsächliche Durchsetzung seines Vorranges gewährleistet werden (Bieber et al. 2023, S. 257, Rn. 1). Der Vollzug des EU-Rechts erfolgt, wie Abb. 5.3 zeigt, entweder durch die Unionsorgane und deren Behörden (direkter Vollzug) oder durch die Mitgliedstaaten (indirekter Vollzug).

5.5.1 Direkter Vollzug

Beim *direkten Vollzug* ist zu unterscheiden zwischen dem *unionsinternen Vollzug*, z. B. in Personalangelegenheiten, beim Haushaltsvollzug sowie bei der internen Organisa-

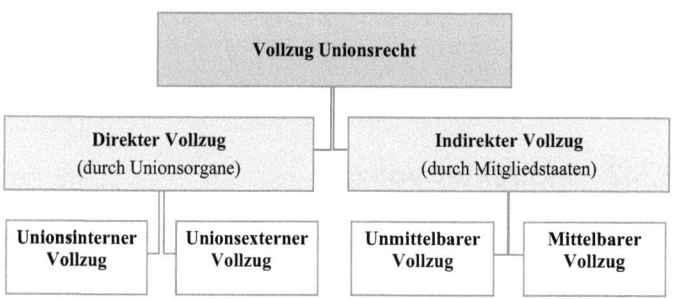

Abb. 5.3 Vollzug des EU-Rechts. Quelle: Eigene Darstellung

tion, und dem *unionsexternen Vollzug* gegenüber den Mitgliedstaaten und Individuen. Dieser gilt beispielsweise im Wettbewerbsrecht (Art. 106 AEUV), im Beihilfenrecht (Art. 107, 108 AEUV), in der Handelspolitik (Ein- und Ausfuhrkontrolle, Art. 206 f. AEUV) sowie der Verwaltung des Europäischen Sozialfonds (Art. 163 AEUV). Zuständig für diesen unionsexternen Vollzug ist die Kommission: „Sie übt nach Maßgabe der Verträge Koordinierungs-, Exekutiv- und Verwaltungsfunktionen aus" (Art. 17 Abs. 1 S. 5 EUV). Unterstützung erhält sie zum einen von den Agenturen und Ämtern der EU, zum anderen von den mitgliedstaatlichen Behörden, die durch Art. 4 Abs. 3 EUV zur Hilfestellung verpflichtet sind. Das übliche Rechtsinstrument der Kommission beim unionsexternen Vollzug ist der Beschluss, der mit dem deutschen Verwaltungsakt vergleichbar ist (s. Abschn. 5.2.3).

> **Praxisbeispiel: Unionsexterner Vollzug – Rückforderung von Beihilfen**
>
> Unternehmen A erhält von der zuständigen deutschen Behörde gemäß nationaler Vorschrift eine Beihilfe (Subvention). Die Subvention verstößt jedoch gegen Art. 107 Abs. 1 AEUV, demzufolge staatliche Beihilfen verboten sind, soweit sie den Handel zwischen den Mitgliedstaaten beeinträchtigen. Die Kommission erfährt von der Beihilfe und fordert die BRD in einem Beschluss dazu auf, dafür zu sorgen, dass die Beihilfe von dem Unternehmen A zurückgezahlt wird (Art. 108 Abs. 2 AEUV).

5.5.2 Indirekter Vollzug

Beim *indirekten Vollzug* durch die Mitgliedstaaten ist zu unterscheiden zwischen dem *unmittelbaren mitgliedstaatlichen Vollzug* (Mitgliedstaten führen unmittelbar anwendbares Unionsrecht aus wie z. B. Verordnungen, Beschlüsse, unmittelbar wirkende Richtlinien) und dem *mittelbaren mitgliedstaatlichen Vollzug* wie z. B. dem Vollzug eines auf einer EU-Richtlinie beruhenden nationalen Gesetzes (Bieber et al. 2023, S. 258, Rn. 3; Streinz 2023, S. 199, Rn. 591 ff). In beiden Fällen müssen die Mitgliedstaaten gemäß Art. 4 Abs. 3 EUV und Art. 291 Abs. 1 AEUV für einen geordneten Verwaltungsvollzug sorgen. Dabei verbleibt die Hoheit für die Verwaltungsorganisation bei ihnen, d. h. sie sind nicht an Weisungen der Unionsbehörden gebunden und bestimmen selbstständig die zuständigen Behörden und das anzuwendende Verwaltungsverfahren (Bieber et al. 2023, S. 262, Rn. 12; Streinz 2023, S. 200, Rn. 600).

Beide Vollzugsarten richten sich somit nach Verwaltungsverfahren und Verwaltungshandeln des nationalen Rechts – in Deutschland damit nach den Vorschriften der Verwaltungsverfahrensgesetze des Bundes und der Länder (Streinz 2023, S. 203, Rn. 608). Doch auch wenn beim Verwaltungsvollzug das nationale, innerstaatliche Recht ausschlaggebend ist (Art. 291 Abs. 1 AEUV), sind dieser Verfahrensautonomie der Mitgliedstaaten Grenzen gesetzt, da sonst die einheitliche Anwendung des Unionsrechts in den Mitgliedstaaten und die Gleichbehandlung der Wirtschaftsteilnehmer gefährdet wäre. So müssen die Mitgliedstaaten folgende Grundsätze beachten: (1) Die Verwaltungsverfahren im nationalen Recht dürfen die Verwirklichung des Unionsrechts nicht praktisch unmöglich machen oder übermäßig erschweren (Effektivitätsprinzip – effet utile). (2) Die Mitgliedstaaten müssen ihr Recht bei Vollzug des Unionsrechts genauso anwenden wie beim Vollzug von rein innerstaatlichen Sachverhalten (Grundsatz der Gleichwertigkeit bzw. Äquivalenzprinzip) (ebd., S. 205 ff., Rn. 613 ff.). Beide Grundsätze sind Ausformungen des Loyalitätsprinzips gemäß Art. 4 Abs. 3 EUV.

Praxisbeispiel: Indirekter Vollzug von Unionsrecht durch Mitgliedstaaten

Unmittelbarer mitgliedstaatlicher Vollzug: Deutsche Behörden führen aufgrund einer EU-Verordnung über Tiertransporte Kontrollen auf Autobahnen durch und verhängen Bußgelder bei Verstößen.

Mittelbarer mitgliedstaatlicher Vollzug: Das Gesetz über die Umweltverträglichkeitsprüfung (UVPG) von 1990 setzte Richtlinien der EU zur Umweltverträglichkeitsprüfung bei bestimmten öffentlichen und privaten Projekten in deutsches Recht um. Diese nationale Rechtsvorschrift verpflichtet deutsche Behörden dazu, Umweltverträglichkeitsprüfungen bei bestimmten großen Bauprojekten durchzuführen, um die potenziellen Umweltauswirkungen des Vorhabens zu bewerten.

6

Governance im Mehrebenensystem der EU

Die EU ist als ein *Mehrebenensystem* aufgebaut und die Art und Weise, wie dort die politische Steuerung erfolgt, wird als *Multilevel Governance* oder *Mehrebenen-Regieren* bezeichnet.[1] Kennzeichnend für die EU als Mehrebenensystem ist das Zusammenwirken von mehreren Ebenen und den dortigen Akteuren bei der Politikformulierung und Politikimplementierung von EU-Entscheidungen (Aden 2017, S. 31). Die Besonderheit darin besteht, dass nicht nur die europäische und die nationale Ebene, sondern besonders auch die regionale und die kommunale Ebene in Entscheidungen eingebunden sind (Knodt und Große Hüttmann 2012, S. 187).

---

[1] Zum Konzept der Multilevel Governance siehe grundlegend: Hooghe, Liesbet/ Marks, Gary: Multi-Level Governance and European Integration, New York/ Oxford 2001; Marks, Gary u. a.: European Integration since the 1980s: State-Centric vs. Multi-Level Governance, in: Journal of Common Market Studies (JCMS), Heft. 3 (1996), S. 341–378.

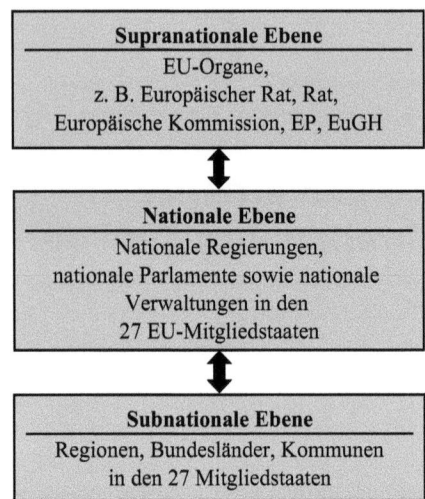

Abb. 6.1 Mehrebenensystem der EU. Quelle: Eigene Darstellung

Wie Abb. 6.1 veranschaulicht, wird im Mehrebenensystem der EU zwischen der supranationalen/europäischen Ebene mit den dort handelnden EU-Organen (s. Kap. 4), der nationalen/mitgliedstaatlichen Ebene mit den 27 nationalen Regierungen und ihren nationalen Parlamenten und nationalen Verwaltungen sowie der subnationalen Ebene unterschieden. Auf der subnationalen/regionalen Ebene handeln Regionen (wie z. B. in Belgien und Italien), Bundesländer (wie z. B. in Deutschland und Österreich) oder autonome Gemeinschaften (wie z. B. in Spanien) mit ihren Regierungen, Parlamenten und Verwaltungen; auf der subnationalen/kommunalen Ebene sind lokale Regierungen, Parlamente und Verwaltungen tätig. Es wird deutlich, dass eine große Zahl von Akteuren – teils direkt, teils indirekt – an den europäischen Entscheidungsprozessen beteiligt ist und zusammenwirken. Für diese auf breite Mitwirkung ausgerichtete Politik, die nicht dem klassischen Verständnis von Regierungshandeln als hierarchisch angelegte staatliche Steuerung entspricht, ist der englischsprachige Begriff *Governance* eingeführt worden (Knodt und Große Hüttmann 2012, S. 187).

6.1 Multilevel Governance

Der Begriff *Governance* kann mit Regieren, jedoch auch mit Lenken, Steuern und Koordinieren übersetzt werden (Benz und Dose 2010, S. 17 f.). Governance ist damit weit zu verstehen und bezieht sich auf die Abstimmungsprozesse zwischen autonomen Staaten und internationalen Organisationen, wobei nicht nur staatliche, sondern auch nichtstaatliche Akteure bzw. gesellschaftliche Gruppen beteiligt sind. Für die Analyse der EU und ihres Mehrebenensystems ist Governance nicht mit Regieren gleichzusetzen, da Regieren ein dominantes Steuerungssubjekt unterstellt, welches im EU-System nicht vorhanden ist und weil es im Falle der EU gerade keiner Regierung bedarf, um verbindliche Entscheidungen zu treffen.

Der Begriff *Multilevel Governance* wird, so Knodt und Große Hüttmann (2012, S. 187) in der Integrationsforschung immer dann ins Spiel gebracht, wenn auf das besondere Wesen der EU als politisches System sui generis abgestellt wird. Er hat seit den 1990er-Jahren Konjunktur, nachdem Europaforscher zunehmend feststellten, dass innerhalb der EU die regionale Ebene an Bedeutung gewann und die Interdependenzen zwischen den Ebenen immer weiter zunahmen (Benz 2009, S. 16). Daraus folgte, dass die Entscheidungskompetenzen im EU-Mehrebenensystem zunehmend auf Akteure verschiedener Ebenen verteilt sind und nicht mehr nur von den Nationalstaaten allein wahrgenommen werden (Wiesner 2018, S. 18).

Darüber hinaus verweist der Begriff der Multilevel Governance darauf, dass das Regieren nicht innerhalb der Ebenen, sondern ebenenübergreifend stattfindet. In der Folge gibt es weder ein Zentrum, noch werden öffentliche Aufgaben nach Ebenen getrennt erfüllt. Das Regieren besteht im Wesentlichen in der Koordination zwischen den Ebenen (Benz 2009, S. 15), wobei diese durch vielfältige Interdependenzen und Interaktionen gekennzeichnet ist. Auch organisierte private Akteure der verschiedenen Ebenen spielen eine wesentliche Rolle, indem sie in Beziehung zu den staatlichen Entscheidungsträgern treten, um die Politik mitzugestalten (Benz 2009, S. 17 f.; Benz 2010, S. 112; Knodt und Große Hüttmann 2012, S. 191 f.). Die mit Multilevel Governance einhergehende Politikverflechtung weist damit Parallelen zum bundesdeutschen Föderalismus auf, in dem Bund, Länder und Kommunen in der Wahrnehmung von Aufgaben und der Ausführung von Entscheidungen institutionell miteinander verflochten sind (Aden 2017, S. 31).

Der AdR (2009, S. 1) definiert Multilevel Governance wie folgt: Es handelt sich um „das koordinierte, auf Partnerschaft beruhende Vorgehen der Union, der Mitgliedstaaten und der regionalen und lokalen Gebietskörperschaften zur Ausarbeitung und Umsetzung der Politiken der Europäischen Union. Hieraus ergibt sich, dass die Verantwortung von den betroffenen Verwaltungsebenen geteilt wird." Kurz und prägnant formuliert Große Hüttmann (2011, S. 29) die Funktionsweise von Multilevel Governance in der EU: „Politik, die in Brüssel von der EU beschlossen wird, wirkt sich in den meisten Fällen bis auf die unterste Ebene aus." Er macht das am Thema EU-Feinstaubrichtlinie fest: Während die Richtlinie in Brüssel (supranationale Ebene) beschlossen worden ist, müssen die Mitgliedstaaten (nationale Ebene) die Richtlinie erst in nationales Recht umsetzen. Erst dann können die Kommunen (subnationale Ebene) auf Grundlage des die Richtlinie umsetzenden nationalen Gesetzes entsprechende Verkehrszonen ausweisen und Verbotsschilder aufstellen (ebd.).

Eingeführt in die europapolitische Diskussion wurde der Begriff der Multilevel Governance von Gary Marks mit einer Untersuchung über die europäische Kohäsions- und Strukturpolitik.[2] Diese und weitere Studien zeigten, dass dieses Politikfeld exemplarisch für die ebenenübergreifende Politik der EU steht.

> **Praxisbeispiel: Multilevel Governance**
>
> Die Kohäsions- und Strukturpolitik der EU (Art. 174–178 AEUV) zielt darauf ab, den wirtschaftlichen, sozialen und territorialen Zusammenhalt in der EU zu stärken und regionale Unterschiede durch Investitionen auszugleichen. Diese Politik basiert auf der Überzeugung, dass Disparitäten zwischen den Mitgliedstaaten die Effizienz der EU-Politiken und den Binnenmarkt beeinträchtigen können (Bieber et al. 2023, S. 628, Rn. 3 f.). Für die Förderperiode 2021–2027 sind etwa 400 Mrd. € vorgesehen, die auf verschiedene Fonds verteilt werden, mit einem Schwerpunkt auf klimapolitischen Maßnahmen. Die Umsetzung der Kohäsions- und Strukturpolitik erfolgt durch eine Zusammenarbeit zwischen supranationaler, nationaler und regionale Ebene, also ebenenübergreifend. Der Europäische Rat und das Europäische Parlament setzen das Budget und die Regeln fest und geben damit eine inhaltlich-strategische Orientierung für die Programmerstellung.
>
> Ein wichtiger Baustein für die Mittelverteilung ist die zwischen den Mitgliedstaaten und der EU-Kommission ausgehandelte Partnerschaftserklärung. Sie soll sicherstellen, dass die Programme der Mitgliedstaaten im Einklang mit den EU-Zielen stehen. Auf Grundlage dieser Erklärung entwickeln die Mitgliedstaaten in Zusammenarbeit mit regionalen Institutionen operationelle Programme. Diese nationalen Programme, die darlegen, wie die Mittel aus den verschiedenen Fonds verwendet werden sollen und damit die Grundlage für die Umsetzung der Fördermaßnahmen bilden, bedürfen der Genehmigung durch die EU-Kommission.

---

[2] Marks, Gary 1993: Structural Policy and Multilevel Governance in the EC, in: Cafruny, Alan W./Rosenthal, Glenda G. (Hrsg.): The State of the European Community. The Maastricht Debates and Beyond. Boulder, Col, S. 391–410.

6.2 Kontrolle und Mitwirkung nationaler Parlamente

Die nationalen Parlamente spielten im europäischen Integrationsprozess und als eigenständige Akteure im europäischen Mehrebenensystem lange Zeit nur eine geringe Rolle. Erst im Vertrag von Maastricht 1993 fanden sie in zwei angehängten Erklärungen Erwähnung. Den Durchbruch brachte der Vertrag von Lissabon 2009, der zwar einerseits durch einige Neuerungen und Änderungen den supranationalen Charakter der EU stärkte (s. Abschn. 2.4.3), andererseits aber die Rolle der nationalen Parlamente primärrechtlich absicherte und ihnen eine Reihe von Mitwirkungsmöglichkeiten und Beteiligungsrechten an der EU-Politik einräumte. Grundlage hierfür ist Art. 12 EUV, der als wichtigste Neuerungen die Subsidiaritätskontrolle, die formale Beteiligung an den Vertragsänderungsverfahren sowie die formale Anerkennung der Bedeutung interparlamentarischer Kooperation beinhaltet (Auel 2020, S. 516 f.). Die Stärkung der Mitwirkung und Beteiligung der nationalen Parlamente sollte auch eine Antwort auf das vielfach konstatierte Demokratiedefizit der EU sein (Heftler 2012, S. 335).[3]

Herzstück der gestärkten Rolle der nationalen Parlamente im EU-Mehrebenensystem ist die *Subsidiaritätskontrolle* gemäß Art. 12 lit. b EUV. Dieses auch als *Frühwarnmechanismus* bekannte Kontrollinstrument sieht vor, dass die von der Kommission vorgelegten Gesetzgebungsentwürfe gleichzeitig mit der Übermittlung an das EP und den Rat direkt den nationalen Parlamenten zugeleitet werden.[4] Dadurch werden die nationalen Parlamente in die Lage versetzt, sich frühzeitig in den Gesetzgebungsprozess einzuschalten.

---

[3] Zum Demokratiedefizit der EU siehe ausführlich Abschn. 7.1.
[4] Siehe Lissabon-Vertrag, Protokoll Nr. 1 über die Rolle der nationalen Parlamente in der EU.

Der Ablauf der Subsidiaritätskontrolle verläuft in sechs Schritten: (1) Innerhalb von acht Wochen nach der Übermittlung eines Gesetzgebungsentwurfs durch die Kommission können die nationalen Parlamente in einer begründeten Stellungnahme darlegen, warum der Gesetzgebungsentwurf aus ihrer Sicht nicht mit dem in Art. 5 Abs. 3 EUV verankerten Subsidiaritätsprinzip vereinbar ist. Dabei stehen jedem der 27 nationalen Parlamente zwei Stimmen zu, eine Stimme je Kammer bei Zweikammerparlamenten und zwei Stimmen bei Einkammerparlamenten. (2) Erreicht die Anzahl begründeter Stellungnahmen über die Nichtvereinbarkeit eines Gesetzgebungsentwurfs mit dem Subsidiaritätsprinzip mindestens ein Drittel der Gesamtzahl der den nationalen Parlamenten zugewiesenen insgesamt 54 Stimmen (also 18 Stimmen), dann ist die Kommission dazu verpflichtet, ihren Entwurf zu überprüfen („gelbe Karte"). Bei einem Gesetzgebungsakt betreffend den Raum der Freiheit, Sicherheit und des Rechts (RFSR) reichen 14 Stimmen. (3) Die Kommission kann darauf an ihrem Entwurf festhalten, diesen ändern oder ihn zurückziehen – jeder der drei Beschlüsse ist von ihr zu begründen. (4) Erreicht im Rahmen des ordentlichen Gesetzgebungsverfahrens die Anzahl begründeter Stellungnahmen über die Nichtvereinbarkeit eines Gesetzgebungsentwurfs mit dem Subsidiaritätsprinzip mindestens die einfache Mehrheit der Gesamtzahl der den nationalen Parlamenten zugewiesenen insgesamt 54 Stimmen (also 28 Stimmen), so muss dieser von der Kommission überprüft werden („orangene Karte"). Die Kommission kann an ihm festhalten, ihn ändern oder ihn zurückziehen. (5) Beschließt die Kommission an dem Entwurf festzuhalten, muss sie in einer begründeten Stellungnahme dessen Vereinbarkeit mit dem Subsidiaritätsprinzip darlegen. Diese Stellungnahme wird zusammen mit den Stellungnahmen der nationalen Parlamente den beiden gesetzgebenden Organen (EP und Rat) vorgelegt, die sich in erster Lesung mit dem Entwurf befassen. (6) Kommt eine Mehrheit von 55 % der Mitglieder des Rates und/oder die Mehrheit der abgegebenen Stimmen im EP zur Überzeugung, dass der Legislativvorschlag nicht mit dem Subsidiaritätsprinzip im Einklang steht, ist dieser gescheitert. Anderenfalls wird das Gesetzgebungsverfahren fortgeführt (Auel 2020, S. 517 ff.).[5] Das Verfahren der „gelben Karte" kam bislang dreimal zur Anwendung, das Verfahren der „orangenen Karte" noch nie.[6]

Nationalen Parlamenten bleibt, falls ein Gesetzgebungsakt trotz Subsidiaritätskontrolle in Kraft tritt, die Möglichkeit eine *Subsidiaritätsklage* vor dem EuGH zu erheben. Diese Klageform stellt eine besondere Variante der Nichtigkeitsklage dar (s. Abschn. 5.4.2).

> **Zusammenfassung: Subsidiaritätskontrolle/ Frühwarnmechanismus**
>
> Der Frühwarnmechanismus gibt den nationalen Parlamenten die Gelegenheit bei Legislativvorschlägen der Kommission Bedenken hinsichtlich der Einhaltung des Subsidiaritätsprinzips zu äußern. Gibt mindestens ein Drittel der nationalen Parlamente (eine Stimme je Kammer bei Zweikammerparlamenten und zwei Stimmen bei Einkammerparlamenten) begründete Stellungnahmen ab, muss der Entwurf von der Kommission überprüft werden. Sollte eine Mehrheit der nationalen Parlamente Bedenken haben, wird der Vorschlag zusätzlich zu einer Überprüfung durch die Kommission dem Rat und dem EP vorgelegt. Ist eines der beiden Organe der Ansicht, dass der Legislativakt nicht mit dem Subsidiaritätsprinzip im Einklang steht, ist er gescheitert.

---

[5] Siehe auch Lissabon-Vertrag, Protokoll Nr. 2 über die Anwendung der Grundsätze der Subsidiarität und der Verhältnismäßigkeit.

[6] https://www.europarl.europa.eu/factsheets/de/sheet/7/das-subsidiaritatsprinzip, 06.02.2024.

Die Mitwirkung der nationalen Parlamente in EU-Angelegenheiten ist in den Verfassungen der Mitgliedstaaten geregelt – in Deutschland in Art. 23 GG. Das nationale Parlament in Deutschland besteht aus dem Bundestag und dem Bundesrat. Beide haben umfassende Mitwirkungsrechte in Angelegenheiten der EU. Artikel 23 Abs. 3 GG legt fest, dass die Bundesregierung dem Bundestag Gelegenheit zur Stellungnahme vor ihrer Mitwirkung an Rechtsetzungsakten der EU gibt. Die Einzelheiten der Mitwirkung des Bundestages regelt ein sogenanntes Begleitgesetz – das „Gesetz über die Zusammenarbeit von Bundesregierung und Deutschem Bundestag in Angelegenheiten der Europäischen Union" (EUZBBG). Dieses beinhaltet umfangreiche Informationspflichten der Bundesregierung gegenüber dem Bundestag (§ 3), eine Übersendung von Dokumenten (§ 4), die Möglichkeit der Stellungnahme des Bundestages zu geplanten Rechtsetzungsakten der EU (§ 9 Abs. 1) und die Verpflichtung der Bundesregierung, diese Stellungnahme ihren Verhandlungen auf europäischer Ebene zugrunde zu legen (§ 9 Abs. 2).

Die Mitwirkung des Bundesrates an der Willensbildung der Bundesregierung in europapolitischen Angelegenheiten regelt Art. 23 Abs. 4 GG. Demnach ist der Bundesrat an der Willensbildung des Bundes zu beteiligen, soweit er an einer entsprechenden innerstaatlichen Maßnahme mitzuwirken hätte oder die Länder innerstaatlich zuständig wären. Drei Arten der Mitwirkung sind hier zu unterscheiden: (1) Handelt es sich um eine Materie im Bereich der ausschließlichen Zuständigkeit des Bundes, die die Interessen der Länder berührt oder besitzt der Bund das Recht zur Gesetzgebung, berücksichtigt die Bundesregierung die Stellungnahme des Bundesrates (Art. 23 Abs. 5 S. 1 GG). (2) Handelt es sich im Schwerpunkt um Gesetzgebungsbefugnisse der Länder, die Einrichtung ihrer Behörden oder ihre Verwaltungsverfahren, so ist die Auffassung des

Bundesrates maßgeblich zu berücksichtigen (Art. 23 Abs. 5 S. 2 GG). (3) Sollte es sich im Schwerpunkt um ausschließliche Gesetzgebungsbefugnisse der Länder im Bereich der schulischen Bildung, der Kultur oder des Rundfunks handeln, wird die Interessenvertretung des Bundes auf europäischer Ebene im Rat auf einen vom Bundesrat benannten Vertreter der Länder übertragen (Art. 23 Abs. 6 GG). Die Einzelheiten legt auch hier ein Begleitgesetz, das „Gesetz über die Zusammenarbeit von Bund und Ländern in Angelegenheiten der Europäischen Union" (EUZBLG) fest.

Ein wichtiges Instrument von Bundestag und Bundesrat, Einfluss auf die Europapolitik der Bundesregierung und ganz konkret auf deren Entscheidungen auf EU-Ebene zu nehmen, bietet das IntVG.

Hintergrund:
Integrationsverantwortungsgesetz (IntVG)

In seinem Urteil vom 30. Juni 2009 zum Vertrag von Lissabon nahm das BVerfG auch Stellung zu den Möglichkeiten des Bundesrates und Bundestages zur politischen Mitwirkung in Angelegenheiten der EU. Zwar lehnte das Gericht Verfassungsbeschwerden, die einen Verstoß des Vertrages gegen das Grundgesetz gerügt hatten, ab. Gleichwohl forderte es den Gesetzgeber dazu auf, die Mitwirkungsrechte von Bundestag und Bundesrat in Angelegenheiten der EU auszuweiten. Mit dem im September 2009 verabschiedeten IntVG wurden daher Bereiche festgelegt, in denen das Abstimmungsverhalten der Bundesregierung in Brüssel (Europäischer Rat/Rat) von der vorherigen Zustimmung des Bundestages und Bundesrates abhängig gemacht wird. Diese Zustimmung muss gemäß Art. 23 Abs. 1 Satz 2 GG über ein von beiden Organen beschlossenes Gesetz erfolgen und findet Anwendung auf:

- das *vereinfachte Vertragsänderungsverfahren* gemäß Art. 48 Abs. 6 EUV, welches Änderungen unter anderem im Bereich des Binnenmarktes, der Wirtschafts- und Währungspolitik und der Beschäftigungspolitik gestattet.

- die Zustimmung des deutschen Vertreters im Europäischen Rat bzw. Rat bei der allgemeinen *Brückenklausel* (Passarelle) in Art. 48 Abs. 7 EUV, die eine Änderung der Abstimmungsmodalitäten im Rat oder einen Wechsel des anzuwendenden Gesetzgebungsverfahrens ermöglicht.
- die *Kompetenzerweiterungsklauseln*, zu denen Art. 83 Abs. 1 UAbs. 3 AEUV im Bereich des Strafrechts zählt.
- die Anwendung der *Flexibilitätsklausel* gemäß Art. 352 AEUV, mit der Zuständigkeiten der EU zielgebunden abgerundet werden können (s. Abschn. 3.3).
- das *Notbremseverfahren*, welches einem Mitglied des Rates erlaubt, den Europäischen Rat anzurufen, wenn es durch den Entwurf einer Richtlinie grundlegende Aspekte der Strafrechtsordnung seines Landes (Art. 82 Abs. 3, Art. 83 Abs. 3 AEUV) oder durch den Entwurf eines Rechtsetzungsaktes wichtige Aspekte des Systems der sozialen Sicherheit seines Landes (Art. 48 Satz 2 AEUV) verletzt sieht (s. Abschn. 5.3.1).

6.3 Bedeutung der Regionen und Kommunen

Der in Abschn. 6.2 bereits festgestellte Befund, dass die nationalen Parlamente lange Zeit nur eine geringe Rolle bei der politischen Entscheidungsfindung im Mehrebenensystem der EU gespielt haben, trifft auch auf die Regionen und Kommunen als Vertreter der subnationalen Ebene zu.[7] Sie traten aufgrund fehlender Kompetenzen und Mitwirkungsmöglichkeiten in den EU-Verträgen kaum als Akteure im europäischen Integrationsprozess auf, was auch als Länderblindheit der EU bezeichnet wurde. Dies änderte sich jedoch zunächst mit dem Vertrag von Maastricht 1993 und dann insbesondere mit dem 2009 in Kraft getretenen

---

[7] In der EU gibt es 240 Regionen und 90.000 Gemeinden sowie über 1,2 Mio. lokale und regionale Mandatsträgerinnen und Mandatsträger, die 450 Mio. Menschen vertreten (Lenhart 2023, S. 196).

Vertrag von Lissabon. So heißt es in Art. 4 Abs. 2 EUV: „Die Union achtet die Gleichheit der Mitgliedstaaten vor den Verträgen und ihre jeweilige nationale Identität, die in ihren grundlegenden politischen und verfassungsmäßigen Strukturen einschließlich der *regionalen und lokalen Selbstverwaltung* (Hervorhebung nicht im Original) zum Ausdruck kommt." Beide Verträge weiteten den Handlungsspielraum und die Bedeutung der Regionen und Kommunen im EU-System aus, weshalb heute beide Teil der Multilevel Governance der EU sind und sich dementsprechend in Politikgestaltung und Entscheidungsfindung der EU einbringen. Sie sind es zudem, die wesentlich von den auf supranationaler Ebene getroffenen Entscheidungen betroffen sind. Ihren Einfluss machen Regionen und Kommunen als Vertreter der subnationalen Ebene sowohl auf der nationalen als auch auf der supranationalen Ebene geltend (Lenhart 2023, S. 195).

6.3.1 Rolle der Regionen

In Deutschland bringen sich die Bundesländer (mit ihren Länderregierungen, Länderparlamenten und Länderverwaltungen) als Teil der subnationalen (regionalen) Ebene in erster Linie über den Bundesrat in EU-Angelegenheiten ein. Art. 23 GG in Verbindung mit dem IntVG und dem EUZBLG regelt die Beteiligung des Bundesrats als Interessenorgan der Länder. Über den Bundesrat nehmen die Länder nunmehr auch am Frühwarnmechanismus (s. Abschn. 6.2) teil, in dem sie zu Beginn von EU-Gesetzgebungsverfahren Verstöße gegen das Subsidiaritätsprinzip geltend machen können. Die entsprechende Abstimmung hierfür unter den Ländern erfolgt im Bundesrat im *Ausschuss für Fragen der Europäischen Union* (Beichelt 2015, S. 348). Jenseits einer europapolitischen Zusammenarbeit der Länder im Rahmen des Bundesrats gibt es die *Konferenz der Europaminister der Länder* (EMK), in der europapolitische Positionen abgestimmt und gegenüber der Bundesregierung vertreten werden.

Neben der nationalen Ebene gibt es für die Bundesländer auch unmittelbare Einflusswege auf supranationaler Ebene. So sind sie institutionell und damit formal vertreten im 344 Mitglieder umfassenden AdR (s. Abschn. 4.6.2). Hier können 21 von insgesamt 24 deutschen Vertretern die regionalen Interessen direkt einbringen. Dazu werden Stellungnahmen erarbeitet, die in das ordentliche Gesetzgebungsverfahren (s. Abschn. 5.3.1) eingespeist werden. Allerdings sind Kommission, Rat und Parlament nicht verpflichtet, die Stellungnahmen im Gesetzgebungsprozess zu berücksichtigen. Die Anhörung und damit die Einholung einer Stellungnahme des AdR ist in folgenden, originär regionale Interessen berührenden Politikbereichen obligatorisch:

- Allgemeine und berufliche Bildung und Jugend, Kultur, Gesundheitswesen (Art. 165–68 AEUV);
- Transeuropäische Netze für Verkehr, Energie und Telekommunikation (Art. 172 AEUV);
- Verkehr (Art. 91 AEUV);
- Wirtschaftlicher, sozialer und territorialer Zusammenhalt (Art. 175, 177–78 AEUV);
- Umwelt (Art. 192 AEUV);
- Energie (Art. 194 AEUV);
- Leitlinien für Beschäftigungspolitik (Art. 148–49 AEUV);
- Sozialer Dialog (Art. 153 AEUV);
- Europäischer Sozialfonds (Art. 164 AEUV).

In allen anderen Politikbereichen kann der AdR von Kommission, Rat und Parlament fakultativ angehört werden. Freiwillige Stellungnahmen erfolgen auf Initiative des AdR selbst (Lenhart 2023, S. 201). Empirische Untersuchungen haben ergeben, dass die Einflussnahme auf die Kommission vielversprechend, die Einflussnahme auf Rat und EP hingegen eher marginal ist (Hönnige und Panke 2020, S. 486 f.).

Dem AdR wurde mit dem Vertrag von Lissabon das Klagerecht vor dem EuGH eingeräumt. So kann er eine Nichtigkeitsklage (Art. 263 AEUV) gegen Rechtsakte der EU anstrengen. Darüber hinaus kann er gemäß dem Vertrag von Lissabon und hier speziell Art. 8, Protokoll Nr. 2 über die Anwendung der Grundsätze der Subsidiarität und der Verhältnismäßigkeit „in Bezug auf Gesetzgebungsakte, für deren Erlass die Anhörung des Ausschusses der Regionen nach dem Vertrag über die Arbeitsweise der Europäischen Union vorgeschrieben ist", eine Subsidiaritätsklage vor dem EuGH erheben.

Über die formalen Kanäle hinaus gibt es weitere Möglichkeiten für die Bundesländer, sich in EU-Angelegenheiten einzubringen und Einfluss auf die EU-Politik zu nehmen. So besitzt jedes der 16 Bundesländer eine *Vertretung bei der EU (Länderbüros)*, die als Horchposten für wichtige Entwicklungen in der europäischen Politik fungieren und Lobbying gegenüber den EU-Organen betreiben. Zudem gibt es einen *Länderbeobachter*, bei dem es sich um eine Einrichtung aller 16 Bundesländer handelt. Seine Aufgabe besteht darin, die Landesregierungen insbesondere über Inhalt, Hintergründe, Verlauf und Ergebnis der Beratungen des Rates in Brüssel unter Berücksichtigung der Stellungnahme des Bundesrates zum jeweiligen europäischen Gesetzgebungsvorhaben zu unterrichten. Die Länderinteressen finden schließlich auch Berücksichtigung durch die Entsendung von *Bundesratsbeauftragten* in EU-Gremien, wie vor allem Ratsarbeitsgruppen und Kommissionsausschüsse und durch die Entsendung von sogenannten *nationalen Experten* der Landesministerien in die Kommission.[8]

---

[8] https://hanse-office.de/hanse-office/rechtliche-grundlage/, 06.02.2024.

Den Einfluss der Bundesländer im EU-Mehrebenensystem konkret zu bestimmen ist schwierig. Noch schwieriger ist es, Aussagen darüber zu treffen, ob der institutionelle Weg über den AdR oder die informellen Einflussmöglichkeiten erfolgversprechender für die Durchsetzung der Länderinteressen sind. Als Erfolg, so Wessels (2022, S. 418), ist auf jeden Fall zu werten, dass Maßnahmen der Union im Bereich der Bildungs- und Kulturpolitik, für die die Länder im Grundgesetz die ausschließliche Zuständigkeit haben, nur „zur Unterstützung, Koordinierung oder Ergänzung der Maßnahmen der Mitgliedstaaten" beschlossen werden und diese keine Harmonisierung der Rechtsvorschriften der Mitgliedstaaten beinhalten dürfen (Art. 6 AEUV). Für die deutschen Länder als subnationale (regionale) Akteure gilt damit das, was Wessels (2022, S. 423) allgemein für die Regionen in der EU schlussfolgert: „Insgesamt lassen die Aktivitäten der Regionen in und neben dem AdR erkennen, dass sie auf europäischer und teilweise auch auf nationaler Ebene zu aktiven Mitspielern im EU-Mehrebenensystem geworden sind, aber auch, dass sie ihre Rolle nicht zu einer Vetoposition ausbauen konnten."

6.3.2 Rolle der Kommunen

Neben den Regionen bemühen sich auch die Kommunen als weitere Vertreter der subnationalen Ebene zunehmend, auf allen Ebenen des EU-Mehrebenensystems ihre Interessen einzubringen. Wurden ihre Belange früher kaum gehört bzw. gab es kaum Möglichkeiten, diese zu artikulieren, sind die Kommunen mittlerweile zu eigenständigen Akteuren im europäischen Politikprozess geworden. Ausschlaggebend hierfür waren veränderte formale Mitwirkungsmöglichkeiten sowie die stärkere institutionelle Einbindung im AdR (Vertrag von Maastricht) und die Anerkennung der kommunalen Selbstverwaltung (Art. 4 Abs. 2 EUV) sowie des Subsidiaritätsprinzips (Art. 5 Abs. 3 EUV) im Vertrag von Lissabon.[9] Diese veränderte Rolle nutzen sie, um die Entscheidungen der supranationalen Ebene, deren Adressaten sie in vielen Bereichen sind, zu beeinflussen. So sind sie von einer Vielzahl von verbindlichen Rechtsakten (Verordnungen, Richtlinien, Beschlüssen) auf den Gebieten Umweltschutz, Vergabe öffentlicher Aufträge, Binnenmarktregelungen für Strom und Gas, Harmonisierung des Asylrechts sowie Aufenthaltsrecht und Kommunalwahlrecht von EU-Bürgerinnen und EU-Bürgern direkt betroffen (Holtmann et al. 2017, S. 189; Wessels 2022, S. 419). Schätzungen ergeben, dass die Kommunen von rund 75 % der EU-Rechtsakte tangiert werden und rund zwei Drittel der kommunalen Vorschriften mittlerweile einen Ursprung im EU-Recht haben (Reiners 2019, S. 5).

Die deutschen Kommunen sind im AdR vergleichsweise schwach vertreten. Denn im Unterschied zu Schweden, das ausschließlich Vertreter der kommunalen Ebene in den AdR entsandt hat, gehören von den 24 Vertretern aus Deutschland im AdR nur drei der kommunalen Ebene an. Es handelt sich hierbei um Repräsentanten der drei kommunalen Spitzenverbände – des Deutschen Städtetags, des Deutschen Landkreistags sowie des Deutschen Städte- und Gemeindebunds (Holtmann et al. 2017, S. 192).

Das Mehrebenensystem eröffnet den deutschen Kommunen indes weitere Wege, ihre Interessen zu vertreten und Einfluss auf den europäischen Entscheidungsprozess zu

---

[9] In Art. 1 des Protokolls Nr. 26 des Vertrages von Lissabon wird ferner die wichtige Rolle und der weite Ermessensspielraum der nationalen, regionalen und lokalen Behörden in der Frage hervorgehoben, wie Dienste von allgemeinem wirtschaftlichem Interesse auf eine den Nutzern so gut wie möglich entsprechende Weise zur Verfügung zu stellen, in Auftrag zu geben und zu organisieren sind. Damit obliegt u. a. den Kommunen weiterhin das Recht zur Erbringung von Daseinsvorsorgeleistungen (u. a. Strom, Gas, Wasser).

nehmen. So gibt es insbesondere bei der Kommission, dem EP und dem Rat, also der supranationalen Ebene, Möglichkeiten für (kommunale) Interessenvertretung (Kesting 2013, S. 50 f.), weil die europäischen Institutionen aufgrund ihrer eigenen begrenzten Ressourcen im Gesetzgebungsprozess auf Informationen, Expertise und technisches Wissen der lokalen Ebene angewiesen sind (Holtmann et al. 2017, S. 193; Reiners 2019, S. 6). Weitere Möglichkeiten zur kommunalen Interessenvertretung bestehen auf der nationalen Ebene, über die nationalen und regionalen Parlamente und Regierungen (Holtmann et al. 2017, S. 197).

Über die Kanäle staatlicher Entscheidungsträger hinaus, sei es auf supranationaler und/oder nationaler Ebene, schließen sich die Kommunen auf supranationaler Ebene selbst zu interessenstarken *Netzwerken* zusammen. So z. B. 1986 zum Städtenetzwerk Eurocities, das gegenwärtig über 200 der größten europäischen Städte aus 38 Ländern gegenüber den Institutionen der EU in Brüssel vertritt (mit 23 Mitgliedsstädten stellt Deutschland die größte Ländergruppe innerhalb von Eurocities). Die Interessen der mittelgroßen Städte werden in Brüssel vom 1991 gegründeten Netzwerk Eurotowns mit gegenwärtig 21 Mitgliedern vertreten. POLIS ist ein europäisches Netzwerk, das 1989 gegründet wurde und ebenfalls seinen Sitz in Brüssel hat. Es besteht aus etwa 60 Mitgliedern aus 15 Ländern (Städte, Regionen, ÖPNV-Unternehmen, Forschungsinstitute) und informiert über Innovationen im Verkehrsbereich und unterstützt bei der Bildung integrierter und nachhaltiger Verkehrssysteme. Der älteste kommunale Interessenvertreter ist der 1951 gegründete Rat der Gemeinden und Regionen Europas (RGRE). In diesem Spitzenverband sind die nationalen Verbände der Gemeinden und Regionen aus aktuell 41 europäischen Ländern organisiert. Damit vertritt er 150.000 europäische Gemeinden und Regionen.

Der (Mehr-)Wert eines vor-Ort-Lobbyings und die Möglichkeit, frühzeitig über sie betreffende Entscheidungen der EU informiert zu sein, hat zunehmend einzelne Städte, Regionen sowie die kommunalen Spitzenverbände dazu bewogen, eigenständige *EU-Vertretungsbüros* vorort in Brüssel zu unterhalten. Beispiele hierfür sind die Europabüros der bayerischen, der baden-württembergischen und der sächsischen Kommunen sowie die Europabüros der Metropolregion Frankfurt-RheinMain und der Region Stuttgart (ebd., S. 195). Darüber hinaus sind auch eine ganze Reihe von Kommunen mit jeweils eigenen *Europabüros* und/oder *EU-Beauftragten* in der europäischen Hauptstadt präsent.

In Bezug auf die Rolle der Kommunen im EU-Mehrebenensystem ist abschließend Folgendes festzuhalten. Die Kommunen verfügen mittlerweile über zahlreiche formelle und informelle Mitwirkungs- und Einflussmöglichkeiten, insbesondere auch auf supranationaler Ebene. So vermögen sie durchaus bei einzelnen Entscheidungen ihre Interessen erfolgreich durchzusetzen. Im Großen und Ganzen verfügen die Kommunen jedoch nur über einen begrenzten Einfluss auf den europäischen Willensbildungs- und Entscheidungsprozess (Holtmann et al. 2017, S. 198).

6.4 Einflussnahme von Interessengruppen

Nicht nur die verschiedenen (staatlichen) Akteure, wie Mitgliedstaaten, Regionen und Kommunen, sind Teil der Governance-Struktur im Mehrebenensystem der EU, sondern auch die vielen *Interessengruppen*, deren Präsenz und Aktivität in Brüssel sich linear zum Kompetenzzuwachs der EU entwickelt haben. Schätzungen sprechen von bis zu 25.000 Lobbyisten, die vor Ort in der „europäischen

Hauptstadt" versuchen, die Politik der EU zu beeinflussen (Weidenfeld 2020, S. 154).

Prinzipiell haben die Interessengruppen zwei Möglichkeiten, um Einfluss auf die EU und deren Politik zu nehmen: (1) über die nationale Ebene, indem sie durch die Beeinflussung der nationalen Regierungen und der subnationalen Einheiten eine Berücksichtigung ihrer Interessen in den Verhandlungen im Rat erhoffen; (2) über die supranationale Ebene, indem sie vor Ort in Brüssel Lobbying gegenüber den EU-Institutionen betreiben (Furtak 2005, S. 75).

Bevorzugter Adressat der Einflussnahme von Interessengruppen auf EU-Ebene ist die Kommission aufgrund ihres Initiativrechts bei Gesetzgebungsvorhaben und ihrer Verwaltung von EU-Programmen, an denen die Interessengruppen oftmals partizipieren, wie z. B. im Bereich der humanitären Nothilfe und der Entwicklungshilfe. Doch auch das EP ist dank seiner gestiegenen Einflussmöglichkeiten, zuletzt durch die im Lissabon-Vertrag verankerte Ausdehnung der Politikbereiche, in denen das Parlament gleichberechtigt mit dem Rat im Rahmen des ordentlichen Gesetzgebungsverfahrens über Rechtsakte beschließt, zu einem vielversprechenden Ziel von Lobbyaktivitäten der Interessengruppen geworden. Während bei der Kommission die bevorzugten Einflusskanäle die für die Ausarbeitung eines Rechtsakts zuständigen Beamten einer Generaldirektion sind, sind es beim Parlament die Berichterstatter, die eine Stellungnahme zu einem Gesetzgebungsvorhaben der Kommission vorbereiten sowie die Vorsitzenden der thematisch einschlägigen Ausschüsse (Eising 2020, S. 687).

Die Interessengruppen (wahlweise wird synonym von Interessenvertretern oder Interessenverbänden gesprochen), die vor Ort in Brüssel eine eigene Repräsentanz unterhalten, lassen sich zwei Kategorien unterteilen. Zum einen Interessengruppen, die primär ihre eigenen *wirtschaftlichen*

Interessen bzw. die wirtschaftlichen Interessen ihrer Mitglieder vertreten. Zum anderen Interessengruppen, die im weitesten Sinne für *gemeinwohlorientierte Interessen* eintreten. Zur ersten Kategorie zählen Gewerkschaften, Arbeitgeber-, Branchen-, Bauern-, Wirtschafts- und Berufsverbände wie z. B. der Europäische Gewerkschaftsbund (EGB), die Vereinigung der Industrie- und Arbeitgeberverbände (BusinessEurope), der Europäische Landwirtschaftsverband (COPA), der Europäische Chemieverband (CEFIC) und der European Roundtable of Industrialists (ERT). Hinzu kommen Großkonzerne, wie Google, Microsoft, Facebook, Shell und Siemens sowie Anwaltskanzleien und Beratungsfirmen. Zur zweiten Kategorie der Interessengruppen zählen sogenannte zivilgesellschaftliche Organisationen bzw. NGOs wie Umweltverbände, Menschenrechtsorganisationen, Entwicklungs- und humanitäre Organisationen, Verbraucherschutz- sowie Wohlfahrtsorganisationen. Beispiele hierfür sind u. a. das Europäische Umweltbüro (EEB), WWF, Greenpeace, International, Amnesty International, Care International sowie Caritas Europa.[10]

Die Europäische Kommission versucht schon seit vielen Jahren die Interessenvertretung auf EU-Ebene zu regulieren. Startpunkt war 1992 eine Mitteilung der Kommission über einen „offenen und strukturierten Dialog zwischen der EU und den Interessengruppen". 2009 folgte die „Europäische Transparenzinitiative", die u. a. durch die Schaffung eines (freiwilligen) *Transparenzregisters* von Kommission und EP für Interessenvertreter einen Rahmen für die Beziehungen zu Interessenvertretern setzen sollte. Mit diesem Transparenzregister sollte sichergestellt werden, dass Interessenvertreter, die dauerhaften Zugang zu den EU-Institutionen, Teilnahmemöglichkeiten an öffentlichen An-

---

[10] Speziell zur Rolle von NGOs auf EU-Ebene siehe Furtak (2005).

hörungen und Informationen über sie betreffende EU-Politiken haben wollen, ihre Interessen öffentlich bekunden und Informationen über sich selbst veröffentlichen. Hierzu gehört beispielsweise, wessen Interessen sie vertreten, welches Ziel sie verfolgen und von wem sie finanziert werden.

Rechtsgrundlage für dieses seit dem 24. Juni 2011 offiziell geführten Transparenzregister ist Art. 11 Abs. 2 EUV, der festlegt, dass die Organe der EU einen „offenen, transparenten und regelmäßigen Dialog mit den repräsentativen Verbänden und der Zivilgesellschaft" pflegen. Darüber hinaus ist die Kommission gehalten, „umfangreiche Anhörungen der Betroffenen" von europäischer Politik durchzuführen (Art. 11 Abs. 3 EUV) und gemäß Art. 302 AEUV kann der Rat „die Meinung der maßgeblichen europäischen Organisationen der verschiedenen Zweige des Wirtschafts- und Soziallebens und der Zivilgesellschaft einholen, die von der Tätigkeit der Union betroffen sind".

Lange Jahre wurde darüber verhandelt, ob das Transparenzregister verpflichtenden Charakter erhalten soll und darüber hinaus auch auf den Rat auszuweiten ist. Tatsächlich trat am 01. Juli 2021 die interinstitutionelle Vereinbarung für ein verpflichtendes Register zwischen EP, Kommission und Rat in Kraft. Diese Vereinbarung gilt für Tätigkeiten, die von Interessenvertretern mit dem Ziel durchgeführt werden, auf die Formulierung oder Umsetzung von Politik oder Rechtsvorschriften oder auf die Entscheidungsprozesse der Unionsorgane Einfluss zu nehmen (Art. 3 interinstitutionelle Vereinbarung).

Zum Stichtag 09. April 2025 waren 14.048 Interessengruppen im Transparenzregister registriert. Davon vertreten rund zwei Drittel (9469) die eigenen wirtschaftlichen Interessen oder die wirtschaftlichen Interessen ihrer Mitglieder. Ein knappes Drittel (4003) vertritt nichtkommerzielle Interessen bzw. die Belange des Gemeinwohls. 574 haben das Ziel, die Interessen ihrer Kunden zu fördern (z. B. EU-

Rechtsberatungen).[11] Diese Zahlen geben bereits einen Hinweis darauf, welche Interessengruppen besonderen Einfluss auf die Governance der EU haben. Es ist jedoch nicht allein die zahlenmäßige Überlegenheit der Wirtschaftslobby, die sie zu einem einflussreichen Akteur macht. Vielmehr stehen ihr, wie sich insbesondere bei den Großkonzernen zeigt, weitaus mehr finanzielle Mittel für ihre Aktivitäten in Brüssel zur Verfügung als den NGOs. So konnten 2023 beispielsweise die Großkonzerne Meta (früher Facebook) auf 8 Mio. €, Apple auf 7 Mio. €, Bayer auf 6 Mio. €, Google auf 5,5 Mio. €, Shell auf 5,5 Mio. € und Microsoft auf 5 Mio. € für Lobbying-Zwecke zurückgreifen.[12] NGOs stehen dagegen weitaus weniger finanzielle Mittel zur Verfügung. 2022 waren es 40 % weniger im Vergleich zu den Unternehmen. Und auch bei den für einen Lobbyerfolg notwendigen Treffen mit der Europäischen Kommission dominierten die Unternehmen mit 3266 Treffen seit 2015 gegenüber 1867 Treffen auf Seiten der NGOs.[13] Eising (2020, S. 694) bestätigt diesen Befund unter Hinweis auf empirische Analysen, die zeigen, dass wirtschaftliche Interessenorganisationen tendenziell häufiger Zugang zur Kommission haben als nichtwirtschaftliche Interessengruppen. Im Hinblick auf das EP kommt dieser Unterschied allerdings nicht im gleichen Maße zum Tragen, was mit der traditionell sehr offenen Einstellung des EP gegenüber den nichtwirtschaftlichen Interessen erklärt werden kann. In einem 2024 veröffentlichten Sonderbericht kritisiert der Europäische Rechnungshof das Transparenzregister und fordert Verbesserungen hinsichtlich Transparenz und Rechen-

---

[11] https://transparency-register.europa.eu/find-out-more/statistics_de, 09.04.2025.

[12] https://corporateeurope.org/en/2023/09/big-tech-lobby-power-brussels-continues-grow, 06.02.2024.

[13] https://www.lobbycontrol.de/lobbyismus-in-der-eu/lobbyfacts-unternehmen-geben-immer-mehr-geld-fuer-lobbyarbeit-in-bruessel-aus-102201/, 06.02.2024.

schaftspflichten ein. Ferner wies er auf einen überproportionalen Einfluss der Technologielobby auf die EU-Gesetzgebung hin (Hüttemann 2024, S.183). Auch wenn Kritiker die Intransparenz des Lobbyings und die Übermacht der Interessen aus Wirtschaft und Industrie bemängeln (Weidenfeld 2020, S. 157) – Interessengruppen, gleich welcher Couleur, sind nicht mehr wegzudenken aus der Governance-Struktur der EU, denn die EU-Organe, insbesondere die Kommission, ist auf deren Expertise bei Gesetzesvorhaben angewiesen. Es ist ein gegenseitiges Geben und Nehmen (do ut des): Durch die von der Kommission ermöglichte Beteiligung, z. B. an Expertenausschüssen, können die Interessengruppen ihre Positionen dort vorbringen und hoffen, einen Gesetzesentwurf in ihrem Sinne beeinflussen zu können. Gleichzeitig kann die Kommission auf den Sachverstand der Interessengruppen zurückgreifen, deren Fachkenntnisse nutzen und so die Rechtsetzung verbessern. Letztlich wird damit das Ziel verfolgt, die Akzeptanz von EU-Gesetzen in der Bevölkerung zu steigern.

7

Demokratie in der EU, Reformvorschläge und Perspektiven

7.1 Die demokratische Legitimation der EU

So alt wie die EU ist auch die Frage nach ihrer demokratischen Legitimation. Der Grund hierfür liegt einerseits darin, dass die EU kein Staat ist und insofern nationalstaatliche Anforderungen an ein demokratisches Regieren nicht ausnahmslos auf die EU übertragen werden können. Andererseits setzt sie durch ihre Organe verbindliches Recht für die Mitgliedstaaten, sodass sich die Frage stellt, welchen Anforderungen demokratisch supranationalen Regierens sie genügen muss, welche Demokratiedefizite bestehen und wie diese abgebaut werden können.

Die Gründe, warum die EU eine demokratische Legitimation aufweisen muss, formuliert Hillgruber (2017, S. 1086) wie folgt: „Je größer der Kompetenzumfang einer supranationalen Organisation, ihre politische Gestaltungsmacht und der Grad an selbstständiger Willensbildung ihrer Organe ist, umso unabweisbarer wird die Notwendigkeit der eigenen demokratischen Legitimation der von ihr ausgeübten Hoheitsgewalt. Wenn sie – wie gegenwärtig wohl nur die Europäische Union – eine nach Art und Ausmaß staatsanaloge Hoheitsgewalt in Anspruch nimmt, muss sie – nicht weniger als die Staaten, an deren Stelle sie insoweit getreten ist – demokratisch verfasst sein."

7.1.1 Demokratie

Demokratie setzt sich aus den griechischen Wörtern „demos" (Volk) und „kratein" (herrschen) zusammen. Sie gründet auf dem Prinzip der Volkssouveränität, was bedeutet, dass das Volk Träger der Herrschaft ist – sie geht vom Volk aus, wird durch das Volk entweder unmittelbar durch Volksabstimmungen oder mittelbar durch vom Volk gewählte Organe ausgeübt und zum Nutzen des Volkes eingesetzt (Furtak 2018, S. 23 f.). Dieses Verständnis von Demokratie entspricht der berühmten Gettysburg-Address von Abraham Lincoln aus dem Jahre 1863, der Demokratie als „government of the people, by the people, for the people" bezeichnete.

Die EU selbst hat sich in ihrem Primärrecht über das in Art. 2 Abs. 1 EUV verankerte Strukturprinzip der Demokratie hinaus zu demokratischen Grundsätzen verpflichtet (Art. 9-Art. 12 EUV). Nach Art. 10 Abs. 1 EUV beruht die EU auf dem Prinzip der repräsentativen Demokratie. Art. 10 Abs. 2 EUV normiert zwei Quellen demokratischer Legitimation: (1) die unmittelbare Vertretung der Unionsbürgerinnen und Unionsbürger auf EU-Ebene durch das EP und (2) die Vertretung der Mitgliedstaaten und deren Völker auf EU-Ebene im Europäischen Rat und im Rat. Art. 10 Abs. 3 EUV stärkt das Prinzip der repräsentativen

Demokratie durch die Betonung des Rechts der Bürgerinnen und Bürger auf Teilnahme am demokratischen Leben der EU, was die Mitwirkung an der politischen Meinungsbildung und am Entscheidungsprozess miteinschließt. Art. 11 EUV konkretisiert den Dialog zwischen EU-Organen und den Unionsbürgerinnen und Unionsbürgern, wobei die in Absatz 4 eingeführte Europäische Bürgerinitiative als dritte Quelle demokratischer Legitimation ein direktdemokratisches Element darstellt. Art. 12 EUV sieht abschließend die Mitwirkung der nationalen Parlamente vor, insbesondere hinsichtlich der Beachtung des Subsidiaritätsprinzips (Heger et al. 2023, S. 13; Plottka und Rebmann 2023, S. 142).

7.1.2 Legitimation

Bei der Auseinandersetzung mit der Legitimation von Politik wird zwischen Input-Legitimation und Output-Legitimation unterschieden. Beide Konzepte stammen aus einer von Fritz W. Scharpf 1999 konzipierten und vielfach rezipierten komplexen Demokratietheorie.[1] Bei *Input-Legitimation* werden Entscheidungen der Regierenden dann als legitim wahrgenommen, wenn die Bürgerinnen und Bürger in den Entscheidungsprozess einbezogen werden und ihre Interessen dadurch in die Politikgestaltung einfließen („government by the people"). *Output-Legitimation* liegt demgegenüber dann vor, wenn sich die Politik der Regierenden am Wohlergehen der Bürgerinnen und Bürger ausrichtet und dadurch gemeinwohlorientierte Lösungen verfolgt werden („government for the people").

---

[1] Scharpf, Fritz W.: Regieren in Europa: Effektiv und demokratisch? Frankfurt a. M./New York 1999.

Um den Besonderheiten der EU (u. a. dem Mehrebenensystem, Zusammenspiel von nationalen und supranationalen Institutionen im Politikprozess, Verhandeln hinter geschlossenen Türen im Rahmen des Trilogs) gerecht zu werden, hat Vivien Schmidt 2013[2] eine dritte Dimension von Legitimation eingeführt – die *Throughput-Legitimation*, auch prozess-orientierte Legitimation genannt. Im Mittelpunkt dieser Dimension steht die Prozessqualität (Transparenz, Zugänglichkeit, Rechenschaftspflicht), die sich als legitimationsfördernd im Hinblick auf die Akzeptanz bindender Kollektiventscheidungen erweisen kann (Abels 2020, S. 181; von Ondarza 2023, S. 10). In den Worten von Schmidt (2019, S. 245) erfasst die Troughput-Legitimation „(…) jene Einrichtungen und Vorgänge eines politischen Systems, die den Input weiterleiten, filtern, versickern lassen oder umformen, beispielsweise zu einem Gesetz".

7.1.3 Demokratiethesen und EU

Mit Blick auf die demokratische Legitimation der EU haben sich zwei widerstreitende Sichtweisen herausgebildet: Zum einen die *Demokratie-These*, der zufolge die EU über eine hinreichende demokratische Legitimation verfügt, zum anderen die *Demokratiedefizit-These*, die Mängel in der demokratischen Legitimation der EU konstatiert (Schmidt 2019, S. 430).

Die Vertreter der Demokratie-These begründen ihre Auffassung einer demokratisch legitimierten EU mit dem Argument, dass die Herren der Verträge, also die Mitglied-

---

[2] Schmidt, Vivien A.: Democracy and Legitimacy in the European Union Revisited: Input, Output and Throughput, in: Political Studies 61. Jhg., Heft 1 (2013), S. 2–22.

staaten, hinreichend demokratisch verfasst sind. Hinzu kommt, dass die EU aus Verträgen hervorgegangen ist, die von demokratisch gewählten Regierungen ausgehandelt und durch die Zustimmung der nationalen Parlamente legitimiert wurden, dass die Legitimationskette von den Bürgerinnen und Bürgern der Mitgliedstaaten zu den EU-Institutionen zwar lang, gleichwohl ununterbrochen ist und durch den Kompetenzzuwachs des EP eine zusätzliche Stärkung erfahren hat (Schmidt 2019, S. 430).

Eine weitere Argumentation, die ebenfalls der EU demokratische Legitimation attestiert, hat ihren Ursprung im Maastricht-Urteil des BVerfG von 1993. Damals hat das oberste deutsche Gericht die EU als einen Staatenverbund bezeichnet und damit klargemacht, dass es sich bei der EU nicht um einen Staat handelt. Dies hat zur Folge, dass an die EU nicht die gleichen Anforderungen hinsichtlich ihrer demokratischen Verfasstheit gestellt werden dürfen wie an einen Nationalstaat. Das BVerfG-Urteil zum Vertrag von Lissabon aus dem Jahre 2009 bekräftigte zudem, dass solange die EU ein Zusammenschluss souveräner Staaten bleibt, dessen Handeln der Ermächtigung durch die Mitgliedstaaten bedarf und die Bürgerinnen und Bürger der Mitgliedstaaten die Subjekte demokratischer Legitimation sind, kann gar kein Demokratiedefizit der EU entstehen (ebd., S. 432).

Hingegen kritisieren Vertreter der Demokratiedefizit-These, dass die EU in entscheidenden Aspekten Defizite in ihrer demokratischen Legitimation aufweist. Zum Begriff des Demokratiedefizits stellt Große Hüttmann (2019, S. 222) fest: „Der Begriff beschreibt eine ganze Bandbreite von tatsächlichen und vermeintlichen Mängeln und Defiziten der demokratischen Legitimation (…)." Es stellt sich also die Frage, welche konkreten Mängel und Defizite an demokratischer Legitimation die EU aufweist, an denen das Demokratiedefizit konkret festgemacht werden kann.

Die Vertreter der Demokratiedefizit-These unterscheiden in der Regel zwischen einem strukturellen[3] und einem institutionellen Demokratiedefizit.

7.1.4 Strukturelles Demokratiedefizit der EU

Unter dem *strukturellen Demokratiedefizit* versteht man im Allgemeinen das Fehlen eines europäischen Staatsvolks – eines *europäischen Demos*. Damit einher geht auch das Fehlen einer kollektiven europäischen Identität sowie das Fehlen einer europäischen Öffentlichkeit und Medienlandschaft (Große Hüttmann 2019, S. 222; Schmidt 2019, S. 434).

Insbesondere die These eines fehlenden europäischen Staatsvolks und der daraus abgeleitete Mangel einer demokratischen Verfasstheit der EU sind Gegenstand widerstreitender Sichtweisen in der politik- und rechtswissenschaftlichen Forschung. Wie vom BVerfG 1993 dargelegt, ist die EU kein Staat, sondern ein auf dem Willen der Mitgliedstaaten gründender Staatenverbund, der gegenwärtig 27 Staatsvölker umfasst. Daraus schlussfolgern Vertreter der sogenannten *no-demos-These*,[4] dass durch das Fehlen *eines* europäischen Volks keine ethnisch-kulturell homogene Nation vorhanden ist und es deshalb an der notwendigen Quelle demokratischer Legitimation der EU fehlt – auf eine Kurzformel gebracht: ohne demos – keine Demokratie. Hinzu kommt, worauf Peter Graf Kielmansegg bereits 1995[5] und in späteren Schriften hingewiesen hat, dass es

---

[3] Synonym: substanzielles Demokratiedefizit.
[4] Siehe u. a. Kielmansegg, Peter Graf: Integration und Demokratie, in: Jachtenfuchs, Markus/Kohler-Koch, Beate (Hrsg.): europäische Integration, Opladen 1996, S. 47–71.
[5] Kielmansegg, Peter Graf: Läßt sich die Europäische Union demokratisch verfassen?, in: Weidenfeld, Werner (Hrsg.): Reform der Europäischen Union. Materialien zur Revision des Maastrichter Vertrags 1996, Gütersloh 1995, S. 229–242.

der EU an einer für ein Staatsvolk charakteristischen kollektiven Identität mangelt, die sich durch eine Kommunikations-, Erfahrungs- und Erinnerungsgemeinschaft herausbildet: „Europa, auch das engere Westeuropa ist keine Kommunikationsgemeinschaft, kaum eine Erinnerungsgemeinschaft und noch immer nur sehr begrenzt eine Erfahrungsgemeinschaft" (2009, S. 228). Dem kann allerdings aus gegenwärtiger Sicht entgegengehalten werden, dass durch die vielen Krisen der EU (Polykrise) – beginnend mit der Finanzkrise 2009 – ein Prozess zu beobachten ist, „der als ‚Europäisierung' der nationalen Kommunikations- und Diskursräume beschrieben werden kann" (Große Hüttmann 2019, S. 222). Mit der Covid-19-Krise 2020–2022 und mit der (im besonderen Maße in den ost- und nordeuropäischen EU-Mitgliedstaaten) wahrgenommenen Bedrohung durch Russlands Überfall auf die Ukraine am 24. Februar 2022 lässt sich argumentieren, dass sich die Basis für eine Erfahrungsgemeinschaft bildet, die Aussicht hat in eine europäische Identität zu münden.

Die *no-demos-These* ist vielfach zurückgewiesen worden. Argumentiert wird, dass es für die Konzeptionalisierung der EU als Demokratie keine Übertragung nationalstaatlich geprägter Vorstellungen geben darf. Die mit der Demokratie verbundene Volkssouveränität kann nicht mit dem Bestehen einer Nation gleichgesetzt werden, was zur Folge hat, dass Demokratie außerhalb eines Nationalstaates zu existieren vermag und die Unionsbürgerinnen und Unionsbürger gleichzeitig den für das Vorhandensein einer Demokratie notwendigen demos darstellen können (Heger et al. 2023, S. 11). Czauderna (2019, S. 34) ergänzt, dass die no-demos These deshalb nicht überzeugen kann, weil die Geschichte gezeigt hat, dass ein (Staats-)Volk nicht notwendigerweise vor der Herausbildung einer Demokratie existent sein muss. Stattdessen schafft erst die Demokratie die Voraussetzung für ein Gefühl der Zusammengehörigkeit der Menschen, wodurch sich eine ein Staatsvolk kennzeichnende Identität entwickelt. Im Übrigen zeigt das Beispiel der Schweiz, dass Staatsvolk und Identität nicht deckungsgleich sein müssen. So gibt es kein schweizerisches Volk, wohl aber eine schweizerische Identität.

Zur Lösung des Widerstreits zwischen den Verfechtern der no-demos bzw. der Demokratiedefizit-These und denjenigen, die von der demokratischen Verfasstheit der EU überzeugt sind, schlägt Kleger (2018, S. 414) vor „einen neuen Bewertungsmaßstab an die Europäische Union anzulegen". Dieser könnte, so von Bogdandy (2023, S. 24), in der „Rekonstruktion der Demokratie jenseits eines Staatsvolks, eines Nationalstaates" liegen. Eine solche neue Sichtweise kann mit dem Konzept der *Demoikratie* gelingen, welches im Unterschied zum Konzept der auf die Herrschaft des Volkes basierenden Demokratie auf die Herrschaft der Völker der 27 EU-Mitgliedstaaten abstellt. Mit der neuen Terminologie Demoikratie als Demokratie der Völker wird der Realität Rechnung getragen, dass es in der EU kein einheitliches Volk mit einer gefestigten kollektiven Identität gibt (Kleger 2018, S. 414).

Entwickelt wurde das Konzept der Demoikratie von Kalypso Nicolaidis, die die Kritik an bestehenden Ansätzen, die stets von einem einheitlichen Volksbegriff ausgehen, aufgriff und 2013 formulierte: „The idea of European demoicracy is seductively simple: a Union of peoples who govern together, but not as one" (S. 351). Eine rechtliche Grundlage findet die Demoikratie, die Herrschaft der Völker, im EUV, der zwar kein europäisches Volk kennt, dafür aber sowohl in Art. 1 S. 2 auf die „Verwirklichung einer immer engeren Union der *Völker Europas*" (Hervorhebung nicht im Original) verweist und darüber hinaus in Art. 3 Abs. 1 die Völker der Mitgliedstaaten als Völker der Union begreift (von Bogdandy 2023, S. 24).

Das Fehlen einer europäischen Öffentlichkeit und Medienlandschaft als drittes Element eines strukturellen Demokratiedefizits wird vergleichsweise weniger stark kontrovers diskutiert. Öffentlichkeit kann als ein Raum verdichteter politischer Kommunikation verstanden werden, der aber einen Bezug zur Legitimation politischer Herrschaft hat (Brüggemann et al. 2009, S. 394). Eine europäische Öffentlichkeit liegt dann vor, wenn die gleichen Themen unter gleichen Relevanzgesichtspunkten gleichzeitig in unterschiedlichen Ländern diskutiert werden (Franzius und Preuss 2012, S. 127) und damit ein europaweiter öffentlicher Diskussions- und Kommunikationsprozess in Gang gesetzt wird, der einen gemeinsamen europäischen Blick auf Ereignisse ermöglicht, die grenzüberschreitend von Interesse sind. Hierzu bedarf es transnationaler europäischer Medien, die sich explizit an Publika jenseits nationaler Grenzen richten (Brügemann et al. 2009, S. 396), von denen es aber – und das ist Konsens in der Forschungsgemeinde – nur wenige gibt. Hierzu gehören der 1991 gegründete deutsch-französische Fernsehsender Arte und der 1993 aus einer Kooperation verschiedener nationaler Fernsehanstalten hervorgegangene Sender Euronews (ebd., S. 397). 1999 hinzugekommen ist Euractiv als unabhängiges paneuropäisches Mediennetzwerk, das auf die Berichterstattung von EU-Angelegenheiten spezialisiert ist.

Zur Kompensation einer fehlenden europäischen Öffentlichkeit ist allerdings eine langsame Europäisierung der nationalen Berichterstattung zu beobachten. Nationale Medien informieren mittlerweile zunehmend über mitgliedstaatliche Wahlen, Regierungswechsel und andere wichtige Ereignisse (Thiele 2024, S. 89). Darüber hinaus wird über die Politik der EU berichtet, weil die auf europäischer Ebene getroffenen Entscheidungen Einfluss auf alle 27 Mitgliedstaaten haben und die Unionsbürgerinnen und

Unionsbürger damit zu einer Art Schicksalsgemeinschaft werden (Czauderna 2019, S. 55). Das wiederum fördert die Entstehung einer kollektiven europäischen Identität.

Im Ergebnis lässt sich unabhängig davon, ob man der no-demos-These zustimmt oder nicht, hinsichtlich eines strukturellen Demokratiedefizits der EU feststellen: „Die Unionsbürger haben bislang weder eine ausgeprägte kollektive Identität entwickelt, noch kann von einer transnationalen europäischen Öffentlichkeit die Rede sein. Die demokratische Legitimation europäischer Herrschaftsgewalt ist also schon aus diesen Gründen weiterhin vergleichsweise ‚defizitär'" (Czauderna 2019, S. 57).[6]

7.1.5 Institutionelles Demokratiedefizit der EU

Nach dem Befund über das strukturelle Demokratiedefizit stellt sich die Frage, wie es um das *institutionelle Demokratiedefizit* der EU bestellt ist. Kielmansegg (2009, S. 224) konstatiert: „Das Demokratiedefizit der EU ist zwar in aller Munde, aber so evident, wie es manchem erscheint, ist es auch wieder nicht." Zur Begründung verweist er darauf, dass die (Reform-)Verträge von den Mitgliedstaaten ordnungsgemäß ratifiziert wurden, dass das EP direkt aus demokratischen Wahlen hervorgeht und dass im Ministerrat nur Vertreter ihrer Regierungen sitzen, die über ein demokratisches Mandat verfügen. Zudem wird die Kommission von demokratisch legitimierten Regierungen unter Beteiligung des EP eingesetzt und vom EP kontrolliert (ebd., S. 225).

---

[6] Bei einer Eurobarometer-Umfrage im Herbst 2024 gaben nur knapp über die Hälfte der Befragten (54 %) an, mit dem Funktionieren der Demokratie in der EU entweder sehr zufrieden oder ziemlich zufrieden zu sein. 42 % zeigen sich nicht sehr zufrieden oder überhaupt nicht zufrieden. Siehe: https://europa.eu/eurobarometer/surveys/detail/3215?etrans=de, 09.12.2024.

Um die Frage nach dem institutionellen Demokratiedefizit zu beantworten, eignet sich eine Analyse, inwieweit die am Gesetzgebungsverfahren beteiligten EU-Institutionen – EP, Rat und Kommission – tatsächlich demokratisch verantwortlich bzw. demokratisch legitimiert sind. Mängel bezüglich *Verantwortlichkeit und Legitimation des EP*, das gemäß Art. 10 Abs. 2 S. 1 EUV die Bürgerinnen und Bürger auf EU-Ebene unmittelbar vertritt, ergeben sich durch fehlende Wahlgleichheit, fehlende Repräsentationsfähigkeit und fehlende Kompetenzen.

Die Mitglieder des EP, die gemäß Art. 14 Abs. 3 EUV in allgemeiner, unmittelbarer, freier und geheimer Wahl gewählt werden, sind den Unionsbürgerinnen und Unionsbürgern gegenüber unmittelbar demokratisch verantwortlich. Die Wahl erfolgt jedoch nicht auf Grundlage eines einheitlichen europäischen Wahlrechts, sondern in einer Verhältniswahl nach nationalen Wahlgesetzen mit der Folge, dass Zähl- und Erfolgswert der Stimmen von Mitgliedstaat zu Mitgliedstaat unterschiedlich ausfallen können (Siebke 2018, S. 117). Hinzu kommt das Problem der degressiven Proportionalität, die in Art. 14 Abs. 2 EUV festgeschrieben ist. Wie in Abschn. 4.1 bereits aufgezeigt wurde, bedeutet degressive Proportionalität, dass bevölkerungsreiche Mitgliedstaaten im Verhältnis weniger Vertreter in das EP entsenden als weniger bevölkerungsreiche. Damit haben Stimmen von Unionsbürgerinnen und Unionsbürgern in kleinen Mitgliedstaaten ein höheres Gewicht als Stimmen von Unionsbürgerinnen und Unionsbürgern in großen Mitgliedstaaten, womit der Grundsatz der Wahlgleichheit, der in Deutschland in Art. 38 Abs. 1 GG verankert ist, verletzt wird (Czauderna 2019, S. 148).

Gleichwohl kann die *fehlende Wahlgleichheit* als Besonderheit der EU hingenommen werden (ebd.). Zum einen aus pragmatischer, funktioneller Sicht, denn eine Proportionalität bei der Verteilung von Sitzen im EP ist bei

27 Mitgliedstaaten, deren Unterschiede in der Bevölkerungsgröße so eklatant sind, schlichtweg nicht umsetzbar. Zum anderen, worauf von Bogdandy (2023, S. 30) hinweist, entspricht die Überrepräsentation der Bevölkerungen kleiner Mitgliedstaaten, wie in anderen Föderationen auch, den Grundsätzen des Pluralismus und des Schutzes von Minderheiten, so wie z. B. die Überrepräsentation der dänischen und sorbischen Minderheit im deutschen Wahlrecht. Daraus folgert er: „Die degressive Proportionalität beruht auf guten demokratischen Gründen, sie ist kein Verrat des demokratischen Prinzips" (ebd.). Unterstützung erhält von Bogdandy von Czauderna (2019, S. 148), der die degressiv-proportionale Verteilung der Sitze im EP mit dem Argument rechtfertigt, „dass sie dem demokratischen Selbstverständnis der Unionsbürger eine ‚föderale Dimension'" gibt.[7]

Die *fehlende Repräsentationsfähigkeit des EP* hat ihren Ursprung darin, dass die Wahlen zum EP von vielen Bürgerinnen und Bürgern als nationale Nebenwahlen oder Wahlen 2. Klasse wahrgenommen werden, was sich regelmäßig in einer niedrigen Wahlbeteiligung im Vergleich zu nationalen Wahlen niederschlägt. So lag die Beteiligung bei den EP-Wahlen 1999, 2004, 2009 und 2014 unter 50 %, 2019 und 2024 knapp darüber. Die Gründe für die niedrige Wahlbeteiligung sind vielschichtig. Es gibt keine europäischen Parteien, die im Vorfeld von EP-Wahlen die Wählerinnen und Wähler mit alternativen Politikkonzepten umwerben, sondern es treten in jedem Mitgliedstaat nur die jeweils bekannten nationalen Parteien mit ihren bekannten Programmen gegeneinander an (Abels 2020, S. 180). Darüber hinaus ist die Bedeutung der EP-Wahlen vielen Bürgerinnen und Bürgern noch nicht hinreichend bekannt,

---

[7] Die Zahl der Sitze der einzelnen Mitgliedstaaten im EP und ihre jeweilige Bevölkerungsgröße zeigt Tab. 4.1.

weshalb sie eine Stimmabgabe als nicht so relevant ansehen. Ein weiteres Problem ergibt sich daraus, dass bei EP-Wahlkämpfen nicht europäische, sondern nationale Themen im Mittelpunkt stehen. Czauderna (2019, S. 149) weist zudem darauf hin, dass eine Europäisierung der nationalen Wahlprogramme erst nach der Wahl erfolgt, wenn sich die nationalen Parteien im EP zu Fraktionen zusammenschließen. Weil die Fraktionen aber keinen Einfluss auf das Wahlprogramm der nationalen Parteien haben, die nationalen Parteien jedoch wiederum keinen Einfluss auf das Parlament haben, ist der Einfluss, den Wähler mit ihrer Stimme auf das EP und dessen Politik ausüben, als marginal einzustufen. Kielmansegg (2009, S. 225) geht sogar noch ein Stück weiter, wenn er feststellt: „Das Parlament muss sich entgegenhalten lassen, dass eine Steuerung europäischer Politik durch den Wähler über die Wahlen zum EP faktisch unmöglich ist (…)."

Als Ursache für ein Legitimationsdefizit bleiben schließlich die *fehlenden Kompetenzen des EP* bzw. dessen Kompetenzgrenzen. Seit der ersten Direktwahl 1979 hat das EP zwar deutlich an Kompetenzen gewonnen, zuletzt durch den Vertrag von Lissabon. Es ist neben dem Rat (fast) gleichberechtigtes Legislativorgan der EU, besitzt Haushaltsbefugnisse und Kontrollrechte und muss internationalen Verträgen der EU und Beitrittsverträgen zur Erweiterung der EU zustimmen. Gleichwohl fehlt dem EP mit dem Initiativrecht ein elementares Recht, dass für nationale Parlamente in Demokratien selbstverständlich ist. Dies hat zur Folge, dass das EP selbst keine Gesetzesinitiativen in das Gesetzgebungsverfahren einbringen kann. Es hat gemäß Art. 225 AEUV lediglich das Recht, die Kommission, die als einziges EU-Organ das Initiativrecht besitzt, aufzufordern einen Gesetzesentwurf zu erarbeiten. Darüber hinaus fehlt dem EP das formale Recht auf Wahl und Abwahl der Exekutive. Allerdings bedarf der vom Europäischen Rat vorgeschlagene Präsident der Kommission der Zustimmung des EP, ebenso wie im weiteren Verlauf des Verfahrens die sonstigen Mitglieder der Kommission. Darüber hinaus kann das EP mittels eines Misstrauensvotums die Kommission zum Rücktritt zwingen (s. Abschn. 4.1.2; Schmidt 2019, S. 433).

Des Weiteren gilt es die *Verantwortlichkeit und Legitimation des Rates* zu überprüfen. Zunächst kann festgestellt werden, dass die Mitglieder des Rates durch nationale Wahlen ins Amt gesetzt werden und damit ihre jeweiligen Mitgliedstaaten, wie es Art. 10 Abs. 2 S. 2 EUV vorsieht, auf europäischer Ebene legitim vertreten. Während sie auf nationaler Ebene Teil der Exekutive sind, sind sie auf EU-Ebene Teil der Legislative. Funktional haben sie eine „Doppelnatur", weil sie auf der einen Seite als Vertreter der Mitgliedstaaten in nationalem, als Mitglieder im Rat in supranationalem Interesse handeln (Siebke 2018, S. 145). Gegenüber ihren nationalen Parlamenten sind die im Rat vertretenen Fachministerinnen und Fachminister politisch verantwortlich und daher zumindest mittelbar legitimiert (Czauderna 2019, S. 110). Darüber hinaus sind sie über die jeweiligen Regierungschefinnen und Regierungschefs, von denen sie ausgewählt wurden, personell legitimiert (Siebke 2018, S. 146). Allerdings werden die Regierungen, die im Rat für ihre Mitgliedstaaten handeln und Gesetze beschließen, nicht in Wahlen bestellt, welche die europäische Politik und den Diskurs über den weiteren Verlauf der europäischen Integration in den Mittelpunkt der parteipolitischen Auseinandersetzung rücken. Hierdurch fällt der Legitimitätstransfer von den Mitgliedstaaten auf die Union nur sehr dürftig aus (Kielmansegg 2009, S. 225).

Darüber hinaus mangelt es an Transparenz des Rates und damit einhergehend an politischer Verantwortlichkeit seiner Mitglieder gegenüber ihren nationalen Parlamenten. Nach Art. 16 Abs. 8 EUV tagt der Rat zwar öffentlich, wenn er über Entwürfe zu Gesetzgebungsakten berät und abstimmt, allerdings gilt das Prinzip der Öffentlichkeit nicht für den AStV, der die Ratssitzungen inhaltlich vorbereitet und Kompromisse zwischen den Mitgliedstaaten aushandelt (s. Abschn. 4.3.1). Damit kann jedwede Kompromissfindung im AStV öffentlich nicht nachvollzogen werden, was die Legitimation der später von den Ministerinnen und Ministern im Rat auf Basis der Kompromisse getroffenen Entscheidungen schwächt (Czauderna 2019, S. 153 f.).

Der Legitimationstransfer wird weiter geschwächt durch die in Art. 16 Abs. 3 EUV fixierte Regelung, wonach der Rat, wenn nichts Anderes festgelegt ist, mit qualifizierter Mehrheit beschließt. Umso mehr Entscheidungen im Rat mit qualifizierter Mehrheit getroffen werden, wodurch einzelne Staaten überstimmt werden können, desto mehr verliert die demokratische Bindewirkung über die nationalen Regierungen an Kraft (Kielmansegg 2009, S. 225; von Ondarza 2023, S. 9). Im Ergebnis können somit selbst nationale Regierungen von nationalen Parlamenten nicht verantwortlich gemacht werden, wenn diese durch Mehrheitsentscheidungen im Rat überstimmt werden (Kleger 2018, S. 405).

Es bleibt abschließend die *Verantwortlichkeit und Legitimation der Kommission* zu untersuchen. Obwohl die Kommission durch das ihr alleinig zustehende Initiativrecht einen großen Einfluss auf die Gesetzgebung der EU besitzt und daher demokratischer Legitimation bedarf, bewegt sie sich weit weg von jedem Wählervotum. Denn die Wahlen zum EP haben keinen erkennbaren und berechenbaren Bezug zur Kommission. An diesem Befund ändert auch nicht, dass gemäß Art. 17 Abs. 7 S. 1 EUV der Europäische Rat bei seinem Vorschlag für das Amt des Kommissionspräsidenten die Ergebnisse der Wahlen zum EP berücksichtigen muss (Kielmansegg 2009, S. 225).

Die Kommission besitzt allenfalls eine mittelbare Legitimation über die Mitgliedstaaten und die anderen EU-Organe. So schlagen die demokratisch gewählten Regierungen Personen für das Amt eines Kommissars bzw. einer

Kommissarin vor. Im Einvernehmen mit dem Rat wählt sodann der Kommissionspräsident aus den Vorschlägen der Mitgliedstaaten alle übrigen Mitglieder der Kommission aus (Art. 17 Abs. 7 EUV). Das designierte Kollegium muss sich schließlich als Ganzes dem Zustimmungsvotum des EP stellen (s. Abschn. 4.4.1; Czauderna 2019, S. 112). Durch die Einbindung des Parlaments in die Auswahl des Kommissionspräsidenten und der Kommissionsmitglieder hat die Kommission allerdings eine Stärkung der personellen Legitimation erfahren (Siebke 2018, S. 152).

Auch die demokratische Verantwortlichkeit der Kommission ist nur schwach ausgeprägt. Zwar stehen den Abgeordneten des EP formal eine ganze Reihe von parlamentarischen Kontrollmöglichkeiten gegenüber der Kommission zur Verfügung, vom Fragerecht (Art. 230 Abs. 2 AEUV), über die Einsetzung von Untersuchungsausschüssen (Art. 226 AEUV) bis hin zur Möglichkeit, die Kommission über ein Misstrauensvotum abzusetzen (Art. 17 Abs. 8 EUV i. V. m. Art. 238 AEUV). Allerdings mangelt es der Beziehung zwischen EP als Legislative und Kommission als Exekutive einer für parlamentarische Systeme typischen Konstellation. Der Dualismus zwischen einer die Regierung tragenden Parlamentsmehrheit und einer Opposition, die bei den nächsten Wahlen die Regierung ablösen will, ist auf europäischer Ebene nicht vorhanden. So geht die Kommission nicht, wie nationale Regierungen, aus dem Parlament hervor und wird von diesem auch nicht gestützt. Deshalb können bekannte Anforderungen parlamentarischer Kontrolle nicht auf die EU übertragen werden (Czauderna 2019, S. 156).

Im Ergebnis ist damit festzustellen: Zum bereits konstatierten strukturellen Demokratiedefizit tritt ein institutionelles Demokratiedefizit hinzu, weil es den für die europäische Gesetzgebung relevanten EU-Organen EP, Rat und Kommission an demokratischer Verantwortlichkeit und

Legitimation mangelt. Keines der EU-Organe – und hier ist der Europäische Rat miteinzuschließen – besitzt nachhaltige Kontrollrechte gegenüber den jeweils anderen Organen. Ähnlich verhält es sich mit der Rechenschaftspflicht. Es gibt keine Verfahren, Regierungsvertreter (in Rat, Europäischem Rat und Kommission) für ihre Entscheidungen auf europäischer Ebene zur Verantwortung ziehen zu können. Auch der Ausbau der Rechte der nationalen Parlamente durch den Vertrag von Lissabon hat die demokratische Kontrolle der EU-Organe nur unwesentlich gestärkt (Tömmel 2014, S. 275).

Wie ist nun mit diesem Dilemma umzugehen? Die EU bedarf demokratischer Legitimation, aber sie ist nicht wirklich oder jedenfalls nur in begrenztem Maße demokratiefähig. Bei allen Forderungen und Überlegungen, die benannten Defizite abzubauen, muss immer bedacht werden, dass es sich bei der EU nicht um einen Staat, sondern um ein *politisches System sui generis* handelt und deshalb die Anforderungen demokratischer Verantwortlichkeit und demokratischer Legitimation nicht eins zu eins von der nationalen Ebene übertragbar sind. Diese Klarstellung entbindet jedoch nicht von der Aufgabe nach Möglichkeiten zu suchen, die diagnostizierten Demokratiedefizite der EU- Schritt für Schritt abzubauen. Vielmehr unterstreicht sie die Notwendigkeit hierzu.

7.2 Ansatzpunkte zum Abbau der Demokratiedefizite der EU

Das strukturelle Demokratiedefizit ist – und dies muss eingeräumt werden – über kurz oder lang nicht abzubauen, geschweige denn ganz zu beheben. Eine kollektive europäische Identität gibt es nicht und wird es in absehbarer Zeit auch nicht geben, ebenso wenig wie ein gemeinschaftlich geteiltes „Wir-Gefühl" der Europäer. Schon die Gründungsländer der ehemaligen EG haben es nicht geschafft, eine gemeinsame europäische Identität aufzubauen. Und der Prozess, den es hierfür bedarf, braucht Jahrzehnte und erfährt mit jeder Erweiterung eine Verlangsamung (Kielmansegg 2009, S. 228).

Bei der Herausbildung einer europäischen Öffentlichkeit ist etwas mehr Optimismus angezeigt, zumal es im Vorfeld der EP-Wahlen am 09. Juni 2024 bereits europaweite Diskussionen darüber gegeben hat, inwieweit sich ein prognostiziertes Erstarken der Rechtspopulisten im EP auf den weiteren Verlauf der europäischen Integration auswirken könnte. Auch wenn das Fehlen einer gemeinsamen Sprache immer ein Hindernis bleiben wird, ist es nicht ausgeschlossen, ja sogar wahrscheinlich, dass sich die europäische Medienlandschaft sukzessive erweitert und es zu einem verstärkten öffentlichen Diskurs von europäischer Politik kommt. Denkbar sind in diesem Zusammenhang eine mit öffentlichen Mitteln finanzierte europäische Zeitung bzw. Wochenzeitschrift, die Themen aus allen 27 Mitgliedstaaten behandelt. Ferner die Gründung einer europäischen Fernseh-Talkshow sowie die Errichtung einer EU-Rundfunkplattform (Thiele 2024, S. 89 f.).

Mit Blick auf das institutionelle Demokratiedefizit gibt sich Kielmansegg (2009, S. 231) ernüchtert: „Es gibt keine Möglichkeit der institutionellen Auflösung des Dilemmas. Die EU wird einstweilen mit ihm leben müssen." Diesem Befund ist zuzustimmen, gleichwohl kann an einigen Stellschrauben gedreht werden, um das institutionelle Demokratiedefizit zumindest partiell abzubauen. Hier lohnt es sich, auf die Theorie der Input-Legitimation von Scharpf mit Blick auf die Beteiligungsmöglichkeiten für die Unionsbürgerinnen und Unionsbürger am politischen Prozess zurückzukommen. Ankerpunkt für die Berücksichtigung von Interessen der Bürgerinnen und Bürger ist das von ihnen unmittelbar gewählte EP, an dessen zuvor diskutierten Defiziten, wie Wahlungleichheit und Kompetenzgrenzen, anzusetzen ist. Ferner kann die Input-Legitimation durch Offenheit und Transparenz der Institutionen sowie über Instrumente direkter Demokratie gestärkt werden.

7.2.1 Einheitliches europäisches Wahlrecht

Die schwache Ausprägung der Input-Legitimation des EP über Wahlen könnte mit Hilfe von Reformen gestärkt werden. Vorstellbar ist die *Einführung eines einheitlichen europäischen Wahlrechts* mit europaweiten Wahlen, bei denen europäische transnationale Parteien auf dem Wahlzettel und im Wettbewerb miteinander stehen. Mit einer auf Grundlage des Wettbewerbs europäischer Parteien durchgeführten EP-Wahl lägen nicht mehr nationale, sondern europäische Themen im Mittelpunkt der Wahlauseinandersetzung, was auch der Herausbildung einer europäischen Öffentlichkeit dienen würde. Nach der Konstituierung des EP könnte die unmittelbare Wahl des Kommissionspräsidenten durch die Abgeordneten ohne die Notwendigkeit eines vorherigen Vorschlags durch den Europäischen Rat erfolgen. Dies würde nicht nur dessen Legitimation, sondern auch die der gesamten Kommission stärken.

7.2.2 Stärkung des EP

Eine Stärkung der Input-Legitimation würde sich mit einer *Stärkung des EP* erreichen lassen. Denkbar – und bereits von Wissenschaft und Öffentlichkeit vielfach eingefordert – ist die Einführung des Initiativrechts auch für das EP, sodass unmittelbar aus der Mitte des Parlaments heraus Gesetzesvorschläge in das Gesetzgebungsverfahren eingebracht werden können und das Parlament stärker als zuvor den politischen Prozess beeinflussen kann.[8] Darüber hinaus sind die Beteiligungslücken des EP in wichtigen Bereichen der EU-Politik zu schließen. Beispielhaft sei hier auf Nicolai von Ondarza verwiesen, der in einer Untersuchung nachgewiesen hat, dass das EP 2020 bei der auf den Notstandsartikel 122 AEUV gestützten gemeinsamen Impfstoffbeschaffung, dem Kurzarbeitergeld-Programm SURE (Support to mitigate Unemployment Risks in an Emergency) und dem Corona-Wiederaufbaufonds NGEU keine oder nur eine marginale Rolle gespielt hat. In den Worten des Politikwissenschaftlers (2023, S. 332): „Analysiert man die Input-Legitimation der drei Entscheidungsprozesse, bedeutet die Nutzung von Artikel 122 als Rechtsgrundlage aber auch, dass das Europäische Parlament in allen Fällen weitgehend außen vor war."

In Zeiten der Krise übernimmt die Exekutive, so ein viel zitierter Spruch. Die Rechtsgrundlage für das Tätigwerden der Exekutive bildet Art. 122 AEUV. Dieser ermächtigt in Absatz 1 zum Beschluss von Maßnahmen, insbesondere falls gravierende Schwierigkeiten in der Versorgung von Waren, vor allem im Energiebereich, auftreten.[9] In Absatz 2 gewährt er den Mitgliedstaaten bei Naturkatastrophen oder außergewöhnlichen Ereignissen einen finanziellen Beistand der Union. Bei Maßnahmen im Sinne von Art. 122 Abs. 1 AEUV entscheidet nur der Rat auf Vorschlag der Kommission. Bei der Gewährung einer finanziellen Unterstützung im Sinne von Art. 122 Abs. 2 AEUV wird das EP vom Beschluss des Rates lediglich unterrichtet. Gerade, weil in Krisenzeiten oder Notfällen von der EU weitreichende und

---

[8] Zu bedenken ist jedoch, dass ein Initiativrecht für das EP möglicherweise nur im Doppelpack mit einem Initiativrecht für den Rat zu realisieren wäre.
[9] 2022 wurde infolge des russischen Überfalls auf die Ukraine der Notfall-Paragraph Art. 122 AEUV erneut mehrfach angewendet, um gemeinsame Gaseinkäufe zu ermöglichen oder Vorgaben zur Einsparung von Gas und Strom zu verabschieden (von Ondarza 2023, S. 6).

zudem teure Entscheidungen getroffen werden (müssen), ist eine Beteiligung des Parlaments unabdingbar zur Stärkung der demokratischen Legitimation dieser Entscheidungen. Die Schlussfolgerung daraus lautet: „Folglich sollte bei der nächsten Vertragsänderung Artikel 122 AEUV um eine Mitbestimmung des Europäischen Parlaments erweitert werden" (von Ondarza 2023, S. 35).

Die Nutzung des Notstandsartikels 122 AEUV kann im Übrigen auch aus Sicht der Output-Legitimation der EU betrachtet werden. Sie liegt dann vor, wenn es der EU gelingt, Problemlösungsfähigkeit zu demonstrieren und für die Bürger relevante Probleme effektiv und effizient zu lösen (Abels 2020, S. 179). Output-Legitimation hat die EU bereits früh erworben: Durch Frieden, der das Gründungsmotiv der heutigen EU war und durch Wohlfahrt, ein Versprechen des gemeinsamen europäischen Binnenmarktes (von Ondarza 2023, S. 10). In Zeiten der Polykrise der EU galt und gilt es, schnelle und effektive Entscheidungen zu treffen, die im Sinne der Output-Legitimation gemeinwohlorientierte Lösungen versprechen. Die Entscheidungen, die auf Grundlage des Art. 122 AEUV getroffen wurden, wie die gemeinsame Impfstoffbeschaffung, das Kurzarbeitergeld und die Einrichtung des Corona-Wiederaufbaufonds NGEU, können für sich in Anspruch nehmen, dem Gemeinwohl zu dienen. Damit können Entscheidungen der EU auf der einen Seite die Input-Legitimation schwächen, gleichzeitig aber die Output-Legitimation stärken.

7.2.3 Stärkung von Transparenz und Offenheit

Input-Legitimation kann auch durch die *Offenheit der Institutionen* gefördert werden, denn Offenheit bedeutet Transparenz. Transparenz wiederum führt zu Verantwortlichkeit und Verantwortlichkeit stärkt die demokratische

Legitimation. Hier erfolgt also eine Verknüpfung von Input-Legitimation und Throughput-Legitimation. Keine Offenheit und keine Transparenz liegen vordergründig betrachtet beim *Trilog* vor, weshalb es hier einer Reform bedarf. Wie in Abschn. 5.3 ausgeführt, finden im Rahmen des Trilogs vertrauliche, nichtöffentliche Verhandlungen zwischen Vertretern des Rates und des EP unter Vermittlung der Kommission statt, damit sich Rat und EP bereits in einem frühen Stadium des ordentlichen Gesetzgebungsverfahrens auf einen gemeinsamen Text für einen Rechtsakt einigen, der dann anschließend von beiden Organen in 1. Lesung beschlossen wird.

Unter dem Aspekt der Effizienz hat sich der Trilog bewährt, allerdings, so Czauderna (2019, S. 28), auf Kosten des Demokratieprinzips. Diese Auffassung teilt Jelena von Achenbach in ihrer Studie über die demokratische Gesetzgebung in der EU von 2014. Sie kritisiert, dass die nicht primärrechtlich abgesicherte Praxis von Trilogen insbesondere zu einer Marginalisierung des EP und der einzelnen Abgeordneten geführt hat, weil vor der Durchführung von Trilogen keine ausreichend inhaltlich offene Willensbildung im EP mehr stattfindet und damit die Meinungsvielfalt des Plenums als Faktor der legislativen Willensbildung ausgeschaltet wird. Darüber hinaus, so von Achenbach, ist problematisch, dass die inhaltlichen Kompetenzen der Verhandlungsführer von Rat und Parlament im Trilog für den Zweck einer effizienten und erfolgreichen Verhandlungsführung kaum vorab begrenzt werden, d. h. der Spielraum für Kompromisse groß ist, ohne dass es hierfür eine hinreichende legitimatorische Basis beim EP und seinen Abgeordneten gibt. Die in den Verhandlungen ausgehandelten Kompromisse können zwar „de jure" vom EP und vom Rat in erster und zweiter Lesung noch verändert werden. Faktisch jedoch kommt es kaum noch zu Abänderungen und die im Trilog ausgehandelten Kompromisse werden in der

Regel anschließend in 1. Lesung von Rat und EP zwecks Wahrung der loyalen Zusammenarbeit zwischen den Organen lediglich noch zertifiziert (S. 475 ff.). Im Ergebnis schlussfolgert von Achenbach (S. 477): „Als Mechanismus der Gewährleistung der Handlungsfähigkeit des Gesetzgebers, der in der Mitentscheidung an ein komplexes, langwieriges Verfahren gebunden ist, gefährdet die Praxis des Verhandelns in Trilogen die demokratische Legitimation der Gesetzgebung."

Das Vertrauen der Bürgerinnen und Bürger in staatliche oder eben auch in überstaatliche Institutionen wie im Falle der EU hängt entscheidend von transparenten und nachvollziehbaren Entscheidungsverfahren ab. Der Trilog aber wirkt sich besonders nachteilig auf die Transparenz aus, weil die Öffentlichkeit bei den Trilogverhandlungen gänzlich ausgeschaltet bleibt, sie wird lediglich im Anschluss über die Ergebnisse informiert. Damit kann die Suche nach und die Findung von Kompromissen öffentlich nicht nachvollzogen werden, ebenso wenig, ob „Package-Deals" oder sachfremde Kompensationsgeschäfte gemacht wurden (Dauner und Sohn 2015, S. 12).

Eine gänzlich andere Meinung vertritt Armin von Bogdandy, der den Trilog nicht nur nicht als Gefahr für die Demokratie betrachtet, sondern geradezu als demokratische Innovation verstanden wissen will (2023, S. 39). So verweist er auf die Zusammensetzung des Trilogs. Der Rat wird von der Ratspräsidentschaft mit Unterstützung des Generalsekretariats vertreten, das EP entsendet den Berichterstatter des zuständigen Ausschusses und die Schattenberichterstatter der anderen Fraktionen, die Kommission ihre Verwaltungsspitze. Mit diesem kleinen Kreis, der ca. 30 Personen umfasst, können ein Dialog und inhaltlich substanzielle Verhandlungen geführt werden. Was als Schwäche der Triloge gilt – Nichtöffentlichkeit der Sitzungen und fehlende Protokolle – sind für von Bogdandy vielmehr Stärken, weil dadurch Vertraulichkeit in den Verhandlungen hergestellt und bewahrt wird, was sich positiv auf eine Einigung auswirkt. Er räumt zwar ein, dass die Öffentlichkeit vom Trilog ausgeschlossen ist und die Verhandlungsführer von EP und Rat keine öffentlichen Stellungnahmen zu gefundenen Kompromissen abgeben müssen, gleichwohl verweist er darauf, dass der zuständige Ausschuss des EP zu informieren ist. Der in von Achenbachs Studie monierten fehlenden öffentlichen Willensbildung im EP vor Trilogverhandlungen widerspricht von Bogdandy mit dem Argument, dass das Verhandlungsmandat des EP sowohl von der Mehrheit der Fraktion des Verhandlungsführers als auch von der Mehrheit der zuständigen Ausschüsse unterstützt werden muss (S. 39 ff.).

Wenig kontrovers wird die Frage diskutiert, ob Triloge überhaupt noch stattfinden sollten. Zu sehr haben sie sich in der Vergangenheit als effektives Instrument zur Beschleunigung von Gesetzgebungsverfahren erwiesen. Auch von Achenbach rüttelt nicht am Prinzip der Triloge. Als Reform und damit Stärkung der Legitimation der im Trilog getroffenen Entscheidungen schlägt sie jedoch vor, dass sie erst stattfinden dürfen, wenn im Plenum des EP und im Rat eine substanzielle Willensbildung zu Gesetzgebungsvorhaben erfolgt ist (2014, S. 477). Dauner und Sohn (2015, S. 14 f.) betonen die Bedeutung von Offenheit und Transparenz der Institutionen und schlagen vor, dass (1) Triloge primärrechtlich in den Verträgen verankert und (2) sämtliche Inhalte aller Trilogverhandlungen protokolliert und vor den abschließenden Lesungen im EP und im Rat veröffentlicht werden. Darüber hinaus sollten (3), wie bereits vielfach von Vertretern der Zivilgesellschaft gefordert,[10] die nach jeder Verhandlungsrunde aktualisierten sogenannten 4-Spalten-Dokumente zeitnah veröffentlicht werden. Zum Hintergrund: Die ersten drei Spalten beinhalten die

---

[10] Siehe beispielhaft: https://www.lobbycontrol.de/pressemitteilung/offener-brief-der-zivilgesellschaft-eu-triloge-transparent-machen-96581/, 22.03.2024.

unterschiedlichen Positionen von Rat, EP und Kommission zu einem Gesetzesvorhaben, die vierte Spalte dokumentiert den Verhandlungsfortschritt bzw. die erzielten Kompromisse im Trilog. Ohne Zugang zum aktuellen 4-Spalten-Dokument ist eine kritische Begleitung der EU-Gesetzgebung durch die Öffentlichkeit und damit Transparenz kaum möglich.[11]

7.2.4 Stärkung direktdemokratischer Verfahren

Jenseits einer Reform der Wahlen zum EP, einer Stärkung des EP und größerer Offenheit und Transparenz der EU-Institutionen, könnte auch eine *Stärkung direktdemokratischer Verfahren* zum Abbau des institutionellen Demokratiedefizits und damit zur Stärkung der Input-Legitimation führen. Hier bietet sich die 2009 mit dem Vertrag von Lissabon in das Primärrecht (Art. 11 Abs. 4 EUV) übernommene *Europäische Bürgerinitiative* (EBI) an. Mit ihr haben die Unionsbürgerinnen und Unionsbürger erstmals ein weitreichendes Interventionsinstrument auf europäischer Ebene zur Verfügung (Kleger 2018, S. 394). Mit einer Million Unterschriften, die mindestens in einem Viertel der Mitgliedstaaten (derzeit also sieben) innerhalb von 12 Monaten gesammelt werden müssen, können Unionsbürgerinnen und Unionsbürger die Kommission auffordern einen Rechtsakt auszuarbeiten, wobei nur solche Initiativen zulässig sind, die in die Kompetenz der EU fallen. Eine EBI beispielsweise zur Änderung der Verträge oder zur Einfüh-

---

[11] Im Urteil „Capitani", EuG Urt. v. 22.03.2018, T-540/15, verpflichten die Richter den Rat und das EP aus Gründen der Transparenz gesetzgeberischen Handelns, der Öffentlichkeit Einsicht in alle Dokumente zu geben, auch während der Verhandlungen. Allerdings setzt der Dokumentenzugang einen individuellen Antrag voraus, dessen Bearbeitung ca. 15 Tage dauert, womit eine zeitnahe, geschweige denn synchrone, Beobachtung des Verhandlungsprozesses in Trilogen nicht möglich ist (von Achenbach 2018).

rung eines einheitlichen europaweiten Mehrwertsteuersatzes wären demnach untauglich (Kleger 2018, S. 394; Plottka 2023, S. 197).[12]

Eine EBI stellt nicht nur ein direktdemokratisches Element dar, mit dem sich die Unionsbürgerinnen und Unionsbürger unmittelbar in die europäische Politik einmischen und Einfluss nehmen können, sondern sie ermöglicht auch einen europaweiten Diskurs über ein politisches Thema und bewirkt damit europäische Öffentlichkeit. Die bisherigen Erfahrungen mit der EBI sind gleichwohl ernüchternd. Seit Einführung der EBI im Jahr 2012 wurden – Stand Dezember 2024 – 118 Initiativen von der Kommission registriert (23 wurden abgelehnt). Davon konnten 66 die Anforderungen nicht erfüllen, 27 wurden zurückgezogen, zwei unterlagen noch einer Prüfung durch die Kommission. 10 waren erfolgreich und mündeten in ein Tätigwerden der Kommission, bei 13 Initiativen hatte die Unterschriftensammlung bereits begonnen oder sollte in Kürze beginnen.[13] Im Ergebnis waren also weniger als zehn Prozent der Initiativen erfolgreich. Die Gründe hierfür sind vielfältig: Die Durchführung einer EBI verursacht hohe Kosten (ca. 100.000 €), zudem wird die Mobilisierung der Unterschriften dadurch erschwert, dass die EBI keinerlei bindende Wirkung für die Kommission besitzt (Kleger 2018, S. 394; Plottka 2023, S. 199).

An diesem Punkt gilt es anzusetzen, um die Erfolgschancen einer EBI zu stärken und sie damit zu einem wirksamen Instrument direktdemokratischer Teilhabe an der EU-Politik zu machen. Eine Möglichkeit wäre, dass die Kommission zwar das Recht erhält, Inhalte von Initiativen zu modifizieren, sie aber dazu verpflichtet wird, den Kern

---

[12] Das detaillierte Verfahren zur Durchführung einer EBI findet sich in der novellierten Verordnung 2019/799 vom 17. April 2019 über die EBI, die am 01. Januar 2020 in Kraft trat.

[13] https://citizens-initiative.europa.eu/find-initiative/eci-lifecycle-statistics_de, 01.12.2024.

der politischen Inhalte einer Initiative dem Rat und dem EP als Gesetzesentwurf zur Abstimmung vorzulegen (Kleger 2018, S. 395 f.). Überlegenswert wäre darüber hinaus, die formalen Hürden für eine erfolgreiche Registrierung einer EBI durch die Kommission zu senken.

> **Praxisbeispiel: EBI**
>
> Die bekannteste, weil wohl erste erfolgreiche EBI, war die Initiative *Right2Water* (Europäische Kommission 2014b). Sie wurde bei der Kommission am 20. Dezember 2013 von ihren Organisatoren offiziell eingereicht, nachdem sie durch die Unterschriften von mehr als 1,6 Mio. Bürgerinnen und Bürgern aus 27 Mitgliedstaaten unterstützt wurde. Die Initiative forderte die Kommission zur Vorlage eines Gesetzesvorschlags auf, der das Menschenrecht auf Wasser und sanitäre Grundversorgung entsprechend der Resolution der Vereinten Nationen durchsetzt und eine funktionierende Wasser- und Abwasserwirtschaft als existenzsichernde öffentliche Dienstleistung für alle Menschen fördert. Die Kommission legte zwar keinen Gesetzesentwurf vor, sagte aber zu, konkrete Schritte zu unternehmen und Maßnahmen zu verabschieden, die direkt für die Initiative und ihre Ziele relevant sind.

Über eine Reform der EBI hinaus sind weitere Elemente direkter Demokratie denkbar, um die Input-Legitimation supranationalen Regierens auf EU-Ebene zu stärken. So die Einführung von Europäischen Volksentscheiden, Europäischen Bürgerräten und Europäischen Bürgerhaushalten, der Ausbau der Online-Konsultation[14] sowie der Ausbau von

---

[14] Seit 2003 gibt es in der EU ein Internet-basiertes Konsultationsverfahren. Damit können Betroffene (Bürgerinnen und Bürger sowie Unternehmen) schon vor der Verabschiedung europäischer Rechtsvorschriften ihre Ansichten einbringen und sich zu neuen EU-Strategien äußern. Siehe: https://ec.europa.eu/info/law/better-regulation/have-your-say_de, 16.06.2024. Noch relativ neu ist die Möglichkeit für Betroffene, Vorschläge zu machen, wie das EU-Recht zukunftsfähig und effizienter werden kann. Die Plattform „Fit for Future", die aus einer Expertengruppe besteht, greift die Anregungen auf und leitet sie an die Kommission weiter. Siehe: https://commission.europa.eu/law/law-making-process/evaluating-and-improving-existing-laws/refit-making-eu-law-simpler-less-costly-and-future-proof/fit-future-platform-f4f_de, 16.06.2024.

Bürgerdialogen, wie z. B. die Konferenz zur Zukunft Europas, die von April 2021 bis Mai 2022 Menschen aus ganz Europa Gelegenheit gegeben hat, ihre Ideen in Debatten und Diskussionen auszutauschen und Reformvorschläge für die Zukunft der EU zu erarbeiten (s. Abschn. 7.3.3).

> **Zusammenfassung: Demokratische Legitimation der EU**
>
> Die EU ist kein Staat. Deshalb können an sie nicht die gleichen Anforderungen bezüglich demokratischer Legitimation gestellt werden wie an einen Nationalstaat. Gleichwohl muss die EU demokratischen Grundsätzen genügen in Anbetracht ihrer Kompetenzen, verbindliches Recht für ihre Mitgliedstaaten und die Unionsbürgerinnen und Unionsbürger zu setzen. Die EU hat ein strukturelles Demokratiedefizit, weil sie kein Staatsvolk, kein demos, besitzt, über keine kollektive europäische Identität und keine europäische Öffentlichkeit und Medienlandschaft verfügt. Das Konzept der Demoikratie, der Herrschaft der Staatsvölker, kann zumindest einen anderen Betrachtungsrahmen schaffen, in dem die das Demokratiedefizit zum Teil verursachende Problemstellung des Fehlens eines europäischen Staatsvolkes quasi entfällt.
>
> Die EU hat darüber hinaus ein institutionelles Demokratiedefizit aufgrund von Mängeln bei der Input-Legitimation von EP, Rat und Kommission. Beim EP zeigt sich dieses Defizit durch eine fehlende Wahlgleichheit, eine fehlende Repräsentationsfähigkeit und durch fehlende Kompetenzen. Im Hinblick auf den Rat zeigt es sich beim Legitimationstransfer von der nationalen auf die europäische Ebene sowie bei der Transparenz. Bei der Kommission schließlich zeigt sich das institutionelle Demokratiedefizit durch eine fehlende demokratische Verantwortlichkeit.
>
> Eine Reihe von Ansatzpunkten, um die festgestellten Mängel abzubauen, zeigen sich insbesondere beim institutionellen Demokratiedefizit. So z. B. durch ein einheitliches europäisches Wahlrecht, die Herausbildung europäischer Parteien, die bei EP-Wahlen einen nur auf die EU bezogenen Wahlkampf betreiben, eine Kompetenzstärkung des EP und eine Reform des Trilogs, um Transparenz und Offenheit und

> damit die Verantwortlichkeit der EU-Organe zu stärken.
> Schließlich bietet sich eine Reform der EBI bzw. ein Ausbau
> direktdemokratischer Partizipationsmöglichkeiten an.
> Im Ergebnis vermögen also eine Vielzahl von Maßnahmen
> sowohl die Input- und Output-Legitimation als auch die
> Throughput-Legitimation zu verbessern und damit letztlich
> die erforderliche demokratische Legitimation der EU zu
> erhöhen.

7.3 Szenarien und Reformideen für die EU

In Wissenschaft und Politik ist weitestgehend anerkannt, dass sich die EU reformieren muss, will sie in einer sich stetig verändernden Welt, die gekennzeichnet ist durch eine Aneinanderreihung von Krisen und Herausforderungen, nicht nur Bestand, sondern auch langfristigen Erfolg haben. Reformideen für die EU gab es bereits seit Beginn des Integrationsprozesses. Reformen bedeuteten dabei regelmäßig weitere Schritte zur Vertiefung der EU, d. h. die Ausweitung der Zuständigkeit der EU auf neue Politikfelder, die Stärkung der Kompetenzen der EU-Organe und die Supranationalisierung der Entscheidungsverfahren insbesondere durch die Reformverträge von Maastricht, Amsterdam, Nizza und Lissabon.

Seit der Verabschiedung des Vertrages von Lissabon 2009, dem die gescheiterte europäische Verfassung vorausgegangen war, war es im Hinblick auf Reformen der EU und besonders im Hinblick auf solche, die eine Vertragsänderung bedürfen, eher ruhig geworden. Zu sehr war die Union mit sich selbst und der Bewältigung der multiplen Krisen in Europa beschäftigt. Fahrt nahm die Diskussion über die Zukunft der EU erstmals wieder am 1. März 2017 auf – kurz vor dem 60. Jahrestag der Römischen Verträge

(25. März 2017) – und zwar durch die Veröffentlichung eines Weißbuches der Europäischen Kommission (Europäische Kommission 2017). Darin stellte der damalige Kommissionspräsident Jean-Claude Juncker *fünf Szenarien für eine Zukunft der EU* bis 2025 vor, die hier in Kürze vorgestellt werden:

7.3.1 Junckers EU-Szenarien zur Zukunft der EU

Szenario 1: Weiter so wie bisher
Das erste Szenario geht von der Fortsetzung der bisherigen Politik sowie den bisherigen Wegen der Entscheidungsfindung aus. Der Prozess der europäischen Integration wird weiterhin mit Fortschritten aber auch Rückschlägen behaftet sein.

Szenario 2: Schwerpunkt Binnenmarkt
Im zweiten Szenario konzentriert sich die EU-Politik mit ihren zukünftigen Aktivitäten auf die Stärkung des Binnenmarktes. In diesem Politikfeld herrscht die größte Einigkeit unter den Mitgliedstaaten, weshalb hier am ehesten Fortschritte erzielt werden können. In Bereichen wie Migration, Sicherheit oder Verteidigung fehlt dieser gemeinsame Wille zur intensiveren Zusammenarbeit.

Szenario 3: Wer mehr will, tut mehr
Dieses Szenario umfasst das Modell eines Europas der verschiedenen Geschwindigkeiten. Als mögliche Betätigungsfelder einer Avantgarde von Staaten, die vorangehen, werden Bereiche wie Verteidigung, Innere Sicherheit, Steuern oder Soziales genannt. Szenario 3 greift damit die in Abschn. 7.4 diskutierten Modelle der differenzierten Integration auf.

Szenario 4: Weniger, aber effizienter
Das vierte Szenario geht von einer Konzentration auf einzelne Politikbereiche aus, um diese stärker zu integrieren. Andere Themen verlieren an Bedeutung oder werden überhaupt nicht mehr verfolgt. Bereiche, auf die der Fokus in der Zukunft liegen könnte, sind Innovation, Handel, Sicherheit, Migration, Grenzmanagement und Verteidigung.

Szenario 5: Viel mehr gemeinsames Handeln
Hier handelt es sich um das ehrgeizigste der fünf Szenarien, gleichzeitig jedoch auch um das unwahrscheinlichste. Es geht davon aus, dass die Mitgliedstaaten bereit sind, *„in allen Bereichen mehr Machtbefugnisse und Ressourcen zu teilen und Entscheidungen gemeinsam zu treffen"* (S. 16). Die Folge wäre, dass die Mitgliedstaaten auf allen Gebieten enger zusammenarbeiten als je zuvor.

Die fünf Szenarien von Juncker beinhalten keine konkreten Reformvorschläge, vielmehr waren sie als Denkanstoß gedacht, wohin sich die EU in der Zukunft entwickeln könnte und welche Chancen und Risiken damit verbunden sind. Dabei gilt: „Ausgangspunkt für jedes Szenario ist, dass die 27 Mitgliedstaaten gemeinsam als Union voranschreiten" (S. 6). Zudem weist Juncker darauf hin: „Es gibt zahlreiche Überschneidungen zwischen den einzelnen Szenarien; sie schließen sich daher weder gegenseitig aus noch sind sie erschöpfend" (ebd.).

Zwei der Szenarien verfolgen auffallend gegensätzliche Zielvorstellungen. Während Szenario 2 von einem Rückbau der EU durch eine einseitige Konzentration der Zusammenarbeit im Bereich des Binnenmarktes ausgeht, steht Szenario 5 für eine tiefer gehende Zusammenarbeit in allen Politikbereichen und entspricht damit dem Grundgedanken des föderalistischen Leitbildes (s. Abschn. 2.1).

Die Beibehaltung des Ist-Zustandes aus Szenario 1 wird zwar den vielen Herausforderungen, vor denen die EU steht, nicht gerecht, bietet jedoch durchaus Vorteile, weil sich eine Mehrheit der Mitgliedstaaten darauf verständigen könnte. Eine Antwort auf die Herausforderungen der Zukunft bieten indes die Szenarien 3 (Differenzierte Integration) und 4 (Konzentration auf wenige wichtige Projekte), weil sie tatsächliche Fortschritte bei der Entscheidungs- und Handlungsfähigkeit der EU beinhalten (Burkard 2021, S. 141 f.).

Vor dem Hintergrund, dass die Szenarien 1 und 2 weniger Europa bedeuten und damit zukünftigen Herausforderungen nicht gerecht werden, Szenario 5 mit sehr viel mehr Europa aber politisch nicht durchsetzbar ist, bleiben derzeit als machbare, realistische und zukunftsorientierte Modelle nur die Szenarien 3 und 4. Die differenzierte Integration (Szenario 3) wird einerseits in ausgewählten Bereichen bereits praktiziert, andererseits als Modell für die Zukunft betrachtet (s. Abschn. 7.4).

7.3.2 Macrons Europareden

Sechs Monate nach der Veröffentlichung der Juncker-Szenarien hielt der französische Staatspräsident Emmanuel Macron am 26. September 2017 eine Europarede vor Studierenden der Universität Sorbonne in Paris („Sorbonne 1"). Darin schildert er seine Vision der EU sowie der künftigen Zusammenarbeit auf europäischer Ebene und macht im Unterschied zu Juncker konkrete Reformvorschläge. Seine Diagnose zum Zustand der EU lautet: „Das Europa, wie wir es kennen, ist zu schwach, zu langsam, zu ineffizient" (Macron 2017). Um diesen Zustand zu ändern, also Europa vielmehr stark, schnell und effizient zu machen, plädiert Macron für die Neubegründung eines souveränen Europas. Um dieses Ziel zu erreichen, schlägt er vor, die

Zusammenarbeit in verschiedenen Politikfeldern zu verstärken. Dies umfasst eine engere Zusammenarbeit in der Verteidigungspolitik inklusive einer gemeinsamen Einsatztruppe und eines gemeinsamen Verteidigungshaushalts. Auch im Katastrophenschutz und in der Migrationspolitik sollen der EU weitere Kompetenzen durch eine europäische Zivilschutztruppe und eine gemeinsame Asylbehörde übertragen werden. Schließlich soll auch im Klimaschutz, in der Außenpolitik, der Digitalisierung, im Verbraucherschutz und in den Bereichen Steuern und Soziales enger zusammengearbeitet werden. Neben weiteren Reformen, wie z. B. der Verkleinerung der Kommission und der Durchführung der Wahlen zum EP mit transnationalen Listen, macht sich der französische Staatspräsident für das Modell der differenzierten Integration (analog Juncker Szenario 3) und hier konkret für das bereits praktizierte Europa der zwei Geschwindigkeiten (s. Abschn. 7.4.1) stark.

Am 25. April 2024 – wenige Wochen vor den Europawahlen – hielt Emmanuel Macron erneut an der Pariser Universität Sorbonne eine Europarede („Sorbonne 2"), die an seinen Auftritt aus dem Jahr 2017 und seiner Vision einer europäischen Souveränität anknüpft. Die Diagnose von Sorbonne 2 zum Zustand Europas klingt allerdings deutlich drastischer als noch 2017: „Wir müssen uns darüber im Klaren sein, dass Europa sterblich ist, unser Europa ist sterblich. Es kann sterben" (Macron 2024). Zur Rettung Europas bedarf es nach Überzeugung Macrons Macht, Wohlstand und Humanismus, denn sie vermögen der (bereits in Sorbonne 1 geforderten) Herausbildung einer europäischen Souveränität Substanz zu verleihen und Europa in die Lage zu versetzen, sich in einer Welt, die einer stetigen Bedrohung ausgesetzt ist, zu behaupten.

Als ersten Anker für die Rettung Europas benennt Macron den Ausbau der Verteidigungsfähigkeit. Derzeit sieht er die größte Gefahr für die Sicherheit Europas im Krieg in der Ukraine und den möglichen Folgen eines Sieges Russlands. Damit Europa militärisch stark wird, fordert er die Schaffung einer europäischen Militärakademie, den Aufbau einer 5000 Mann schnellen Eingreiftruppe und den Aufbau einer europäischen Verteidigungsindustrie, um Rüstungsmaterial nicht mehr in den USA kaufen zu müssen. Zur Sicherheit Europas gehört jedoch nicht nur die Verteidigungsfähigkeit gegen äußere Feinde, sondern auch die Verteidigung der europäischen Grenzen vor illegaler Einwanderung, so Macron. So verfügt Europa nur dann über echte Souveränität, wenn es in der Lage ist, seine Außengrenzen zu schützen und Migranten ohne Aufenthaltsrecht in der EU in ihre Heimatländer zurückzuführen.

Zweiter Anker zur Rettung Europas ist das Thema Wirtschaft/Innovation. Nach dem Vorbild des Corona-Wiederaufbaufonds NGEU fordert der französische Staatspräsident eine gemeinsame Schuldenaufnahme der Europäer in Höhe von 1000 Mrd. € pro Jahr. Mit diesem Geld soll Europa massiv in fünf Zukunftssektoren investieren: künstliche Intelligenz, Quanteninformatik, Raumfahrt, Biotechnologie und neue Energien. Nur so kann Europa nach Überzeugung Macrons im Wettbewerb mit den USA und China bestehen. Hinzu kommt die Forderung nach einer neuen Handelspolitik, die stärker als bisher den europäischen Interessen dienen soll. Macron beklagt in diesem Zusammenhang, dass sich die USA und China nicht an die Regeln halten.[15]

Dritter Anker zur Rettung Europas ist der europäische Humanismus, der die Europäer zusammenhält und von Anderen unterscheidet. Nach Überzeugung des französischen Staatspräsidenten bedeutet Europäer zu sein, ein

---

[15] Die Kritik Frankreichs und der EU beziehen sich darauf, dass China Produkte für den Export staatlich subventioniert, weshalb europäische Unternehmen nicht mehr konkurrenzfähig sind. Seit Ende Oktober 2024 erhebt die EU zusätzliche Abgaben auf aus China importierte Elektroautos.

bestimmtes Menschenbild zu verteidigen, das das freie, rationale und aufgeklärte Individuum über alles andere stellt. Europäer sein bedeutet, eine einzigartige Beziehung zu Freiheit und Gerechtigkeit zu haben. Der Europagedanke muss deshalb weiter gefördert werden, so z. B. durch den Ausbau von Bürgerinitiativen, die essenziell für den Aufbau eines europäischen demos sind.

7.3.3 Reforminitiativen

Neben dem französischen Staatspräsidenten Emmanuel Macron haben angesichts der zahlreichen Krisen und Herausforderungen der EU in den letzten Jahren drei bedeutende Initiativen konkrete Reformvorschläge für die EU ausgearbeitet und veröffentlicht, die teilweise eine Änderung der Verträge erfordern würden. Es handelt sich hierbei um (1) die Konferenz zur Zukunft Europas (2021/2022), (2) die Entschließung des EP über Vorschläge zur Änderung der Verträge (2023) und (3) den Bericht der deutschfranzösischen Expertengruppe zu institutionellen Reformen der EU (2023).

(1) Konferenz zur Zukunft Europas
Am 10. März 2021 wurde von Vertretern des EP, des Rates und der Kommission die „Gemeinsame Erklärung zur Konferenz über die Zukunft Europas" unterzeichnet. Das Ziel dieses bis dahin einmaligen Projekts bestand darin, allen Unionsbürgerinnen und Unionsbürgern im Rahmen eines basisdemokratischen Prozesses die Gelegenheit zu geben, ihre Wünsche und Erwartungen an die EU vorzutragen, Reformideen auszuarbeiten und eine aktive Rolle bei der Gestaltung der Zukunft der Union zu spielen. Die Konferenz stützte sich im Wesentlichen auf vier Säulen: (1) Mehrsprachige digitale Plattform, (2) Europäische Bürgerforen, (3) Nationale Bürgerforen und Veranstaltungen und (4)

Plenarversammlungen der Konferenz. Bis zum 20. April 2022 zählte die mehrsprachige digitale Plattform nahezu 5 Mio. Besucher und mehr als 50.000 aktive Teilnehmer, 17.000 erörterte Ideen und mehr als 6000 Veranstaltungen. Die vier Europäischen Bürgerforen, denen jeweils rund 200 repräsentativ ausgeloste Bürgerinnen und Bürger aus ganz Europa zugeordnet wurden, erarbeiteten Reformvorschläge zur Weiterentwicklung der EU. Auf einer Plenarversammlung der Konferenz, die sich aus je 108 Vertretern des EP und der nationalen Parlamente, 54 Vertretern der Mitgliedstaaten aus dem Rat und drei Vertretern der Kommission sowie 108 Bürgerinnen und Bürgern von den Bürgerforen zusammensetzte, wurden die Vorschläge abschließend vorgestellt und diskutiert. Im Mai 2022 wurde den Präsidenten des EP, des Rates und der Kommission ein Abschlussbericht mit 49 Vorschlägen und 326 Maßnahmen zu neun Themenbereichen vorgelegt. Nur 13 der vorgeschlagenen Maßnahmen machen eine Vertragsrevision zwingend notwendig (von Ondarza und Ålander 2022, S. 5).[16]

Im Nachgang der Konferenz verpflichteten sich Kommission, EP und Rat, die Vorschläge im Rahmen ihrer jeweiligen Zuständigkeiten und im Einklang mit den Verträgen weiterzuverfolgen. Zuvorderst ist die Kommission aufgefordert, im Rahmen ihres Initiativrechts entsprechende Gesetzesvorschläge zur Umsetzung der vorgeschlagenen Maßnahmen auszuarbeiten (Europäische Kommission 2022b).

(2) Entschließung des EP zur Änderung der Verträge

Das EP, das als einziges EU-Organ bereits zu Beginn der Konferenz zur Zukunft Europas erklärt hatte, die Ergeb-

---

[16] https://www.eu-zukunftskonferenz.at/user/documents/cofe_report_de_with-annexes_final.pdf, 08.05.2024.

nisse ernst nehmen zu wollen,[17] sah sich durch die dort ausgearbeiteten Reformvorschläge in seiner Politik bestätigt und forderte die Umsetzung möglichst vieler der im Abschlussbericht aufgeführten Maßnahmen, insbesondere jener, die Vertragsänderungen benötigen. Um seinen Forderungen Nachdruck zu verleihen, stellte das EP im Juni 2022 einen Antrag nach Art. 48 Abs. 2 EUV auf Durchführung eines Konvents mit dem Ziel der Änderung der Verträge. In der Folgezeit arbeitete das EP seine Vorschläge für Vertragsänderungen aus, die eng an die Forderungen der Konferenz zur Zukunft Europas angelehnt sind und verabschiedete diese endgültig im November 2023 (Europäisches Parlament 2023).

Das Verfahren des Art. 48 EUV sieht vor, dass die Vorschläge des EP dem Europäischen Rat vorgelegt werden, der mit einfacher Mehrheit darüber entscheidet, ob ein Konvent bestehend aus Vertretern der nationalen Parlamente, der Staats- und Regierungschefs der Mitgliedstaaten, des EP und der Kommission einberufen wird. Der Konvent prüft sodann die Vorschläge zur Änderung der Verträge und kann im Konsensverfahren eine Empfehlung annehmen, die an eine Konferenz der Vertreter der Regierungen der Mitgliedstaaten gerichtet ist (Art. 48 Abs. 3 EUV).

(3) Deutsch-französische Expertengruppe zu institutionellen Reformen der EU

Auf Initiative der deutschen und französischen Regierung wurde im Januar 2023 eine „Arbeitsgruppe zu institutionellen Reformen der EU" eingesetzt. Im September 2023 legten die 12 Expertinnen und Experten den Bericht über die

---

[17] 13 nord- und zentraleuropäische Staaten hatten demgegenüber klargemacht, Vertragsänderungen von vornherein auszuschließen. Lediglich sechs Mitgliedstaaten (Belgien, Deutschland, Italien, Luxemburg, die Niederlande und Spanien) kündigten nach der Konferenz an, sich für Reformen mit Option auf Vertragsänderungen einzusetzen zu wollen (von Ondarza und Ålander 2022, S. 6 f.; Plottka und Mintel 2023, S. 442).

Ergebnisse ihrer Arbeit vor (Gruppe der Zwölf 2023). Von den verantwortlichen Europa-Staatssekretärinnen Deutschlands und Frankreichs war das Mandat der Gruppe vorab wie folgt festgelegt worden: „Wie kann die EU erweiterungsbereit gemacht werden, während dabei gleichzeitig ihre Handlungsfähigkeit erhöht, die Rechtsstaatlichkeit geschützt, die Demokratie gestärkt und die grundlegenden europäischen Werte erhalten werden?" (ebd., S. 14).

Ausgangspunkt der Überlegungen der aus deutschen und französischen Wissenschaftlerinnen und Wissenschaftlern bestehenden Arbeitsgruppe ist die Annahme, dass es sich bei der EU um ein hybrides politisches System handelt, das zwischen den Polen internationale Organisation und Bundesstaat einzuordnen ist. In diesem hybriden System wird das Interesse der EU in dreierlei Weise vorangebracht: durch die Europäische Kommission, durch die Abgeordneten im EP und durch die Vertreter der Regierungen im Europäischen Rat und im Rat. An diesem Gleichgewicht sollen und wollen die ausgearbeiteten Vorschläge nichts ändern, gleichwohl sollen die drei Kernziele der institutionellen Reformen der EU, nämlich die Stärkung der Handlungsfähigkeit, der Rechtsstaatlichkeit und demokratischen Legitimation sowie die Vorbereitung der Institutionen auf eine Erweiterung auf 30 und mehr Mitgliedstaaten erreicht werden (ebd., S. 16 f.).

7.3.4 Reformideen für die Zukunft der EU

Nachfolgend werden Reformideen, die von den drei Initiativen, namentlich der Konferenz zur Zukunft Europas, dem EP und der Expertengruppe ausgearbeitet wurden, gruppiert und in Reformen aufgeteilt, die Vertragsänderungen benötigen (Reformbereich 1–5) und Reformen, die ohne Vertragsänderungen auskommen (Reformbereich 6–10):

Reformbereich 1: Ausbau der EU-Kompetenzen

Einigkeit besteht darin, in Anbetracht der Erfahrungen aus der Covid-19-Pandemie, die Zuständigkeit der Union im Gesundheitsbereich auszuweiten. Hierfür soll der in Art. 6 lit. a AEUV verankerte Bereich „Schutz und Verbesserung der menschlichen Gesundheit", also die von den Mitgliedstaaten zu verantwortende Gesundheitsversorgung im Rahmen ihrer nationalen Gesundheitssysteme, in die geteilte Zuständigkeit von EU und Mitgliedstaaten gemäß Art. 4 AEUV überführt werden.[18] Langfristiges Ziel ist die Schaffung einer Europäischen Gesundheitsunion.

Eine weitere Kompetenzergänzung für die EU wird nur vom EP gefordert. Dabei handelt es sich um die Politikfelder Umwelt und biologische Vielfalt sowie Verhandlungen auf dem Gebiet des Klimawandels, die in die ausschließliche Zuständigkeit der EU des Art. 3 AEUV überführt werden sollen. Darüber hinaus soll nach dem Willen des Parlaments der Zielkatalog des Art. 3 EUV durch Aufnahme der Eindämmung der Erderwärmung und der Erhaltung der biologischen Vielfalt erweitert werden.

Reformbereich 2: Reform der Kommission

Vom EP und der Expertengruppe wird die Verkleinerung der Kommission gefordert. Das EP spricht sich für 15 Mitglieder und für die Einführung eines Rotationssystems aus. Die Expertengruppe fordert hingegen eine Anzahl von Mitgliedern, die zwei Dritteln der Zahl der Mitgliedstaaten entspricht (analog Art. 17 Abs. 5 EUV) oder alternativ eine

---

[18] Die EU ist bereits über die geteilte Zuständigkeit des Art. 4 Abs. 2 lit. k AEUV verantwortlich für gemeinsame Sicherheitsanliegen im Bereich der öffentlichen Gesundheit. Hier handelt es sich um grenzüberschreitende Gesundheitsgefahren durch übertragbare Krankheiten (Art. 168 Abs. 5 AEUV). Die erklärten Ziele der Europäischen Gesundheitsunion liegen im Schutz der Gesundheit, der Aufbau von Kapazitäten für eine wirksamere und koordiniertere Pandemieprävention, -vorsorge und -reaktion sowie die Stärkung der Resilienz von Gesundheitssystemen (Bayerlein 2024, S. 51 f.).

klare hierarchische Abgrenzung zwischen leitenden Kommissionsmitgliedern und einfachen Kommissionsmitgliedern mit der Möglichkeit eines Rollentausches nach der Hälfte der Legislaturperiode. Das EP schlägt darüber hinaus vor, die Rollen des Rates und des EP bei der Ernennung und Bestätigung des Präsidenten der Kommission nach Art. 17 Abs. 7 EUV umzukehren. Die Konferenz plädiert sogar für eine stärkere Mitsprache der Unionsbürgerinnen und Unionsbürger bei der Wahl des Kommissionspräsidenten, z. B. durch dessen Direktwahl. Konferenz und EP befürworten die Umbenennung der Kommission in Europäische Exekutive.

Reformbereich 3: Stärkung und Reform des EP
Wie für nationale Parlamente üblich, soll das EP ein Initiativrecht für Gesetzesvorhaben erhalten, zumindest nach dem Willen der Konferenz und des EP selbst. Die Konferenz schlägt zusätzlich vor, dem EP das alleinige Entscheidungsrecht über die Verabschiedung des Unionshaushaltes (bislang zusammen mit dem Rat) zu übertragen. Die Expertengruppe postuliert, dass das EP außer im Bereich der GASP, das volle Mitentscheidungsrecht im Rahmen des ordentlichen Gesetzgebungsverfahrens erhält. Darüber hinaus befürwortet sie eine bislang nicht vorgesehene Beteiligung des EP bei der Anwendung des Notstandartikels 122 AEUV (s. Abschn. 7.2.2). Das EP plädiert dafür, Art. 122 AEUV zu streichen und durch eine umformulierte Notstandsklausel in Art. 222 AEUV mit umfassender parlamentarischer Kontrolle zu ersetzen. Zum Erhalt der Arbeitsfähigkeit des EP, auch nach einer Erweiterung, spricht sich die Expertengruppe für eine Begrenzung der Mitgliederzahl auf 751 oder weniger aus und für die Annahme eines neuen Mechanismus zur Verteilung der Sitze zum Abbau der degressiven Proportionalität.

Reformbereich 4: Beschlussfassung im Rat

Zur Stärkung der Handlungsfähigkeit der EU gibt es eine große Gemeinsamkeit bei der Forderung nach der Ausweitung von qualifizierten Mehrheitsentscheidungen im Rat. Die Konferenz befürwortet einen allgemeinen Übergang von Einstimmigkeit zu qualifizierten Mehrheitsentscheidungen. Ausnahmen sollen bei der Aufnahme neuer Mitglieder in die EU, Änderungen bei Art. 2 EUV (Werte der EU) und der GRC bestehen bleiben. Explizit wird auch die Änderung des Abstimmungsmodus im Bereich der GASP von Einstimmigkeit zur qualifizierten Mehrheit befürwortet. Gleichsam fordert das EP Beschlüsse über Sanktionen, Zwischenschritte im Erweiterungsprozess und andere außenpolitische Entscheidungen künftig im Wege der qualifizierten Mehrheit im Rat zu fassen. Die Expertengruppe vertritt hingegen eine andere Meinung. Sie spricht sich zwar dafür aus, dass die qualifizierte Mehrheit in allen politisch-inhaltlichen Entscheidungen im Rat die Einstimmigkeit ablöst, allerdings nicht im Bereich der GASP. Stattdessen soll in der GASP verstärkt der Übergang zu qualifizierten Mehrheitsentscheidungen durch die Anwendung der Passarelle-Klausel des Art. 48 Abs. 7 S. 1 EUV erreicht werden, was jedoch für Beschlüsse mit militärischen oder verteidigungspolitischen Bezügen nicht möglich ist (Art. 48 Abs. 7 Abs. 1 S. 2 EUV). Darüber hinaus empfiehlt die Expertengruppe zur Stärkung der kleinen bis mittelgroßen Mitgliedstaaten die Berechnungsgrundlage der qualifizierten Mehrheit zu ändern. Bislang müssen für das Zustandekommen einer qualifizierten Mehrheit im Rat 55 % der Mitgliedstaaten stimmen, welche 65 % der EU-Bevölkerung repräsentieren. Diese Formel soll dahingehend geändert werden, dass es künftig die Zustimmung von 60 % der Mitgliedstaaten braucht, die 60 % der Bevölkerung vertreten.

Reformbereich 5: Stärkung der Rechtsstaatlichkeit

Die Klammer aller Reformvorschläge bildet die Rechtsstaatlichkeit als konstitutioneller Grundsatz der Funktionsweise der EU. Auch hier herrscht große Einigkeit über eine Stärkung der Rechtsstaatlichkeit. Die Konferenz spricht sich recht allgemein dafür aus, alle erforderlichen rechtlichen Möglichkeiten, einschließlich Vertragsänderungen, in Betracht zu ziehen, um Verstöße gegen die Rechtsstaatlichkeit zu sanktionieren. Das EP will das Verfahren nach Art. 7 EUV (s. Abschn. 3.1) im Hinblick auf den Schutz der Rechtsstaatlichkeit reformieren, indem die Einstimmigkeit beendet und der Gerichtshof zur Schiedsstelle bei Verstößen wird. In eine ähnliche Richtung, jedoch noch konkreter, denkt die Expertengruppe, die konkret dafür plädiert, dass bei Abstimmung im Europäischen Rat nach Art. 7 Abs. 2 EUV über die Feststellung einer schwerwiegenden und anhaltenden Verletzung der Werte der EU durch einen Mitgliedstaat die Einstimmigkeit durch eine Vierfünftelmehrheit (Einstimmigkeit minus 1) ersetzt wird. Ziel ist es, Blockaden, wie sie sich beim Zusammenspiel zwischen Polen und Ungarn gezeigt haben, künftig zu verhindern.[19]

Reformbereich 6: Demokratisierung der EU

Zur Stärkung der demokratischen Legitimation der EU (s. Abschn. 7.1) herrscht Einigkeit zwischen Konferenz und

---

[19] Es gibt weitere Vorschläge zur Stärkung der Rechtsstaatlichkeit jenseits einer Vertragsänderung, nämlich durch eine Reform des Sekundärrecht basierten Konditionalitätsmechanismus. Dieser sieht eine Nichtauszahlung von EU-Geldern bei Verstößen gegen die Rechtsstaatlichkeit vor, die sich negativ auf den EU-Haushalt auswirken (s. Abschn. 3.1). Das EP schlägt vor, den Anwendungsbereichs des Mechanismus auf neue Bereiche, unabhängig von deren Relevanz für den EU-Haushalt zu erweitern. Die Expertengruppe kann sich die Ausweitung auf alle systematischen Verletzungen der in Art. 2 EUV verankerten europäischen Werte vorstellen oder alternativ die Ausweitung des Anwendungsbereichs auf andere Verhaltensweisen, die sich negativ auf den EU-Haushalt auswirken.

Expertengruppe im Hinblick auf eine Harmonisierung der Wahlen zum EP (Wahlbedingungen, Wahlalter, Wahltermin, Anforderungen an Wahlbezirke, Kandidaten, politische Parteien und deren Finanzierung). Nach Überzeugung der Konferenz sollten im Rahmen eines solch einheitlichen EU-Wahlrechts ein Teil der Mitglieder des EP über eine transnationale bzw. EU-weite Liste gewählt werden, der Rest weiterhin in den Mitgliedstaaten. Das EP schweigt zum Thema transnationale Listen. Die Expertengruppe unterstützt die Forderung zwar prinzipiell, will aber nicht deren Einführung empfehlen, weil es sich um ein höchst kontroverses Thema im Rat handelt.

Konsens besteht hinsichtlich der besseren Nutzung und dem Ausbau partizipativer Instrumente der Bürgerbeteiligung. Die Konferenz macht hierfür zahlreiche Vorschläge: Durchführung eines EU-weiten Referendums bei Fragen von besonderer Relevanz für die EU-Bürgerinnen und EU-Bürger, Entwicklung eines Mechanismus zur Überwachung politischer und legislativer Initiativen durch die Bürgerinnen und Bürger, Erhöhung der Häufigkeit von Online-und Offline-Interaktionen zwischen den EU-Organen und der EU-Bürgerschaft, Bereitstellung einer digitalen Plattform zum Austausch zwischen Unionsbürgerinnen und Unionsbürgern für Fragen an EU-Organe und für Online-Abstimmungen, regelmäßige Abhaltung von Bürgerversammlungen usw. Das EP bleibt eher unkonkret und fordert allgemein, dass die Instrumente für die Beteiligung der Bürgerinnen und Bürger am Beschlussfassungsverfahren der EU gestärkt werden. Die Expertengruppe spricht sich für eine Reform der EBI und für eine bessere Kommunikation über ihr Potenzial aus. Darüber hinaus sollen Bürgerforen institutionalisiert werden, um wichtige Entscheidungen wie z. B. eine Neuausrichtung der EU-Politik, Vertragsreformen oder Erweiterungen zu flankieren.

Reformbereich 7: Stärkung der Transparenz

Die Beschlussfassung der EU-Organe soll transparenter gemacht werden. Hierfür fordert die Konferenz, dass den Bürgerinnen und Bürgern die Dokumente aus den Sitzungen der EU-Organe schneller zugänglich gemacht werden. Darüber hinaus sollen beispielsweise die Sitzungen des Rates und des EP, einschließlich der Abstimmungen, online übertragen werden. Das EP schlägt vor, die Transparenz des Rates zu erhöhen, indem er verpflichtet wird, seine Standpunkte aus dem ordentlichen Gesetzgebungsverfahren zu veröffentlichen, um darüber eine öffentliche Debatte zu ermöglichen. Ferner soll eine Möglichkeit geschaffen werden, um die Transparenz und Integrität der Beschlussfassung des EP und des Rates zu stärken. Die Expertengruppe setzt sich für die Einrichtung eines neuen Amts für Transparenz und Integrität ein. Dieses Amt soll den Auftrag bekommen, die Aktivitäten aller Akteure zu beobachten, die innerhalb der oder für die EU-Institutionen tätig sind.

Reformbereich 8: Schaffung einer Verteidigungsunion

Vor dem Hintergrund des russischen Angriffskrieges auf die Ukraine rückt die Frage der europäischen Verteidigungsfähigkeit in den Fokus von Reformideen. Die Konferenz spricht sich für den Aufbau gemeinsamer Streitkräfte zur Selbstverteidigung gegen aggressive Militäraktionen jeglicher Art aus. Das EP geht noch einen Schritt weiter und fordert die Einrichtung einer Verteidigungsunion mit dauerhaft stationierten gemeinsamen europäischen Militäreinheiten und einer ständigen Schnelleingreifkapazität. Die von der deutschen und französischen Regierung eingesetzte Expertengruppe thematisiert zwar nicht den Aufbau gemeinsamer Streitkräfte, allerdings hat Emmanuel Macron in Sorbonne 2 die Schaffung einer gemeinsamen Einsatztruppe sowie eines gemeinsamen Verteidigungshaushalts gefordert.

Reformbereich 9: Stärkung der Subsidiarität

Die Konferenz möchte den Frühwarnmechanismus bzw. die Subsidiaritätskontrolle durch die nationalen Parlamente (s. Abschn. 6.2) dahingehend überprüfen, ob nicht auch alle Regionalparlamente innerhalb der EU, die über Gesetzgebungsbefugnisse verfügen, Teil der Subsidiaritätskontrolle werden können. Darüber hinaus sollen die nationalen Parlamente stärker in das Gesetzgebungsverfahren des EP eingebunden werden, z. B. durch die Teilnahme an Anhörungen. Das EP nimmt die Vorschläge der Konferenz auf und fordert ebenfalls, dass die Stellungnahmen regionaler Parlamente mit Gesetzgebungsbefugnissen in den Stellungnahmen der nationalen Parlamente zu Legislativentwürfen berücksichtigt werden. Darüber hinaus schlägt das EP in Ergänzung der gelben und orangenen Karte im Rahmen der Subsidiaritätskontrolle eine grüne Karte für den Fall vor, dass ein Gesetzgebungsvorschlag der Kommission die Bedürfnisse der lokalen Ebene nicht ausreichend berücksichtigt.

Reformbereich 10: Migrationspolitik

Die Konferenz hat viele Vorschläge zum Thema Migration, Asyl und Einwanderung erarbeitet. Sie fordert u. a. eine Überprüfung des Dublin-Systems, um Solidarität und eine gerechte Aufteilung der Verantwortlichkeiten, einschließlich der Umverteilung von Migranten unter den Mitgliedstaaten, sicherzustellen. In die gleiche Richtung zielt die Forderung des EP, die Migrationspolitik an die wirtschaftliche und soziale Stabilität der Mitgliedstaaten anzupassen.

Fazit: Reformideen für die EU

Vorschläge für eine Reform der EU-Institutionen einschließlich der Beschlussfassung im Rat sowie Vorschläge zur Demokratisierung und Stärkung der Transparenz von EU-Entscheidungen liegen ausreichend vor. Für eine Umsetzung der Reformideen, die einer Vertragsänderung bedürfen, bedarf es eines neuen Reformvertrages. Doch ist unklar, wann der nächste Reformvertrag verabschiedet wird und erschwerend kommt hinzu, dass künftige Vertragsänderungen (noch) schwieriger werden, weil mit jedem Beitritt zur EU ein zusätzliches potenzielles Veto gegen Vertragsänderungen verbunden sein kann (Lippert 2023, S. 41).

Sinnvollerweise sollten deshalb schon jetzt Reformen umgesetzt werden, die keiner Vertragsänderung bedürfen. Hierfür könnten bestehende Instrumente genutzt werden, wie die Brückenklausel (Passarelle-Klausel) des Art. 48 Abs. 7 EUV für den Übergang von Einstimmigkeits- zu Mehrheitsentscheidungen, um die EU vor einer Paralyse des Entscheidungsverfahrens zu bewahren. In Fragen der Außen- und Sicherheitspolitik bietet Art. 31 EUV die Möglichkeit, dass im Rat die Mitgliedstaaten, die eine Beschlussvorlage ablehnen, ihre Ablehnung dokumentieren können, ohne dass sie die anderen Regierungen durch ihr Veto ausbremsen (Große Hüttmann 2023, S. 7). Darüber hinaus kann ein Mehr an Demokratie in der EU ohne Vertragsänderungen durchgesetzt werden (s. Reformbereich 6). Diese Chancen sollten genutzt werden, denn gerade in Anbetracht der Auseinandersetzung mit dem erstarkenden Rechtspopulismus in Europa ist eine Stärkung der demokratischen Legitimation der EU und ihrer Organe essenziell.

7.4 Differenzierte Integration als Zukunftsmodell der EU

Zu Beginn der europäischen Integration stand für alle Mitgliedstaaten das allgemein akzeptierte Ziel einer „ever closer union", also einer immer engeren Union. Damit verbunden war das „Paradigma der einheitlichen oder homogenen Integration" (Busch 2014, S. 3), das dadurch gekennzeichnet ist, dass Integrationsschritte von allen Mitgliedstaaten zur gleichen Zeit, im gleichen Tempo, mit der gleichen Zielsetzung, den gleichen Mitteln sowie im gleichen institutionellen und rechtlichen Rahmen umgesetzt werden (Riedeberger 2016, S. 92).

Die Idee der nichteinheitlichen bzw. *differenzierten Integration* gibt es bereits seit der Gründung der Europäischen Gemeinschaften (Riedeberger 2016, S. 50). Differenzierte Integration liegt dabei immer dann vor, wenn mindestens ein Kriterium der einheitlichen Integration nicht erfüllt ist (ebd., S. 100), also z. B. Integrationsschritte nicht für alle Mitgliedstaaten (zeitgleich) Geltung entfalten. Vertragliche Relevanz erhielt die differenzierte Integration erstmals durch den Vertrag von Maastricht, der u. a. im Bereich der Wirtschafts- und Währungsunion und dem Schengen-Abkommen Bestimmungen vorsah, die eine Nichtteilnahme von Mitgliedstaaten in diesen zwei Bereichen ermöglichte (ebd., S. 54 f.).

Die differenzierte Integration steht immer dann im Fokus der politischen Diskussion, wenn eine Blockade einzelner Mitgliedstaaten den gesamten Prozess der Integration zu behindern, wenn nicht gar zu stoppen, droht. Mit dem Instrument der Differenzierung können für unterschiedliche Staaten unterschiedliche Regeln bei gleichzeitigem Voranschreiten der Integration festgelegt werden (Tekin 2020, S. 667 ff.).

In Anbetracht einer stetigen Erweiterung der EU und der damit verbundenen Problematik, dass nicht alle Mitgliedstaaten politisch und wirtschaftlich willens und in der Lage sind, allen Schritten einer einheitlichen Integration zu folgen, hat der Europäische Rat bereits 2014 die differenzierte Integration als Instrument für ein erfolgreiches Fortschreiten des europäischen Integrationsprozesses akzeptiert. So stellte er fest, „dass das Konzept einer immer engeren Union für verschiedene Länder verschiedene Wege der Integration zulässt und es denen, die die Integration vertiefen wollen, ermöglicht, weiter voranzugehen, wobei gleichzeitig die Wünsche derjenigen, die keine weitere Vertiefung möchten, zu achten sind" (Europäischer Rat 2014, S. 11).

7.4.1 Modelle der differenzierten Integration

In der politikwissenschaftlichen Forschung werden verschiedene Modelle der differenzierten Integration als eine Perspektive für die Zukunft der EU diskutiert, aufbauend auf der Unterscheidung eines zeitlichen, geografischen und sachlichen Abweichens von einer einheitlichen Integration. Dies sind: Kerneuropa, Europa der zwei Geschwindigkeiten, Europa der konzentrischen Kreise, Europa der variablen Geometrie sowie Europa à la carte (Busch 2014, S. 3, 7 f.).

Das Modell *Kerneuropa* ist bereits 1994 von den CDU-Politikern Schäuble und Lamers in die Diskussion eingebracht worden. Ihnen zufolge sollte ein harter Kern vertiefungs- und kooperationswilliger Staaten, darunter insbesondere Deutschland und Frankreich als auch die Benelux-Staaten, eine verstärkte Integration anstreben. Andere, weniger integrationswillige Staaten, die eine weiterreichende Zusammenarbeit ablehnen oder hierzu nicht in der Lage sind, sollten diesem Kern fernbleiben. Projekte für ein Kerneuropa – die daran teilnehmenden Staaten werden auch als Avantgarde oder Pioniergruppe bezeichnet – wurden in der Vergangenheit vielfach diskutiert: u. a. die Schaffung einer europäischen Wirtschaftsregierung inkl. der Schaffung eines eigenen Haushalts für die Eurozone, die Vergemeinschaftung der europäischen Außenpolitik oder die Vergemeinschaftung der europäischen Sozialpolitik. Schwierig würde sich jedoch die tatsächliche rechtliche Ausgestaltung eines Kerneuropas gestalten. Notwendig wäre eine Art Auflösungsvertrag, der den Staaten, die nicht dem Kern angehören wollen oder können, einen Status ähnlich dem der Staaten im Europäischen Wirtschaftsraum (EWR) verleiht (Schäfer-Nerlich und Wessels 2019, S. 9 f.). Die mögliche Gefahr des Modells Kerneuropa besteht letztlich darin, dass sich auf Dauer ein Europa „erster" und

„zweiter" Klasse entwickelt, das schließlich zur dauerhaften Spaltung der EU führt.

Beim Modell *Europa der zwei Geschwindigkeiten* vereinbaren einige vertiefungswillige Mitgliedstaaten untereinander ebenfalls weitergehende Integrationsschritte. Doch im Unterschied zum Modell Kerneuropa halten alle Mitgliedstaaten am Ziel der einheitlichen Integration fest, wobei einige die vereinbarten Ziele erst mit zeitlichem Verzug erreichen. Damit entspricht das Modell am ehesten der ursprünglichen Intention des Integrationsprozesses. Diese Form der differenzierten Integration kann als die anspruchsvollste gelten, vor allem vor dem Hintergrund der Erweiterung der EU, weil es schwierig sein wird, 27 und mehr Staaten auf gemeinsame Ziele zu verpflichten (Kleger 2018, S. 419). Prominentestes Beispiel für ein Europa der zwei Geschwindigkeiten ist der Euro, der gegenwärtig erst in 20 Mitgliedstaaten als Währung gilt, weil der Beitritt zur Währungsunion gemäß Art. 140 Abs. 2 AEUV von der Erfüllung bestimmter Kriterien abhängig ist. Der Rat trifft die Entscheidung, ob ein Staat Mitglied der Währungsunion werden kann. Als Gefahr eines Europas der zwei Geschwindigkeiten gilt die potenzielle Transformation zu einem Kerneuropa für den Fall, dass die zurückgebliebenen Mitgliedstaaten längerfristig oder sogar dauerhaft weder willig noch fähig sind, die für alle vereinbarten Integrationsziele zu erreichen (Tekin 2023, S. 158). Eine dauerhaft zweigeteilte EU, wie beim Modell Kerneuropa, wäre die zwangsläufige Folge.

Das Modell *Europa der konzentrischen Kreise* stellt eine Weiterentwicklung des Modells Kerneuropa dar. In beiden Modellen haben die Mitgliedstaaten die Möglichkeit selbst über ihren Integrationsgrad zu entscheiden, wobei es beim Europa der konzentrischen Kreise nicht zwei, sondern mehrere abgestufte Integrationsgrade in Form von Kreisen, die sich um den Kern bilden, gibt (Busch 2014, S. 3; Tekin

2020, S. 678). Im Unterschied zum Europa der zwei Geschwindigkeiten werden nicht nur temporäre, sondern dauerhafte Integrationsdifferenzen geduldet. Die Besonderheit dieses Modells liegt ferner darin, dass es sich nicht auf eine Mitgliedschaft in der EU beschränkt, d. h. auch Staaten wie z. B. die Schweiz oder Norwegen können Teil eines der (äußeren) Kreise sein. An dem Modell wird kritisiert, dass die zahlreichen verschiedenen Integrationsstufen zu einer großen Unübersichtlichkeit und zu einer „Vielklassengesellschaft" führen.

Ende 2023 hat die deutsch-französische Expertengruppe, die Vorschläge für eine institutionelle Reform der EU ausgearbeitet hat (s. Abschn. 7.3.3), eine Differenzierung der Integration ins Spiel gebracht, die vier separate Dimensionen für die europäische Integration mit unterschiedlichem Profil in Bezug auf Rechte und Pflichten beinhaltet und damit dem Modell der konzentrischen Kreise entspricht. Wie Abb. 7.1 zeigt, gibt es einen inneren Kreis mit vertiefter Integration von Mitgliedstaaten, die dem Euro-Raum und dem Schengen-Abkommen angehören und die

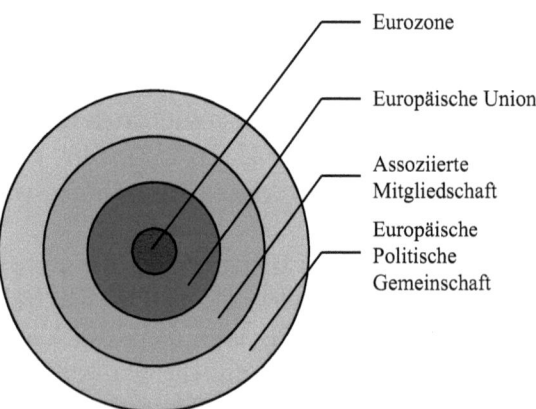

Abb. 7.1 Europa der konzentrischen Kreise. Quelle: Gruppe der Zwölf 2023, S. 48

7 Demokratie in der EU, Reformvorschläge und ... 269

perspektivisch stärker in Bereichen wie Klima, Energie und Besteuerung zusammenarbeiten. Die EU selbst bildet den zweiten Kreis, deren Mitglieder an die Ziele und Werte der EU gebunden sind und von den Kohäsionsfonds und der Umverteilungspolitik profitieren. Ein dritter Kreis (erste äußere Dimension) bündelt die verschiedenen Formen der Assoziierung mit den EWR-Ländern wie z. B. der Schweiz oder dem Vereinigten Königreich. Die assoziierten Staaten nehmen nicht an einer weitergehenden Integration teil, der Kernbereich der Teilnahme ist der Binnenmarkt. Die Einhaltung gemeinsamer Grundsätze und Werte der EU einschließlich Demokratie und Rechtsstaatlichkeit sind Voraussetzungen für den Status als assoziiertes Mitglied. Sie sind nicht im EP oder in der Kommission vertreten, besitzen jedoch im Rat Rederecht ohne die Möglichkeit der Ausübung des Stimmrechts. Darüber hinaus unterliegen sie der Rechtsprechung durch den EuGH und zahlen auf geringem Niveau in den EU-Haushalt ein, erhalten im Gegenzug jedoch keine Agrarsubventionen oder Gelder aus den Kohäsionsfonds. Im vierten Kreis (zweite äußere Dimension) greifen kein Unionsrecht und keine Verpflichtungen zur Einhaltung der Werte der Union, wie z. B. die Rechtsstaatlichkeit. Die Zusammenarbeit basiert im Wesentlichen auf geopolitischen Gründen und findet in solchen Bereichen von wechselseitiger Bedeutung und Relevanz statt wie z. B. Sicherheit, Energie, Umwelt oder Klima. Mitglieder dieses Kreises könnten Staaten der „Europäischen Politischen Gemeinschaft" (EPG)[20] sein, die in eine stabile institutionelle Form zu überführen ist. Inner-

---

[20] Die EPG wurde auf Initiative des französischen Staatspräsidenten Emmanuel Macron im Jahr 2022 gegründet. Sie ist eine Plattform für die politische Koordinierung der derzeit 27 EU-Staaten mit den zehn Beitrittskandidaten (s. Tab. 3.2), den vier EFTA-Mitgliedstaaten sowie Andorra, Armenien, Aserbaidschan, Monaco, San Marino und das Vereinigte Königreich. Das 5. Gipfeltreffen der EPG fand im November 2024 in Ungarn statt.

halb der EPG könnten Freihandelsabkommen die Grundlage für Wirtschaftsbeziehungen darstellen. Die Teilnahme sollte zumindest an Mindeststandards gekoppelt sein, wie z. B. die Mitgliedschaft im Europarat oder die Unterzeichnung der EMRK.

Das *Europa der variablen Geometrie* ist ein Modell, bei dem integrationswillige Mitgliedstaaten auch ohne Zustimmung der anderen in der Integration voranschreiten können, wodurch verschiedene Integrationsgruppen mit unterschiedlichen Mitgliedstaaten entstehen (Tekin 2023, S. 158). Im Unterschied zum Konzept Kerneuropa, das auf eine Vertiefung der EU durch eine Teilgruppe (Kern) von Mitgliedstaaten abzielt, sieht die Strategie der variablen Geometrie vor, dass Staaten, die willig und fähig sind, in bestimmten Sektoren eine tiefer gehende Zusammenarbeit eingehen. Solche Konstruktionen sektoraler weitergehender Zusammenarbeit einer Teilgruppe von Mitgliedstaaten können auch dauerhaft bestehen bleiben (Schäfer-Nerlich und Wessels 2019, S. 10).

Das Modell *Europa à la carte* schließlich ist vom Grundgedanken der einheitlichen Integration am weitesten entfernt. „Integrationsförderung ist nicht mehr das Ziel" (Tekin 2023, S. 158). Ein einheitlicher europäischer Integrationsraum wird durch einen Kooperationsraum flexibel auftretender kleinerer oder größerer Gruppen ersetzt (Schäfer-Nerlich und Wessels 2019, S. 15). Jeder Mitgliedstaat kann sich das Politikfeld aussuchen, in dem er mit den anderen Mitgliedstaaten enger zusammenarbeiten möchte, wobei der institutionelle Rahmen der EU hierfür nicht mehr zwangsläufig notwendig ist. Diese Form der „Rosinenpickerei" trägt starke intergouvernementalistische Züge und könnte eine Renationalisierung der europäischen Integration, mithin eine Desintegration zur Folge haben (Busch 2014, S. 4; Tekin 2020, S. 679).

7.4.2 Differenzierungen in den Verträgen

Jenseits der oben dargestellten Modelle sieht der Vertrag von Lissabon selbst eine Form differenzierter Integration vor, nämlich die in den Art. 20 EUV i. V. m. Art. 326–334 AEUV verankerte *Verstärkte Zusammenarbeit* (VZ). Dieses Instrument ermöglicht es einer Gruppe von mindestens neun Mitgliedstaaten, in einem bestimmten Bereich enger zusammenzuarbeiten. Das hat zur Folge, dass nur für die teilnehmenden Mitgliedstaaten bindende Rechtsakte erlassen werden. Ihren Antrag richten sie an die Kommission, der Rat entscheidet mit qualifizierter Mehrheit. Weitere Mitgliedstaaten können sich jederzeit dieser Gruppe anschließen. Die VZ, die erstmals im Vertrag von Amsterdam primärrechtlich verankert wurde, entspricht dem Grundgedanken des Europas der zwei Geschwindigkeiten. Auch hier schreiten einige Mitgliedstaaten in der Integration voran, im Unterschied zum Modell des Europas der zwei Geschwindigkeiten müssen sich jedoch nicht alle Mitgliedstaaten zu einem gemeinsamen Ziel bekennen. Mitgliedstaaten, die eine weitere Stufe der Integration nicht erklimmen wollen oder können, müssen dies nicht, können dies jedoch jederzeit nachholen, wenn sich ihre Präferenzen bzw. Möglichkeiten geändert haben. Diese Flexibilität innerhalb des vertraglichen Rahmens der EU würde auch eine Erweiterung der EU auf mehr als 30 Mitgliedstaaten, die sonst die Gefahr einer Lähmung der Handlungsfähigkeit der EU aufgrund der Heterogenität der Mitglieder beinhalten würde, besser zu handhaben helfen (Busch und Sultan 2022, S. 54).

Bislang gibt es fünf Anwendungsbereiche der VZ: das grenzüberschreitende Scheidungsrecht (2010) mit 17 Teilnehmern, das EU-Patent (2011) mit 25 Teilnehmern, die Finanztransaktionssteuer (2013) mit 11 Teilnehmern, die güterrechtliche Regelung für internationale Paare (2016) mit 18 Teilnehmern und die Europäische Staatsanwaltschaft (2017) mit 22 Teilnehmern (Tekin 2023, S. 159).

Eine Sonderform der Verstärkten Zusammenarbeit stellt die auf das Gebiet der GSVP beschränkte *Ständige Strukturierte Zusammenarbeit* (SSZ) (Art. 42 Abs. 6, Art. 46 EUV) dar, die eine engere Kooperation im militärischen Bereich vorsieht. Im Dezember 2017 unterzeichneten zunächst die Außen- und Verteidigungsminister von 25 Mitgliedstaaten die Vereinbarung zur SSZ (bekannt auch als PESCO – Permanent Structured Cooperation). In Folge des russischen Angriffskrieges in der Ukraine ist Dänemark 2023 der SSZ als 26. Mitgliedstaat beigetreten, nur Malta hat sich noch nicht zur Teilnahme entschlossen. Die SSZ stellt den Einstieg in den Aufbau einer europäischen Verteidigungsunion dar, mit deren Hilfe die EU eigenständig für ihre militärische Sicherheit sorgen kann und im Idealfall nicht mehr von der NATO abhängig ist.

Eine besondere Form der Differenzierung, die ebenfalls vertraglich geregelt ist, stellen die sogenannten *opt-out-Regelungen* dar. Hier handelt es sich um primärrechtlich verankerte Ausnahmeregelungen, die es Mitgliedstaaten ermöglichen, sich dauerhaft nicht in einem bestimmten Bereich der EU-Politik an der gemeinschaftlich vereinbarten Zusammenarbeit zu beteiligen. Darüber hinaus kann es auch opt-outs im Sekundärrecht geben, wenn Mitgliedstaaten eine Ausnahmeregelung haben, sich nicht an einer konkreten Bestimmung eines Rechtsaktes beteiligen zu müssen (Deutscher Bundestag 2015, S. 4; Tekin 2020, S. 668).

Beispiele für opt-out-Regelungen gibt es zahlreiche: So ist Dänemark, wie vormals auch Großbritannien, vertraglich nicht verpflichtet, den Euro einzuführen. Auch hatte sich Dänemark ausbedungen, nicht an der GSVP teilzunehmen – angesichts des russischen Überfalls auf die Ukraine beschloss das Land jedoch in einem Referendum am 01. Juni 2022, sein opt-out zu beenden. Ein weiteres opt-out gibt es bei der GRC. Gemäß Protokoll Nr. 30 des

Vertrages von Lissabon ist Polen nicht an der GRC beteiligt. Dies hat zur Folge, dass polnische Bürgerinnen und Bürger keine innerstaatlichen Maßnahmen, die in Durchführung des Unionsrechts erlassen wurden, am Maßstab der EU-Grundrechte gerichtlich überprüfen lassen können.

Interessant, um nicht zu sagen undurchsichtig, wird es, wenn Mitgliedstaaten in einem Politikbereich einerseits ein primärrechtlich geregeltes opt-out haben, sie andererseits jedoch durch eine *opt-in-Regelung* die Möglichkeit erhalten, sich an einzelnen Entscheidungen dieses Politikbereichs doch zu beteiligen (von Ondarza 2012, S. 9). So hat sich für Irland und Dänemark im Bereich des RFSR und des Schengen-Abkommens ein komplexes System von opt-out und opt-in-Reglungen entwickelt. Während Irland kein Teil des RFSR und des Schengen-Raums ist (opt-out), kann es gleichwohl an ausgesuchten Maßnahmen in diesen Bereichen teilnehmen (opt-in), so z. B. im Bereich der Asyl- und Migrationspolitik. Dänemark hat zwar das Schengener Abkommen unterzeichnet (opt-in), gleichzeitig beteiligt sich das Land jedoch aufgrund Protokoll Nr. 22 des Vertrages von Lissabon nicht an der Visa-, Asyl- und Einwanderungspolitik sowie an anderen Politiken des freien Personenverkehrs (opt-out) (Tekin 2023, S. 162). Die opt-in-Regelungen ermöglichen Mitgliedstaaten eine komplette Wahlfreiheit. Sie können sich einerseits über opt-out-Regelungen der Teilnahme an einem bestimmten Bereich der EU-Politik entziehen, andererseits jedoch selektiv je nach Interesse an Einzelmaßnahmen dieses Bereiches partizipieren, was letztlich dem Model des Europas à la carte entspricht (von Ondarza 2012, S. 10).

Jagdhuber und Rittberger (2020, S. 184 ff.) unterscheiden zwei Formen der Differenzierung: die vertikale und die horizontale Differenzierung. Die vertikale Differenzierung kommt darin zum Ausdruck, dass die EU beispielsweise über weitgehende Kompetenzen im Bereich des Binnenmarktes verfügt, während Fragen der Steuer- und Sozialpolitik sowie der Verteidigungspolitik weitgehend im Kompetenzbereich der Mitgliedstaaten liegen. Bei der horizontalen Differenzierung geht es um den Geltungsbereich von EU-Regeln und darum, dass nicht alle EU-Mitgliedstaaten im gleichen Maße an EU-Politiken oder EU-Maßnahmen teilhaben. Bei der horizontalen Differenzierung sind zwei Untertypen zu beobachten: die interne und externe Differenzierung. Während sich die interne (horizontale) Differenzierung auf die Möglichkeit der Nicht-Teilnahme von Mitgliedstaaten an Politiken und Maßnahmen der EU bezieht und damit den oben dargestellten opt-out-Regelungen entspricht, zeichnet sich die externe (horizontale) Differenzierung dadurch aus, dass nicht nur EU-Mitgliedstaaten, sondern auch Staaten, die nicht der EU angehören an europäischen Initiativen teilnehmen, wie es z. B. beim Schengen-System mit Island, Liechtenstein, Norwegen und der Schweiz der Fall ist.

7.4.3 Differenzierte Integration als Zukunftsmodell

Differenzierungen haben sich im Verlauf der europäischen Integrationsgeschichte als ein Mittel erwiesen, die Heterogenität der Mitgliedstaaten und damit einhergehend ihre unterschiedlichen Fähigkeiten und Interessen zu berücksichtigen. Dadurch, dass es den Mitgliedstaaten selbst überlassen wird, in welchen Bereichen und in welchem Umfang sie sich an der EU-Politik beteiligen wollen, verzichten sie auf Blockaden und langfristig auf einen EU-Austritt.[21] So

---

[21] Die Ausnahme bestätigt die Regel: Am Beispiel von Großbritannien und des Brexit zeigt sich, dass dies nicht immer gelingt. So stimmten die Briten mehrheitlich für einen Austritt ihres Landes aus der EU, obwohl der ehemalige Premierminister David Cameron im Vorfeld des Referendums 2016 von der EU eine Zusage erwirken konnte, dass Großbritannien vom Ziel einer „ever closer union" befreit wird.

lässt sich die differenzierte Integration nicht mehr aus dem Werkzeugkasten europäischer Integrationspolitik wegdenken, sie hat sich vielmehr zu einem Strukturmerkmal der EU etabliert und wird vielfach praktiziert (Tekin 2020, S. 667). An diesen Befund schließt sich die Frage an, ob die differenzierte Integration zu einer Zerfaserung und Zersplitterung und damit zu einer „ever looser union",[22] also einer immer lockeren Union, führt oder eher zu einer Konsolidierung der Integration (Schimmelpfennig und Tekin 2023, S. 95).

Einer Untersuchung über die Zahl von Differenzierungen in den europäischen Verträgen haben Schimmelpfennig/Tekin eine Definition von Differenzierung zugrunde gelegt, die der internen (horizontalen) Differenzierung entspricht. Nach ihrer Definition liegt Differenzierung demnach dann vor, „wenn ein Mitgliedstaat für einen kontinuierlichen Zeitraum rechtlich von einer EU-Politik (bzw. mindestens einem relevanten Vertragsartikel) ausgenommen ist" (2023, S. 96). Zu Beginn (1958) des Integrationsprozesses, so ihr Ergebnis, war der Grad der Differenzierung niedrig, die sieben Erweiterungsrunden von einst sechs auf 28 Mitgliedstaaten sowie das Inkrafttreten diverser Reformverträge sorgten jedoch für eine deutliche Zunahme. Mit dem Beitritt von Rumänien und Bulgarien 2007 erreichte die Zahl an Differenzierungen mit über 100 ihren Höhepunkt. Gegenwärtig liegt die Zahl bei rund 60 Differenzierungen und damit auf dem niedrigsten Stand seit der Osterweiterung, was u. a. mit dem Brexit, also dem Austritt des Vereinigten Königreichs aus der EU (2020), dem Beitritt Kroatiens zur Eurozone und zum Schengenraum (2023) und, wie oben bereits dargestellt, der Rücknahme des opt-outs durch Dänemark bei

---

[22] Siehe hierzu: Schimmelpfennig, Frank/Winzen, Thomas: Ever Looser Union? Differentiated European Integration, Oxford 2020.

der GSVP (2022) zu erklären ist.[23] Noch stärker ursächlich für den Rückgang von Differenzierungen ist jedoch, dass es seit 2009 (Vertrag von Lissabon) zu keiner vertraglichen Vertiefung der Integration mehr gekommen und zusätzlich der Erweiterungsprozess erlahmt ist (letzter Beitritt Kroatien 2013).[24] Damit bestand keine Notwendigkeit mehr zur Überwindung politischer Blockaden durch das Zugeständnis von Differenzierungen an Mitgliedstaaten (ebd., S. 96 ff.).

Auch die Krisen (Polykrise), mit denen die EU in den vergangenen Jahren zu kämpfen hatte (s. Abschn. 2.5), führten nicht zu einem Anstieg der differenzierten Integration, sondern eher zu einer Konsolidierung der Integration, so ein weiteres Ergebnis der Untersuchung. Gründe hierfür sind u. a., dass (1) die Differenzierung als Antwort auf Krisen bei bereits integrierten Politikfeldern auf Widerstände und Hindernisse trifft, (2) die supranationalen Institutionen der Differenzierung eher skeptisch gegenüberstehen und (3) die Differenzierung nur unter dem Vorbehalt akzeptiert wird, dass eine einheitliche Integration nicht durchsetzbar ist, eine Mehrzahl der Mitgliedstaaten an der differenzierten Integration teilnimmt und diese offen für eine spätere Teilnahme weiterer Mitgliedstaaten ist, so wie es auch das Konzept der VZ nach Art. 20 EUV zum Ausdruck bringt (ebd., S. 103).

Die Überzeugung, dass die differenzierte Integration nicht zu Desintegration, sondern vielmehr zu einer Konsolidierung der Integration geführt hat, wird von Straten-

---

[23] Zum weiteren Rückgang beitragen wird auch der am 01. Januar 2025 erfolgte vollständige Beitritt von Bulgarien und Rumänien zum Schengen-System.

[24] Mit einer Zunahme von Differenzierungen ist jedoch spätestens mit der Aufnahme weiterer Mitgliedstaaten zu rechnen. Die Beschlüsse über den Beginn der Beitrittsverhandlungen mit der Ukraine und Moldawien vom Juni 2024 sowie der Beschluss über die Aufnahme von Beitrittsverhandlungen mit Bosnien-Herzegowina vom März 2024 zeichnen diesen Weg vor.

schulte geteilt. Er verweist darauf, dass es gerade das Mittel der Differenzierung ist, das einem Mitgliedstaat die Zustimmung zu einer EU-Regelung, die er eigentlich ablehnt, ermöglicht, in dem Wissen, dass er sie nicht umsetzen muss. Daraus schlussfolgert er: „Ohne die differenzierte Integration, die einige Staaten von den jeweiligen Regeln ausnimmt, gäbe es insgesamt weniger Integration" (2020, S. 179). Im Ergebnis, so Stratenschulte, macht die differenzierte Integration die EU zwar ein bisschen komplizierter, durch sie gelingt es aber „Unterschiede im Wollen oder Können im Hinblick auf eine Vertiefung der Integration auszubalancieren und so die EU insgesamt nach vorne zu bringen" (S. 181).

Alles in allem führt die differenzierte Integration nicht zu Desintegration, mithin also nicht zu einer „ever looser union". Vielmehr kann festgestellt werden, „dass die EU als ‚System differenzierter Integration' die nötige Flexibilität bietet, um die EU auch in Krisen und bei Herausforderungen zu konsolidieren und, wo nötig, weiter zu vertiefen" (Schimmelpfennig und Tekin 2023, S. 114). Das Konzept der differenzierten Integration ist gleichwohl kein Allheilmittel, weil es auch Nebenwirkungen enthält, die es zu begrenzen gilt. So dürfen die Differenzierungen nur so weit gehen, dass kein Flickenteppich von verschiedenen Integrationsstufen entsteht, der zur Unübersichtlichkeit führt und im Extremfall die Teilung der EU auf Dauer zementiert – mithin Desintegration zur Folge hat. Wenn dies gelingt, ist die differenzierte Integration nicht nur ein bereits in der Vergangenheit und der Gegenwart erfolgreich praktiziertes Modell, sondern es kann auch ein Modell sein, das der EU eine Perspektive bietet und sie in eine erfolgreiche Zukunft führt.

Zusammenfassung: Differenzierte Integration

Bei der differenzierten Integration geht es darum, Möglichkeiten aufzuzeigen, wie die europäische Integration nicht im Gleichschritt aller Mitglieder voranschreitet, sondern sich Integrationsschritte einzelner Mitgliedstaaten nach deren Wollen oder Können ausrichten. Das bislang schon erprobte Modell differenzierter Integration ist das Europa der zwei Geschwindigkeiten. Hier einigen sich die Mitgliedstaaten auf eine tiefer gehende Zusammenarbeit in einem Politikfeld. Doch nicht alle Mitgliedstaaten müssen diesen weiteren Integrationsschritt von Beginn an mitgehen, sondern es gibt die Möglichkeit erst zu einem späteren Zeitpunkt das gemeinsam vereinbarte Integrationsziel zu erreichen. Differenzierung gibt es auch innerhalb der EU-Verträge. In einigen Politikfeldern wurde bereits das Instrument der VZ nach Art. 20 EUV angewendet. Es sieht vor, dass mindestens neun Mitgliedstaaten eine tiefer gehende Zusammenarbeit in einem Politikfeld vereinbaren können, die anderen Mitgliedstaaten jedoch die Möglichkeit haben, zu einem späteren Zeitpunkt den vorangeschrittenen Ländern zu folgen. In den Verträgen finden sich darüber hinaus sogenannte opt-out-Regelungen, die es Mitgliedstaaten erlauben, sich nicht an einem Politikfeld zu beteiligen bzw. bestimmte Regelungen nicht zu befolgen. Dieses Instrument wurde und wird genutzt, um Staaten in der EU zu halten bzw. sie zur Ratifikation von Reformverträgen zu bewegen. Die differenzierte Integration birgt zwar die Gefahr der Unübersichtlichkeit, bietet aber die notwendige Flexibilität, um die Integration insgesamt voranzubringen und stellt damit eine Perspektive für die Zukunft der EU dar.

8

Conclusio: Das Projekt EU endet nicht – es geht weiter!

Die EU ist – trotz ihrer (demokratischen) Defizite und Reformbedarfe – ein Erfolgsmodell. Dies wird nicht zuletzt durch die Ergebnisse einer Eurobarometer-Umfrage vom Herbst 2024 gestützt. Laut dieser Umfrage vertrauen 51 % der Befragten der EU, was das beste Ergebnis seit 2007 darstellt. Darüber hinaus haben 44 % der Befragten ein positives Bild von der EU, 38 % ein neutrales und lediglich 17 % ein negatives Bild. Nahezu zwei Drittel (62 %) der Befragten fühlen sich der EU verbunden und rund drei Viertel (74 %) gaben an, sich entweder voll und ganz oder teilweise als Bürgerin bzw. Bürger der EU zu fühlen.[1]

Doch angesichts sowohl äußerer (Krieg in der Ukraine) als auch innerer Bedrohungen (Erstarken rechtspopulistischer Parteien bei der Europawahl 2024) sowie des Amtsantritts von Donald Trump als US-Präsident am 20. Januar 2025 und die damit verbundene Unsicherheit

---

[1] Siehe: https://europa.eu/eurobarometer/surveys/detail/3215?etrans=de, 09.12.2024.

über die Zukunft der transatlantischen Sicherheitsarchitektur stellt sich einmal mehr die Frage: EU – Quo vadis?

Eher pessimistisch über die Zukunft der EU äußert sich Hubert Wetzel in seinem Beitrag für die SZ vom 20. Dezember 2024. Er ist der Ansicht, dass 2025 kein Jahr sein wird, „bei dem es um Heringfangquoten oder Ladekabelvereinheitlichungsrichtlinien geht, sondern um sehr viel mehr. Um Leben und Tod in der Ukraine zum Beispiel, um die Existenz oder Vernichtung eines europäischen Landes durch eine aggressive, imperiale Macht, auf gewisse Weise vielleicht darum, ob die EU in ihrer heutigen Form überlebt." Damit teilt er die Sorge von Emmanuel Maron, der bereits in seiner Sorbonne-2-Rede im April 2024 vor der realen Gefahr gewarnt hat, dass Europa untergehen könnte (s. Abschn. 7.3.2).

Zu Beginn dieses Bandes (Abschn. 2.1) wurden die unterschiedlichen Leitbilder der europäischen Integration diskutiert – das intergouvernementalistische mit dem Ziel der Schaffung eines europäischen Staatenbundes und das föderalistische mit dem Ziel der Schaffung eines europäischen Bundesstaates. Heute steht die Frage nach der Finalität der EU, also die Frage, welche endgültige staatsrechtliche Gestalt die EU haben soll, nicht auf der Tagesordnung europäischer Politik. Zum einen, weil eine eindeutige Tendenz in Anbetracht der Heterogenität der Interessen der Mitgliedstaaten fehlt bzw. nicht erkennbar ist, zum anderen, weil die EU vor zahlreichen Herausforderungen steht, die bewältigt werden müssen und keinen Raum für eine Finalitätsdebatte lassen. Bossong und von Ondarza (2024, S. 140 f.) benennen diesbezüglich vier strukturelle Herausforderungen, die voraussichtlich die kommende Legislaturperiode der EU von 2024 bis 2029 prägen werden: (1) die Neujustierung der europäischen Sicherheitspolitik infolge des russischen Angriffskrieges auf die Ukraine, (2) die Intensivierung des Beitrittsprozesses mit dem Ange-

8 Conclusio: Das Projekt EU endet nicht – es geht ...

bot einer glaubwürdigen Perspektive für die Beitrittskandidaten, (3) die Stärkung der Handlungsfähigkeit und Neuordnung von Entscheidungsregeln in Themen wie z. B. Wirtschaftspolitik, Asyl- und Migrationspolitik und (4) die Stärkung der Rechtsstaatlichkeit durch Aufrechterhaltung von finanziellen und politischen Sanktionen.

Eine Finalitätsdebatte über die Endziele der europäischen Integration, welche die Idee eines föderalen europäischen Bundesstaates wieder aufgreift,[2] würde indes ein wesentliches Problem zutage fördern: die fehlende Auseinandersetzung mit der Frage nach dem „Warum". Es fehlt konkret an Diskussionen über die Gründe, die für die Errichtung eines europäischen Bundesstaates sprechen, und darüber, welche spezifischen Herausforderungen und Probleme des aktuellen Integrationsprozesses dadurch effektiver gelöst werden könnten. Würde man sich ernsthaft mit diesen Fragen auseinandersetzen, käme man wohl schnell zu der ernüchternden Einsicht, dass ein europäischer Bundesstaat Probleme wie Migration oder Klimaschutz nicht besser lösen könnte als die derzeitige Struktur der Union (Thiele 2024, S. 16).

Statt auf umfassende, radikale Umgestaltungen des Bestehenden zu setzen, ist es sinnvoller, schrittweise Veränderungen anzustreben, die von der Bevölkerung akzeptiert werden und damit die Legitimation der EU stärken (ebd., S. 85). Die in Abschn. 7.3.4 beschriebenen Reformideen zu institutionellen, verfahrenstechnischen und kompetenzbezogenen Strukturen der EU sowie das Kon-

---

[2] Siehe zu dieser Thematik: Fischer, Joschka: Vom Staatenbund zur Föderation – Gedanken über die Finalität der europäischen Integration, Rede in der Humboldt-Universität Berlin vom 12.05.2000, in: Marhold, Hartmut (Hrsg.): Die neue Europadebatte, Bonn 2001, S. 41–54. Siehe auch: Brendan, Simms/ Zeeb, Benjamin: Europa am Abgrund. Plädoyer für die Vereinigten Staaten von Europa, München 2016. Im Koalitionsvertrag zwischen SPD, Grünen und FDP vom 07. Dezember 2021 war von einer „Weiterentwicklung zu einem föderalen europäischen Bundesstaat" die Rede.

zept der differenzierten Integration (s. Abschn. 7.4) könnten solche schrittweisen, aber bedeutsamen Ansätze sein. Diese Maßnahmen zielen darauf ab, sowohl die Teilhabe der Bürgerinnen und Bürger an der Politikgestaltung (Input-Legitimation) als auch die Leistungsfähigkeit der EU (Output-Legitimation) zu fördern. Priorität hat somit die behutsame Weiterentwicklung der EU, die sich als ein „Projekt mit offenem, aber dadurch gestaltbarem Ausgang erweist" (ebd., S. 115).

In diesem Zusammenhang soll dieser Band, der bereits mit einem Zitat von Heribert Prantl begann, auch mit einem Zitat aus seinem Beitrag für die SZ vom 05.–07. Januar 2024 abschließen: „Die Geschichte Europas bestand aus einer sinnlosen Abfolge von Hass und Krieg, das alte Europa war ein Europa, das Unglück über Unglück über sich und die Welt brachte. Das Projekt EWG/EG/EU, das neue Europa also, war der Versuch, nach der Katastrophe des Zweiten Weltkriegs einen Sinn aus dieser Geschichte zu destillieren, nämlich aus einer Verfeindungsgeschichte eine Entfeindungsgeschichte zu machen. Europa wollte ein Vorbild sein dafür, wie Völker ohne Krieg und Gewalt zusammenleben können. *Dieses Projekt ist nicht zu Ende* (Hervorhebung nicht im Original)."[3]

In diesem Sinne ist und bleibt es die Aufgabe der Politik, das Projekt EU weiter voranzutreiben, die Aufgabe der Bürgerinnen und Bürger, die Chancen, die es bietet, zu ergreifen, die Aufgabe der Wissenschaft, es kritisch zu begleiten und die Aufgabe der Studierenden, seine politische und rechtliche Funktionsweise zu verstehen.

---

[3] Passend zu diesem Postulat schätzen 61 % der EU-Bürgerinnen und -Bürger laut einer Eurobarometer-Umfrage vom Herbst 2024 die Zukunft der EU optimistisch ein. Siehe: https://europa.eu/eurobarometer/surveys/detail/3215?etrans=de, 09.12.2024.

Nachtrag (April 2025)

Das Projekt EU steht seit dem Frühjahr 2025 vor neuen Herausforderungen, ausgelöst durch die erratische und disruptive Politik des amerikanischen Präsidenten Donald Trump, die sowohl die transatlantischen Beziehungen als auch die globale Ordnung und Wirtschaft erschüttert. Trumps Annäherung an Russland und dessen Präsidenten Wladimir Putin, einhergehend mit der Demütigung des ukrainischen Präsidenten Wolodymyr Selenskyj während seines Besuchs im Weißen Haus, seine offen gezeigte Geringschätzung der europäischen Partner, die Konditionierung der amerikanischen Unterstützung von NATO-Partnern im Konfliktfall sowie die drastische Einführung von Zöllen, die weltwirtschaftliche Turbulenzen in Kauf nimmt – all dies hat in nur wenigen Wochen die Koordinaten der Weltpolitik verändert und zu einem Weckruf für das europäische Projekt geführt. Als Reaktion darauf will die EU 800 Milliarden Euro mobilisieren, um die Sicherheit Europas künftig ohne Unterstützung der USA zu gewährleisten. Das Ziel ist die Schaffung einer Verteidigungsunion, um auf mögliche Aggressionen seitens Russlands vorbereitet zu sein. Macron wirkt, könnte man sagen, wenn auch verspätet! Sollte es in den Handelsverhandlungen nicht zu einer Einigung kommen, plant die EU die amerikanischen Strafzölle mit europäischen Zöllen auf US-amerikanische Produkte zu beantworten. Die aktuelle Krise stellt eine der größten Herausforderungen in der krisengeprägten Geschichte der EU dar. Doch wie Jean Monnet bereits 1978 sagte: „Europa wird in Krisen geschmiedet und wird die Summe der Lösungen sein, die für diese Krisen gefunden wurden." Europa ist gegenwärtig bestrebt, Lösungen zu entwickeln, die nicht nur das Überleben des Projekts EU sichern, sondern es gestärkt aus der gegenwärtigen Phase hervorgehen lassen. Ganz im Sinne von Winston Churchill, der 1946 in seiner Europarede in Zürich forderte: „Lasst Europa auferstehen!".

Kommentierte Literaturhinweise

Burkard, Karl-Josef 2021: Europäische Integration. Strukturen, Prozesse, Probleme und Perspektiven der EU, Wiesbaden.

Der Band von Burkard bietet nach einer Einführung in die Ursprünge des europäischen Projekts eine umfassende Analyse sowohl des ökonomischen als auch des politischen Integrationsprozesses, einschließlich der EU-Institutionen. Zudem wird die EU-Erweiterung thematisiert, und es werden die vielfältigen Herausforderungen erörtert, denen die EU im Angesicht multipler Krisen gegenübersteht. Einen besonderen Schwerpunkt bildet die Diskussion über die Zukunft der Europäischen Union, in der verschiedene Szenarien und Perspektiven der europäischen Integration beleuchtet werden.

Grimmel, Andreas (Hrsg.) 2020: Die neue Europäische Union. Zwischen Integration und Desintegration, Baden-Baden 2020.

In dem von Andreas Grimmel herausgegebenen, 12 Beiträge umfassenden Sammelband vermitteln namhafte Expertinnen und Experten der deutschen Europaforschung ihre neuesten sowohl empirisch gewonnenen als auch theoriegeleiteten Erkenntnisse zum europäischen Integrationsprozess. Herausgearbeitet in den Beiträgen werden Verlauf, Impulse und Hindernisse der europäischen Integration. Im Ergebnis wird eine Parallelität von Integrations- und Desintegrationsdynamiken festgestellt und aus dieser Erkenntnis heraus werden Rückschlüsse für die Zukunft einer krisenbehafteten EU gewonnen.

Loth, Wilfried 2020: Europas Einigung. Eine unvollendete Geschichte, 2., aktual. u. erw. Aufl., Frankfurt/New York.

Für die Entwicklung eines umfassenden Verständnisses des europäischen Integrationsprozesses eignet sich das über 500 Seiten starke Standardwerk von Loth. Detailliert und kenntnisreich zeichnet der Verfasser die Entwicklung der europäischen Integrationsgeschichte vom Haager Kongress 1948 bis zum Jahr 2020 nach. Dabei ordnet er die Polykrise der EU (Griechenland-Krise, Flüchtlingskrise, Aufstieg des Populismus, Ukraine-Krise) gewinnbringend für die Leserschaft ein.

Weidenfeld, Werner 2020: Die Europäische Union, 5., aktual. Aufl., Paderborn.

Weidenfelds Werk zur EU ist informativ und eignet sich als Nachschlagewerk. Der erste Teil behandelt Grundfragen der europäischen Einigung, wie Motive und Leitbilder der Integration. Es folgen Theorien der europäischen Integration und ein Überblick über die Integrationsgeschichte. Im zweiten Teil werden die EU-Organe vorgestellt sowie Rechtsetzung und Entscheidungsverfahren erläutert. Der dritte Teil konzentriert sich auf bestimmte Handlungsfelder der EU-Politik, wie den Binnenmarkt und die Wirtschafts- und Währungsunion sowie die Rolle der EU als internationaler

Akteurin. Zum besseren Verständnis wird der Text durch 26 Infokästen unterstützt.

Wessels, Wolfgang 2022: Das politische System der Europäischen Union, 2. Aufl., Wiesbaden.

Der über 650 Seiten starke Band von Wessels geht mit seinen umfangreichen Ausführungen über eine Einführung in die EU deutlich hinaus. Sehr detailliert werden die Entstehung und Entwicklung der institutionellen Architektur der EU und anschließend die EU-Organe aus der Nahsicht behandelt. Ausführlich vermittelt der Autor ebenfalls verschiedene Verfahren, wie das Haushalts- und das Gesetzgebungsverfahren. Thematisiert werden zudem einzelne Sachpolitiken, wie Wirtschaft, Auswärtiges, Justiz und Inneres. Der Band schließt mit Überlegungen zur Zukunft des EU-Systems ab.

Literatur

Abels, Gabriele 2020: Legitimität, Legitimation und das Demokratiedefizit der Europäischen Union, in: Becker, Peter/Lippert, Barbara (Hrsg.): Handbuch Europa, Wiesbaden, S. 175–194.

Achenbach, Jelena von 2018: Transparenz statt Öffentlichkeit und demokratischer Repräsentation. Aktuelle Entwicklungen des Verhandelns in Trilogen im EU-Gesetzgebungsverfahren, in: DÖV, 71. Jhg., Heft 24, S. 1025–1035.

Achenbach, Jelena von 2014: Demokratische Gesetzgebung in der Europäischen Union. Theorie und Praxis der dualen Legitimationsstruktur europäischer Hoheitsgewalt, Berlin/Heidelberg.

Adam, Hans/Meyer, Peter 2016: Europäische Integration. Einführung für Ökonomen, 2. überarb. u. erw. Aufl., Konstanz.

Aden, Hartmut 2017: Am Ende ist niemand verantwortlich? Krisen und Verantwortungsdiffusion im EU-Mehrebenensystem, in: vorgänge Nr. 220, Heft 4, S. 31–40.

Aden, Hartmut 2012: Haushalt und Finanzierung der EU, in: Furtak Florian T./Große, Bernd (Hrsg.): Lernziel Europa. Integrationsfelder und -prozesse, Frankfurt a. M., S. 141–162.

Amt für Veröffentlichungen der Europäischen Union: Die Europäische Union. Zahlen und Fakten, Luxemburg 2020, https://op.europa.eu/de/publication-detail/-/publication/ba2a3216-b10d-11ea-bb7a-01aa75ed71a1/language-de/format-PDF/source-283560475, 10.04.2024.

Auel, Katrin 2020: Nationale Parlamente seit Lissabon, in: Becker, Peter/Lippert, Barbara (Hrsg.): Handbuch Europa, Wiesbaden, S. 515–538.

Ausschuss der Regionen 2009: Weißbuch des Ausschusses der Regionen zur Multi-Level-Governance (2009/C 211/01), https://eur-lex.europa.eu/legal-content/DE/TXT/PDF/?uri=CELEX:52009IR0089&from=FR, 06.02.2024.

Bayerlein, Michael 2024: Die Europäische Gesundheitsunion, in: Bossong, Raphael/Ondarza von, Nicolai (Hrsg.): Stand der Integration. Zehn zentrale politische Projekte der EU und wie sie die Union verändern, SWP-Studie 11, Berlin, S. 51–62, https://www.swp-berlin.org/publications/products/studien/2024S11_Stand_EU_Integration.pdf, 10. 05.2024.

Becker, Peter 2022: Der Haushalt der Europäischen Union und die deutsche Europapolitik, 2. Aufl., Wiesbaden.

Beichelt, Tim 2015: Deutschland und Europa. Die Europäisierung des politischen Systems, 2. Aufl., Wiesbaden.

Benz, Arthur 2009: Politik im Mehrebenensystem, Wiesbaden.

Benz, Arthur 2010: Multilevel Governance – Governance im Mehrebenensystem, in: Benz, Arthur/Dose, Nicolai (Hrsg.): Governance – Regieren in komplexen Regelsystemen. Eine Einführung, 2., aktual. u. veränd. Aufl., Wiesbaden, S. 111–136.

Benz, Arthur/Dose, Nicolai 2010: Governance – Modebegriff oder nützliches sozialwissenschaftliches Konzept?, in: Dies. (Hrsg.): Governance – Regieren in komplexen Regelsystemen. Eine Einführung, 2., aktual. u. veränd. Aufl., Wiesbaden, S. 13–36.

Bernauer, Thomas et al. 2018: Einführung in die Politikwissenschaft, 4. durchgesh. Aufl., Baden-Baden.

Bickerton, Christopher J./Hodson, Dermot/Puetter, Uwe 2015: The New Intergouvernementalism: States and Supranational Actors in the Post-Maastricht Era, Oxford.

Bieber, Roland et al. 2023: Die Europäische Union. Europarecht und Politik, 15. Aufl., Baden-Baden.
Bieling, Hans-Jürgen/Lerch, Marika 2012: Theorien der europäischen Integration: ein Systematisierungsversuch, in: Dies. (Hrsg.): Theorien der europäischen Integration, 3. Aufl., Wiesbaden, S. 23–46.
Börzel, Tanja A./Panke, Diana 2015: Europäisierung, in: Wenzelburger, Georg/Zolhnhöfer, Reimut (Hrsg.): Handbuch Policy-Forschung, Wiesbaden, S. 225–246.
Böttger, Katrin/Maugeais, Dominic 2023: Erweiterungspolitik, in: Weidenfeld, Werner/Wessels, Wolfgang/Tekin, Funda: Europa von A-Z. Taschenbuch der europäischen Integration, 16. Aufl., Wiesbaden, S. 191–200.
Bogdandy, Armin von 1999: Die Europäische Union als supranationale Föderation, in: integration 22. Jhg., Heft 2, S. 95–112.
Bogdandy, Armin von 2023: Ein Demokratiebegriff für die europäische Gesellschaft, in: Heger, Alexander/Malkmus, Moritz/Gourdet Sascha (Hrsg.): Zur Zukunft der Demokratie in der Europäischen Union, Wiesbaden, S. 23–46.
Bossong, Raphael/von Ondarza, Nicolai (Hrsg.) 2024: Stand der Integration. Zehn zentrale Projekte der EU und wie sie die Union verändern, in: SWP-Studie 11, Berlin, https://www.swpberlin.org/publications/products/studien/2024S11_Stand_EU_Integration.pdf, 12.04.2025.
Braun, Daniela/Tausenpfund, Markus 2023: Wie europäisch sind die Europawahlen?, in: Deutschland & Europa, Europa im Wandel? EU-Politik und Fußball-EM im Rampenlicht, 40. Jhg., Heft 86, S. 8–13.
Breckenridge, Robert 1997: Reassessing Regimes. The International Regime Aspects of the European Union, in: Journal of Common Market Studies, 35. Jhg., Heft 2, S. 173–187.
Brendler, Victoria 2022: Die mitgliedstaatliche Umsetzung von EU-Recht – konzeptionelle und methodische Perspektiven auf einen vielschichtigen Forschungsgegenstand, in: Zeitschrift für Politikwissenschaft, 32. Jhg., Heft 4, S. 817–837.
Brückner, Ulrich 2011: Europäische Integrationstheorien und ihre Erklärungsleistungen, Studienbrief/Hochschulverbund Distance Learning, 2. Aufl., Brandenburg.

Brüggemann et al. 2009: Transnationale Öffentlichkeit in Europa: Forschungsstand und Perspektiven, in: Publizistik. Vierteljahreshefte für Kommunikationsforschung, Band 54, Heft 3, S. 391–414.

Brunn, Gerhard 2020: Die Europäische Einigung. Von 1945 bis heute, 5., aktual. u. erw. Aufl., Ditzingen.

Burkard, Karl-Josef 2021: Europäische Integration. Strukturen, Prozesse, Probleme und Perspektiven der EU, Wiesbaden.

Busch, Bertold 2014: Differenzierte Integration als Modell für die Zukunft der Europäischen Union?, in: IW-policy paper, Heft 14.

Busch, Berthold/Sommer, Julian/Sultan, Samina 2024: Institutionelle Folgen einer EU-Erweiterung. Auswirkungen und Reformvorschläge für Kommission, Rat und Parlament, in: IW-Report, Heft 15.

Busch, Bertold/Sultan, Samina 2022: Die EU vor neuen Erweiterungen? Alternativen zur Vollmitgliedschaft, in: IW-Analysen, Heft 152.

Caesar, Rolf 2012: Die „Euro-Krise" – Motor oder Sprengsatz für die europäische Integration?, in: Deutschland & Europa, der Euro und die Schuldenkrise, 29. Jhg., Heft 63, S. 10–17.

Callies, Christian 2020: Kompetenzen der Europäischen Union und ihre Ausübung im Lichte des Subsidiaritätsprinzips, in: Becker, Peter/Lippert, Barbara (Hrsg.): Handbuch Europa, Wiesbaden, S. 569–593.

Charbonneaux, Juliette 2019: Grands textes l èurope. Die bedeutendsten Texte, die Europa inspiriert haben, Paris, https://www.slu-boell.de/de/2019/04/30/die-bedeutendsten-texte-die-europa-inspiriert-haben-les-grands-textes-qui-ont-inspire, 20.12.2023.

Conze, Vanessa 2018: Richard Coudenhove-Kalergi. Umstrittener Visionär Europas, 2. unveränd. Aufl., Zürich.

Czauderna, Christoph 2019: Zivilgesellschaftliche Partizipation und Demokratie. Eine Rekonstruktion der demokratischen Legitimation europäischer Gesetzgebung, Baden-Baden.

Gruppe der Zwölf 2023: Deutsch-Französische Arbeitsgruppe: Bericht zu institutionellen Reformen der EU: Unterwegs auf hoher See: Die EU für das 21. Jahrhundert reformieren und erweitern, Berlin-Paris, 18. September 2023, https://www.auswaertiges-amt.de/blob/2627316/386102116ff34689169fb8df7ef63ec5/230919-deu-fra-bericht-data.pdf, 19.12.2024.

Dauner, Matthias/Sohn, Klaus-Dieter 2015: Gesetzgebung im Trilog. Das Ende der transparenten repräsentativen Demokratie, in: ceInput, Heft 18.

Deutscher Bundestag 2015: Möglichkeiten eines Opt-Outs einzelner EU-Mitgliedstaaten im Hinblick auf die Bestimmungen über ein Investor-Staat-Streitverfahren im Comprehensive Economic and Trade Agreement (CETA) und der Transatlantic Trade and Investment Partnership (TTIP), https://www.bundestag.de/resource/blob/405370/839d8ed07c426db9e0632aea026781b8/PE-6-171-14-pdf-data.pdf, 10.01.2024.

Duchardt, Heinz (Hrsg.) 2002: Europäer des 20. Jahrhunderts. Wegbereiter und Gründer des »modernen« Europa, Mainz.

Easton, David 1953: The Political System, Englewood Cliffs, N.J.

Eising, Rainer 2020: Regulierung und Einfluss von Interessenorganisation in der EU-Gesetzgebung, in: Becker, Peter/Lippert, Barbara (Hrsg.): Handbuch Europäische Union, Wiesbaden, S. 685–698.

Europäische Kommission 2024: Bericht über die Rechtsstaatlichkeit 2024. Die Lage der Rechtsstaatlichkeit in der Europäischen Union, COM (2024) 800 final, 24.7.2024, https://commission.europa.eu/document/download/27db4143-58b4-4b61-a021-a215940e19d0_en?filename=1_1_58120_communication_rol_en.pdf&prefLang=de, 26.07.2024.

Europäische Kommission 2022a: Mitteilung der Kommission. Aktualisierung der Daten für die Berechnung der Pauschalbeträge und Zwangsgelder, die die Kommission dem Gerichtshof der Europäischen Union bei Vertragsverletzungsverfahren vorschlägt (2022/C 74/02) vom 15.2.2022, https://eur-lex.europa.eu/legal-content/DE/TXT/PDF/?uri=CELEX:52022XC0215(01)&from=EN, 06.02.2024.

Europäische Kommission 2022b: Mitteilung der Kommission an das Europäische Parlament, den Europäischen Rat, den Rat, den Europäischen Wirtschafts- und Sozialausschuss und den Ausschuss der Regionen. Konferenz zur Zukunft Europas. Von der Vision zu konkreten Maßnahmen, COM (2022) 404 final, Brüssel den 17.6.2022, https://eur-lex.europa.eu/legal-content/DE/TXT/HTML/?uri=CELEX:52022DC0404, 08.05.2024.

Europäische Kommission 2020: Bericht über die Rechtsstaatlichkeit 2020. Die Lage der Rechtsstaatlichkeit in der Europäischen Union, COM (2020) 580 final, 30.09.2020, https://eur-lex.europa.eu/legal-content/%20DE/TXT/PDF/?uri=CELEX:52020DC0580&from=EL, 08.02.2024.

Europäische Kommission 2017: Weissbuch zur Zukunft Europas. Die EU der 27 im Jahre 2025 – Überlegungen und Szenarien, COM (2017) 2025 final v. 01.03.2017, https://eur-lex.europa.eu/resource.html?uri=cellar:b739b382-ff4f-11e6-8a35-01aa75ed71a1.0010.02/DOC_1&format=PDF, 30.06.2024.

Europäische Kommission 2014a: Ein neuer EU-Rahmen zur Stärkung des Rechtsstaatsprinzips, COM (2014) 158 final, 11.03.2014, https://eur-lex.europa.eu/resource.html?uri=cellar:caa88841-aa1e-11e3-86f9-01aa75ed71a1.0017.01/DOC_1&format=PDF, 08.02.2024.

Europäische Kommission 2014b: Mitteilung der Kommission über die Europäische Bürgerinitiative „Wasser und sanitäre Grundversorgung sind ein Menschenrecht! Wasser ist ein öffentliches Gut, keine Handelsware", COM (2014) 177 final vom 19.3.2014.

Europäischer Rat 2020: Schlussfolgerungen v. 17.-21. Juli 2020, https://www.consilium.europa.eu/media/45136/210720-euco-final-conclusions-de.pdf, 10.02.2024.

Europäischer Rat 2014. Schlussfolgerungen. EUCO 79/14. Brüssel, 27. Juni 2014, https://data.consilium.europa.eu/doc/document/ST-79-2014-INIT/de/pdf, 15.06.2024.

Europäisches Parlament 2023: P9_TA(2023)0427. Vorschläge des Europäischen Parlaments zur Änderung der Verträge. Entschließung des Europäischen Parlaments vom 22. November 2023 zu Entwürfen des Europäischen Parlaments zur Änderung der Verträge (2022/2051(INL)), https://www.europarl.europa.eu/doceo/document/TA-9-2023-0427_DE.html, 09.05.2024.

Europäisches Parlament/Rat 2020: Verordnung 2020/2092 des Europäischen Parlaments und des Rates vom 16. Dezember 2020 über eine allgemeine Konditionalitätsregelung zum Schutz des Haushalts der Union, https://eur-lex.europa.eu/legal-content/DE/TXT/PDF/?uri=CELEX:32020R2092&from=EN, 08.02.2024

Fastenrath, Ulrich/Groh, Thomas 2016: Europarecht, 4. Aufl., Stuttgart u.a.

Fischer, Kristian/Fetzer, Thomas 2019: Europarecht, 12., neu bearb. Aufl., Heidelberg.

Foerster, Rolf Hellmuth (Hrsg.) 1963: Die Idee Europa 1300–1946. Quellen zur Geschichte der politischen Einigung, München.

Franzius, Claudio/Preuss, Ulrich K. 2012: Die Zukunft der Europäischen Demokratie, Schriften zu Europa, Band 7, hrsg. von der Heinrich-Böll-Stiftung, Berlin.

Furtak, Florian T. 2018: Demokratische Regierungssysteme. Eine Einführung, Wiesbaden.

Furtak, Florian T. 2015: Internationale Organisationen. Staatliche und nichtstaatliche Organisationen in der Weltpolitik, Wiesbaden.

Furtak, Florian T. 2005: Nichtregierungsorganisationen im politischen System der Europäischen Union. Strukturen – Beteiligungsmöglichkeiten – Einfluss, 2. durchgeseh. Aufl., München.

Furtak, Florian T. 2023: Steinmeier, Frank-Walter, in: Kempf, Udo/Gloe, Markus (Hrsg.): Kanzler und Minister 2013–2021. Biographisches Lexikon der deutschen Bundesregierungen, Wiesbaden, S. 234–244.

Furtak, Florian T. 2012: Die EU zwischen Erweiterung und Vertiefung, in: Furtak Florian T./Große, Bernd (Hrsg.): Lernziel Europa. Integrationsfelder und -prozesse, Frankfurt a. M., S. 163–185.

Gasteyger, Curt 2005: Europa zwischen Spaltung und Einigung, Bonn.

Gericht der EU 2023: Rechtsprechungsstatistiken. Jahresbericht 2023, https://curia.europa.eu/jcms/upload/docs/application/pdf/2024-04/de_ra_2023_stats_web_accessibility_kj_23042024.pdf, 24.07.2024.

Gerichtshof der EU 2024: Pressemitteilung Nr. 99/24, Luxemburg, den 13. Juni 2024, https://curia.europa.eu/jcms/up-

load/docs/application/pdf/2024-06/cp240099de.pdf, 06.02.2024.
Gerichtshof der EU 2023a: Pressemitteilung Nr. 65/23, Luxemburg, den 21. April 2023, https://curia.europa.eu/jcms/upload/docs/application/pdf/2023-04/cp230065de.pdf, 06.02.2024.
Gerichtshof der EU 2023b: Rechtsprechungsstatistiken. Jahresbericht 2023, https://curia.europa.eu/jcms/upload/docs/application/pdf/2024-04/de_ra_2023_cour_statistiques_web_15042023.pdf, 26.07.2024
Gerichtshof der EU 2022: Pressemitteilung Nr. 8/22, Luxemburg, den 20. Januar 2022, https://curia.europa.eu/jcms/upload/docs/application/pdf/2022-01/cp220008de.pdf, 06.02.2024.
Giegerich, Bastian 2012: Die NATO, Wiesbaden.
Giering, Claus 1997: Europa zwischen Zweckverband und Superstaat, Bonn.
Große Hüttmann, Martin 2023: Platzt der Knoten? Die Europäische Union zwischen Reform und Blockade, in: Deutschland & Europa, Europa im Wandel? EU-Politik und Fußball-EM im Rampenlicht, 40. Jhg., Heft 86, S. 4–7.
Große Hüttmann, Martin 2020: Prägende Persönlichkeiten in der Geschichte der EU-Integration, in: Becker, Peter/Lippert, Barbara (Hrsg.): Handbuch Europa, Wiesbaden, S. 43–70.
Große Hüttmann, Martin 2019: Hat die Europäische Union ein Demokratiedefizit? Und wenn ja, wie viele?, in: GWP – Gesellschaft, Wirtschaft, Politik, 68. Jhg., Heft 2, S. 219–229.
Große Hüttmann, Martin 2011: Politische Partizipation und Parlamentarismus im EU-Mehrebenensystem, in: Deutschland & Europa, Politische Partizipation in Europa, 28. Jhg., Heft 62, S. 28–37.
Große Hüttmann, Martin/Fischer, Thomas 2012: Föderalismus, in: Bieling, Frank/Lerch, Marika (Hrsg.): Theorien der europäischen Integration, Wiesbaden 3. Aufl., S. 35–53.
Haas, Ernst B. 1958: The Uniting of Europe. Political, Social, and Economic Forces 1950–1957, London.
Hallstein, Walter 1969: Der unvollendete Bundesstaat: Europäische Erfahrungen und Erkenntnisse, Düsseldorf.

Heftler, Claudia 2012: Nationale Parlamente, in: Weidenfeld, Werner/Wessels, Wolfgang (Hrsg.): Jahrbuch der Europäischen Integration 2011, Baden-Baden, S. 335–340.

Heger, Alexander/Malkmus, Moritz/Gourdet Sascha 2023: Zur Zukunft der Demokratie in der Europäischen Union – Eine Einleitung, in: Diess. (Hrsg.): Zur Zukunft der Demokratie in der Europäischen Union, Wiesbaden, S. 9–22.

Hillgruber, Christian 2017: Demos, in: Kühnhardt, Ludger/Mayer, Tilman (Hrsg.): Bonner Enzyklopädie der Globalität, Wiesbaden, S. 1081–1092.

Hix, Simon 2005: The Political System of the European Union, 2. Aufl., London.

Hönnige, Christoph/Panke, Diana 2020: Herausforderungen und Einflusschancen beratender Institutionen in der Europäischen Union, in: Becker, Peter/Lippert, Barbara (Hrsg.): Handbuch Europäische Union, Wiesbaden, S. 481–490.

Hofmann, Andreas 2023a: Europäische Kommission, in: Weidenfeld, Werner/Wessels, Wolfgang/Tekin, Funda: Europa von A-Z. Taschenbuch der europäischen Integration, 16. Aufl., Wiesbaden, S. 209–214.

Hofmann, Andreas 2023b: Integrationstheorien, in: Weidenfeld, Werner/Wessels, Wolfgang/Tekin, Funda: Europa von A-Z. Taschenbuch der europäischen Integration, 16. Aufl., Wiesbaden, S. 409–414.

Holl, Karl 2002: Richard Nikolaus Graf Coudenhove-Kalergi und seine Vision von „Paneuropa", in: Duchhardt, Heinz (Hrsg.): Europäer des 20. Jahrhunderts. Wegbereiter und Gründer des »modernen« Europa, Mainz, S. 11–38.

Holterhus, Till Patrick 2022: Die Europäische Union als Rechtsstaat, in: Bundeszentrale für Politische Bildung (Hrsg.): Informationen zur politischen Bildung (Rechtsstaat) Nr. 351, S. 54–65.

Holtmann, Everhard/Rademacher, Christian/Reiser, Marion 2017: Kommunalpolitik. Eine Einführung, Wiesbaden.

Hooghe, Liesbet/Marks, Gary 2001: Multi-Level Governance and European Integration, New York/Oxford.

Hrbek, Rudolf 2020: Die Europäische Union als Politische Gemeinschaft in: Müller-Graff, Peter-Christian (Hrsg.): Kernelemente der europäischen Integration, Baden-Baden, S. 13–38.

Hüttemann, Bernd 2024: Interessenvertretung, in: Weidenfeld, Werner/Wessels, Wolfgang (Hrsg.): Jahrbuch der Europäischen Integration 2024, S. 181–184.

Hufeld, Ulrich 2020: Die EU als Wertegemeinschaft, in: Müller-Graff, Peter-Christian (Hrsg.): Kernelemente der europäischen Integration, Baden-Baden, S. 239–270.

Hummer, Waldemar 2022: Die „Konditionalitätsregelung" zum Schutz des Haushalts der EU vor Verstößen gegen die Grundsätze der Rechtsstaatlichkeit, in: Zeitschrift für Europarecht (EuZ), 24. Jhg., Heft 7, S. 11–22.

Jagdhuber, Stefan/Rittberger, Berthold 2020: „Flexible Union" statt „Ever Closer Union": Die EU, der Brexit und differenzierte Integration, in: Grimmel, Andreas (Hrsg.): Die neue Europäische Union. Zwischen Integration und Desintegration, Baden-Baden.

Jansen, Thomas/Mahncke, Dieter (Hrsg.) 1981: Persönlichkeiten der Europäischen Integration. Vierzehn biographische Essays, Bonn.

Joho, Katherina 2009: Der 80%-Mythos auf dem Prüfstand: Wie europäisch ist die nationale Politik?, in: integration, 32. Jhg., Heft 4, S. 398–402.

Jopp, Mathias 2024: Die Europäische Union und der Krieg in der Ukraine, in: Weidenfeld, Werner/Wessels, Wolfgang (Hrsg.): Jahrbuch der europäischen Integration 2024, Bonn, S. 49–60.

Jopp, Mathias 2023: Die Europäische Union und der Krieg in der Ukraine, in: Weidenfeld, Werner/Wessels, Wolfgang (Hrsg.): Jahrbuch der europäischen Integration 2023, Bonn, S. 51–62.

Kaeding, Michael 2022: Europäische Agenturen, in: Weidenfeld, Werner/Wessels, Wolfgang (Hrsg.): Jahrbuch der Europäischen Integration 2022, S. 147–152.

Kaeding, Michael/Klika, Christoph 2023: Europäische Agenturen, in: Weidenfeld, Werner/Wessels, Wolfgang (Hrsg.): Jahrbuch der Europäischen Integration 2023, S. 149–154.

Kainer, Friedemann 2024: Die Konstitutionalisierung der Werte des Art. 2 EUV – zwischen Funktion und Axiom, in: integration, 47. Jhg., Heft 2, S. 207–223.

Kesting, Martin 2013: Die Berliner Akteure im EU-Mehrebenensystem, München.

Kielmansegg, Peter Graf 2009: Lässt sich die Europäische Union demokratisch verfassen?, in: Decker, Frank/Höreth, Marcus (Hrsg.): Die Verfassung Europas. Perspektiven des Integrationsprojekts, Wiesbaden, S. 219–238.

Klika, Christoph 2024: Europäische Agenturen, in: Weidenfeld, Werner/Wessels, Wolfgang (Hrsg.): Jahrbuch der Europäischen Integration 2024, S. 151–156.

Kirchhof, Paul 1995: Deutschland in der Europäischen Union, in: Bitburger Gespräche, Jahrbuch 1994/1995, S. 1–18.

Kleger, Heinz 2018: Demokratisches Regieren. Bürgersouveränität, Repräsentation und Legitimation, Baden-Baden.

Klein, Eckardt 1990: Leitsätze. Der Verfassungsstaat als Glied einer Europäischen Gemeinschaft, in: Europarecht, 25. Jhg., Heft 4, S. 389–391.

Knodt, Michele/Große Hüttmann, Martin 2012: Der Multi-Level Governance Ansatz, in: Bieling, Hans-Jürgen/Lerch, Marika (Hrsg.): Theorien der europäischen Integration, 3. Aufl., Wiesbaden, S. 187–205.

Koch, Martin 2022: Supranationale Organisationen, in: Lütz, Susanne/Menzel, Anja (Hrsg.): Internationale Organisationen. Konzepte, Theorien und Fallbeispiele, Wiesbaden, S. 129–192.

Krumbein, Frédéric 2023: Charta der Grundrechte, in: Weidenfeld, Werner/Wessels, Wolfgang/Tekin, Funda: Europa von A-Z. Taschenbuch der europäischen Integration, 16. Aufl., Wiesbaden, S. 123–128.

Lenhart, Simon 2023: Der AdR als Repräsentant regionaler Parlamente in der EU? Perspektiven regionaler Abgeordneter auf den Ausschuss der Regionen, in: Meyer, Sarah (Hrsg.): Europapolitik durch die subnationale Brille. Parlamente & Bürger:innen im EU-Mehrebenensystem, Krems, S. 195–232.

Lippert, Barbara 2023: Von 27 zu 37 Mitgliedern: Kann die EU die Fortsetzung der Erweiterung verkraften?, in: Deutschland

& Europa, Europa im Wandel? EU-Politik und Fußball-EM im Rampenlicht, 40. Jhg., Heft 86, S. 36–49.

Loth, Wilfried 2020: Europas Einigung. Eine unvollendete Geschichte, 2., aktual. u. erw. Aufl., Frankfurt/New York.

Macron, Emmanuel 2017: Rede von Staatspräsident Macron an der Sorbonne. Initiative für Europa. Paris, 26. September 2017, https://www.diplomatie.gouv.fr/IMG/pdf/macron_sorbonne_europe_integral_cle4e8d46.pdf, 04.05.2024.

Macron, Emmanuel 2024: Europe - It Can Die. A New Paradigm at The Sorbonne, 25. April 2024, https://geopolitique.eu/en/2024/04/26/macron-europe-it-can-die-a-new-paradigm-at-the-sorbonne/, 06.05.2024.

Magiera, Siegfried 2023: Gerichtshof der Europäischen Union, in: Weidenfeld, Werner/Wessels, Wolfgang/Tekin, Funda: Europa von A-Z. Taschenbuch der europäischen Integration, 16. Aufl., Wiesbaden, S. 361–366.

Majer, Diemut/Höhne, Wolfgang 2014: Europäische Einigungsbestrebungen vom Mittelalter bis zur Gründung der Europäischen Wirtschaftsgemeinschaft (EWG) 1957, Karlsruhe.

Marschall, Stefan: Das politische System Deutschlands, 5. aktual. Aufl., Stuttgart 2023.

Maurer, Andreas 2023: Europäisches Parlament, in: Weidenfeld, Werner/Wessels, Wolfgang/Tekin, Funda: Europa von A-Z. Taschenbuch der europäischen Integration, 16. Aufl., Wiesbaden, S. 267–276.

Mittag, Jürgen 2008: Kleine Geschichte der Europäischen Union. Von der Europaidee bis zur Gegenwart, Münster.

Mittag, Jürgen 2020: Triebkräfte der Gemeinschaftsbildung, in: Becker, Peter/Lippert, Barbara (Hrsg.): Handbuch Europa, Wiesbaden, S. 27–42.

Monnet, Jean 1978: Erinnerungen eines Europäers, München/Wien.

Morgan, Roger 1981: Weltreich und Europa: Winston Churchill, Duncan Sandys, Harold Maclillan, in: Jansen, Thomas/Mahncke, Dieter (Hrsg.): Persönlichkeiten der Europäischen Integration. Vierzehn biographische Essays, Bonn, S. 125–146.

Müller Gómez, Johannes/Wessels, Wolfgang 2023: Politisches System der EU, in: Weidenfeld, Werner/Wessels, Wolfgang/

Tekin, Funda: Europa von A-Z. Taschenbuch der europäischen Integration, 16. Aufl., Wiesbaden, S. 529–538.

Müller-Graff, Peter-Christian 2020: Die Europäische Union als Rechtsgemeinschaft, in: Ders. (Hrsg.): Kernelemente der europäischen Integration, Baden-Baden, S. 39–66.

Nicolaidis, Kalypso 2013: European Demoicracy and Its Crisis, in: Journal of Common Market Studies, 51. Jhg., Heft 2, S. 351–369.

Niemann, Arne/Bergmann, Julian 2013: Zug- und Gegenkräfte im Spiegel der Theorien der europäischen Integration, in: Eppler, Annegret/Scheller, Henrik (Hrsg.): Zur Konzeptionalisierung europäischer Desintegration. Zug- und Gegenkräfte im europäischen Integrationsprozess, Baden-Baden, S. 45–70.

Oeter, Stefan 2015: Bundesstaat, Föderation, Staatenbund – Trennlinien und Gemeinsamkeiten föderaler Systeme, in: Zeitschrift für ausländisches öffentliches Recht und Völkerrecht (ZaöRV,) Heft 75, S. 733–752.

Ondarza von, Nicolai 2023: Die Krisengovernance der Europäischen Union. Mehr Verantwortung braucht mehr demokratische Legitimation, in: SWP-Studie 4, Berlin, https://www.swp-berlin.org/publications/products/studien/2023S04_krisengovernance_eu.pdf, 24.04.2024.

Ondarza von, Nicolai 2023: Rat der EU, in: Weidenfeld, Werner/Wessels, Wolfgang/Tekin, Funda: Europa von A-Z. Taschenbuch der europäischen Integration, 16. Aufl., Wiesbaden, S. 541–546.

Ondarza von, Nicolai/Rehbaum, Dominik 2024: Rat der Europäischen Union, in: Weidenfeld, Werner/Wessels, Wolfgang (Hrsg.): Jahrbuch der europäischen Integration 2024, Bonn, S. 103–110.

Ondarza von, Nicolai/Ålander, Minna 2022: Von der Zukunftskonferenz zur Reform der EU, in: SWP-Aktuell, Nr. 44, Berlin, https://www.swp-berlin.org/publications/products/aktuell/2022A44_ZukunftskonferenzEU.pdf, 10.04.2024.

Ondarza von, Nicolai 2012: Zwischen Integrationskern und Zerfaserung. Folgen und Chancen einer Strategie differenzierter Integration, in: SWP-Studie S 20, https://www.swp-berlin.org/publications/products/studien/2012_S20_orz.pdf, 23.03.2024.

Piepenschneider, Melanie 2020: Vertragsgrundlagen und Entscheidungsverfahren, in: Bundeszentrale für Politische Bildung (Hrsg.): Informationen zur Politischen Bildung, Nr. 345 (Europäische Union), S. 18–35, https://www.bpb.de/shop/zeitschriften/izpb/europaeische-union-345/, 15.09.2024.

Plottka, Julian/Mintel, Julina 2023: Konferenz zur Zukunft Europas, in: Weidenfeld, Werner/Wessels, Wolfgang/Tekin, Funda: Europa von A-Z. Taschenbuch der europäischen Integration, 16. Aufl., Wiesbaden, S. 439–442.

Plottka, Julian 2023: Europäische Bürgerinitiative, in: Weidenfeld, Werner/Wessels, Wolfgang (Hrsg.): Jahrbuch der europäischen Integration 2023, Bonn, S. 197–200.

Plottka, Julian/Rebmann, Nicola 2023: Demokratiedefizit, in: Weidenfeld, Werner/Wessels, Wolfgang/Tekin, Funda: Europa von A-Z. Taschenbuch der europäischen Integration, 16. Aufl., Wiesbaden, S. 141–144.

Prantl, Heribert 2024: Sternenfinsternis, in: Süddeutsche Zeitung (SZ) v. 05.-07. Januar, S. 6.

Reiners, Markus 2019: Kommunen im europäischen Mehrebenensystem – Spannungsfeld zwischen kommunaler Selbstverwaltung und mangelnder Handlungsautonomie, Essay, erschienen auf: Regierungsforschung.de, https://regierungsforschung.de/wp-content/uploads/2019/01/070119_regierungsforschung.de_Reiners_Kommunen-im-Mehrebenensystem.pdf, 20.12.2023.

Riedeberger, Anja 2016: Die EU zwischen einheitlicher und differenzierter Integration, Wiesbaden.

Rittberger, Berthold/Waas, Lara/Weiss, Moritz 2022: Europaforschung in den Internationalen Beziehungen, in: Sauer, Frank/von Hauff, Luba/Masala, Carlo (Hrsg.): Handbuch Internationale Beziehungen, Wiesbaden, online first, https://link.springer.com/referencework/10.1007/978-3-531-19954-2, 10.01.2024.

Rittberger, Volker 1995: Internationale Organisationen. Politik und Geschichte, 2. Aufl., Opladen.

Robbins, Keith 2002: Winston Churchill und Europa, in: Duchhardt, Heinz (Hrsg.): Europäer des 20. Jahrhunderts. Wegbereiter und Gründer des »modernen« Europa, Mainz, S. 145–164.

Rüger, Carolin 2023: Potenziale der europäischen Integration im 21. Jahrhundert: Eine Annäherung, in: Gieg, Philipp et al. (Hrsg.): Jenseits der Krisen: Potenziale der europäischen Integration im 21. Jahrhundert, Wiesbaden, S. 1–36.
Saurugger, Sabine 2023: Konzepte der Integrationsforschung, in: Weidenfeld, Werner/Wessels, Wolfgang/Tekin, Funda: Europa von A-Z. Taschenbuch der europäischen Integration, 16. Aufl., Wiesbaden, S. 443–447.
Schäfer-Nerlich, Verena/Wessels, Wolfgang 2019: Strategien und Szenarien zur Fortentwicklung der EU. Vielfalt und Komplexität, in: Zeitschrift für Politikwissenschaft (ZPol), 29. Jhg., Heft 1, S. 1–21.
Schieder, Siegfried 2012: Europäische Integrationstheorien, in: Furtak, Florian T./Groß, Bernd (Hrsg.): Lernziel Europa. Integrationsfelder und -prozesse, Frankfurt a. M., S. 65–95.
Schimmelpfennig, Frank 2020: Theorien der europäischen Integration, in: Becker, Peter/Lippert, Barbara (Hrsg.): Handbuch Europäische Union, Wiesbaden, S. 3–26.
Schimmelpfennig, Frank/Tekin, Funda 2023: Die differenzierte Integration und die Zukunft der Europäischen Union: Konsolidierung, Krisen und Erweiterung, in: integration, 46. Jhg., Heft 2, S. 94–114.
Schmidt, Manfred G. 2019: Demokratietheorien. Eine Einführung, 6. Aufl., Wiesbaden.
Schmidt, Rolf 2022: Staatsorganisationsrecht, 22. völlig neu. bearb. u. aktual. Aufl., Grasberg bei Bremen.
Schmuck, Otto 2020a: Die EU im Krisenmodus: Herausforderungen und Reformimpulse, in: Bundeszentrale für Politische Bildung (Hrsg.): Europäische Union (Nr. 345), Bonn, S. 4–9.
Schmuck, Otto 2020b: Motive und Leitbilder der europäischen Einigung, in: Bundeszentrale für Politische Bildung (Hrsg.): Europäische Union (Nr. 345), Bonn, S. 10–17.
Schöndube, Claus 1981: Ein Leben für Europa: Richard Graf Coudenhove-Kalergi, in: Jansen, Thomas/Mahncke, Dieter (Hrsg.): Persönlichkeiten der Europäischen Integration. Vierzehn biographische Essays, Bonn, S. 25–70.
Schumann, Klaus 1981: Von der Europäischen Idee zur europäischen Wirklichkeit: Aristide Briand, in: Jansen, Thomas/

Mahncke, Dieter (Hrsg.): Persönlichkeiten der Europäischen Integration. Vierzehn biographische Essays, Bonn, S. 71–95.

Schwarz, Oliver 2022: Die Europäisierung des Intergouvernementalismus und die Auswirkungen auf das Regieren in den EU-Mitgliedstaaten, in: Korte, Karl-Rudolf/Florack Martin (Hrsg.): Handbuch Regierungsforschung, 2. Aufl., Wiesbaden, 249–258.

Schweizer, Matthias 2010: Staatsrecht III. Staatsrecht, Völkerrecht, Europarecht, 10. Aufl., Heidelberg u.a.

Siebke, Mechtild-Maria 2018: Legitimation, Legitimität und europäische Menschenwürde. Ein Beitrag zur Diskussion über das europäische Recht auf Demokratie, Baden-Baden.

Skouris, Vassilious 2015: Die Europäische Union als Rechts- und Wertegemeinschaft, in: Bitburger Gespräche in München, Band 6: Rechtsordnungen im transatlantischen Wettbewerb. Hrsg. v. der Gesellschaft für Rechtspolitik Trier und dem Institut für Rechtspolitik an der Universität Trier, S. 149–166.

Stratenschulte, Eckart D. 2020: Eiche, Bambus oder Kleinholz? Die Europäische Union als Flexibilitätsgemeinschaft, in: Müller-Graff, Peter-Christian (Hrsg.): Kernelemente der europäischen Integration, Baden-Baden, S. 173–190.

Streinz, Rudolf: 2023: Europarecht, 12. neu bearb. Aufl., Heidelberg.

Sturm, Roland 2021: Die Europäisierung des deutschen Regierungssystems, in: Böttger, Katrin/Jopp, Mathias (Hrsg.): Handbuch zur deutschen Europapolitik, 2. Aufl., Bonn, S. 73–88.

Tekin, Funda 2020: Differenzierte Integration, in: Becker, Peter/Lippert, Barbara (Hrsg.): Handbuch Europäische Union, Wiesbaden, S. 667–684.

Tekin, Funda 2023: Differenzierte Integration, in: Weidenfeld, Werner/Wessels, Wolfgang/Tekin, Funda: Europa von A-Z. Taschenbuch der europäischen Integration, 16. Aufl., Wiesbaden, S. 157–163.

Thiele, Alexander 2024: Defekte Visionen. Eine Intervention zur Zukunft der Europäischen Union, Frankfurt a. M./New York.

Töller, Anette Elisabeth 2019: Die Europäisierung der Bundesgesetzgebung zwischen 2005 und 2017 (16. 17. und 18. Wahlperiode). Analyse im Auftrag der Bundeszentrale für Politische Bildung, https://ub-deposit.fernuni-hagen.de/servlets/MCRFileNodeServlet/mir_derivate_00000959/T%C3%B6ller_Kurzgutachten_Europ%C3%A4isierung_Gesetzgebung_2014.pdf, 16.02.2023.

Tömmel, Ingeborg 2014: Das politische System der EU, 4. überarb. und erw. Aufl., München.

Wallace, William 2005: Post-Sovereign Governance: The EU as a Partial Polity, in: Wallace, Helen/Wallace, William/Pollack Mark A. (Hrsg.): Policy-Making in the European Union, New York, S. 483–504.

Wallace, William 1983: Less than a Federation, More than a Regime: The Community as a Political System, in: Wallace, Helen/Wallace, William/Web, Carole (Hrsg.): Policy Making in the European Community, 2. Aufl., Chichester, S. 403–436.

Weidenfeld, Werner 2020: Die Europäische Union, 5., aktual. Aufl., Paderborn.

Weidenfeld, Werner 2022: Europäische Union. Ein politisches System „neuen Typs", in: Korte, Karl-Rudolf/Florack Martin (Hrsg.): Handbuch Regierungsforschung, 2. Aufl., Wiesbaden, S. 225–234.

Wessels, Wolfgang 2022: Das politische System der Europäischen Union, 2. Aufl., Wiesbaden.

Wetzel, Hubert 2024: Europäische Union. Erleuchte sie, in: Süddeutsche Zeitung (SZ) v. 20. Dezember, S. 4.

Wiesner, Claudia 2018: Multi-Level-Governance und lokale Demokratie, Wiesbaden.

Windwehr, Jana/Wäschle, Manuel 2017: Mehr, weniger, anders? Europäisierung und Europäisierungsforschung im Zeichen von Dauerkrise und Neuem Intergouvernementalismus, in: integration 40. Jhg., Heft 4, S. 295–307.

Wolf, Dieter 2012: Neo-Funktionalismus, in: Bieling, Hans-Jürgen/Lerch, Marika (Hrsg.): Theorien der europäischen Integration, 3. Aufl., Wiesbaden, S. 55–76.

Ziegerhofer, Anita 2021: Europäische Integrationsgeschichte, 4., aktual. u. erg. Aufl., Innsbruck.

MIX
Papier aus verantwortungsvollen Quellen
Paper from responsible sources
FSC® C105338

If you have any concerns about our products,
you can contact us on
ProductSafety@springernature.com

In case Publisher is established outside the EU,
the EU authorized representative is:
**Springer Nature Customer Service Center GmbH
Europaplatz 3, 69115 Heidelberg, Germany**

Printed by Libri Plureos GmbH
in Hamburg, Germany